瑞士 做到的事
SWISS WATCHING

瑞士做到的事 / 狄肯 . 比尤斯 (Diccon Bewes) 著 ; 施昀佑 , 黃郁倫譯 .
-- 初版 . -- 新北市 : 大家出版 : 遠足文化發行 , 2015.11
面 ; 公分 . -- (Common ; 28)
譯自 : Swiss watching : Inside the Land of Milk and Money
ISBN 978-986-92039-1-3(平裝)

1. 民族性 2. 瑞士
535.7448 104019261

Common 28

瑞士做到的事
Swiss Watching:
Inside the Land of Milk and Money

作者—狄肯・比尤斯（Diccon Bewes） / 譯者—施昀佑、黃郁倫 / 美術編輯—劉孟宗
封面插畫—太陽臉 / 校對—黃薇霓 / 責任編輯—余鎧瀚 / 行銷企畫—陳詩韻
總編輯—賴淑玲 / 社長—郭重興 / 發行人兼出版總監—曾大福 / 出版者—大家出版

發行—遠足文化事業股份有限公司 / 231 新北市新店區民權路 108-2 號 9 樓
電話：(02)2218-1417 / 傳真：(02)8667-1065 / 劃撥帳號：19504465
戶名：遠足文化事業有限公司 / 法律顧問：華洋法律事務所 蘇文生律師

定價— 350 元 初版一刷，2015 年 11 月

獻給 葛列格

目次

作者的話

每本書都有一個緣起，但這本書卻不只一個，而且每個都同等重要，缺一不可。

第一個緣起是我向《假期何處去？》雜誌（*Holiday Which?*）應徵工作，雜誌社給了我機會，並協助我成為旅遊作家。我在那裡學到了寫作本書所需的一切，假如沒有這個機緣，也就不會有這本書。

第二個緣起是我認識了葛列格，並成為「easyJet 航空」倫敦－瑞士往返班機的常客。雖然一段遠距離關係無法為我的銀行存款止血，或改變我對機場的反感，但卻給了我愛上另一個國家的機會。

第三個緣起是由於我身體長期不適，醫生建議我放下工作離開倫敦一陣子，找個地方呼吸新鮮空氣，休養生息。所以，再見了倫敦，我來到瑞士。我沒有找個湖景療養院或高檔診所養病，而是就此定居伯恩（Bern）。

第四個緣起是我搬到瑞士後，由於有太多空閒時間，我便憑著一張鐵路通行卡探索了許多以前未曾聽聞的地方，然後我才開始意識到，這個國家比我想像的豐富多了。

最後一個緣起是在日內瓦的一場寫作工作坊，我寫下一句長久縈繞我腦袋中的句子，這個句子後來擴展成為一個段落，幾個月後發展成一個章節，這個章節為我帶來了一位經紀人，而經紀人幫我找到願意簽下這本書的出版社。我想這一切，是從一位名叫海蒂（Heidi）的女生與一位名叫羅諾（Ronald）的男生開始的。

接下來，就是本書真正的開始。

導言

閉上眼，告訴我你腦中浮現關於瑞士的第一件事。是乳酪，還是巧克力、山、銀行、咕咕鐘、滑雪、手錶、紅十字會、雪或三角巧克力？我詢問了一百位非瑞士人，沒有人答「不知道」或拒絕回答，每個人都能說出些什麼，而以上是我最常聽到的十個答案。顯然地，說到瑞士，每個人都會聯想到一些事物。這個位於歐洲中心的多山國家，在許多人心中都有個概略的印象。

但這並不是因為瑞士出了很多名人。讓我們再測試一次吧，請試著列出有名的瑞士人。比較難了，對不對？我訪問的一百位非瑞士人，其中四分之一舉不出任何名字，顯然他們不是網球迷。這個山上的共和國有本事讓自家產品馳名國際，但卻沒出產什麼知名人士，實在是很奇怪的事。是不是瑞士人忙著製造、開發產品，以至於沒空出名？還是他們都避免站在聚光燈下？我們對瑞士似乎都有些先入為主的想像，但對於那裡的居民卻少有了解。

我們對真正的瑞士有多少認識？這座神祕國度在刻板印象下的真實面貌或許會讓你嚇一跳。在乾淨、有禮的名聲下，這個國家其實到處都是塗鴉與菸屁股，這裡沒有排隊的觀念，而且星期天禁止做資源回收。至於瑞士人，他們可能很保守（甚至古板），但對使用精神藥物和加工自殺等議題的態度卻意外地開放，並且在科技、創新方面表現出不可思議的創意。事實上，瑞士正是這樣一個接納矛盾但又渴望征服矛盾的國家，的國家，否則他們如何征服群山、擊退敵人，存續超過七個世紀？

本書不會告訴你上哪兒品嚐蘇黎世美食、到巴塞爾該拜訪哪些景點，也不會告訴你怎麼搭電車。但本書會帶你直探幕後核心，認識刻板印象之外的瑞士，並理解時而古怪的瑞士人在想些什麼。我會試著告訴你，這些壯闊風景除了造就旅遊景點之外，同時如何型塑這個國家，也會說明為何傳統與科技同等重要。我們會見識到瑞士人民擁有比政治人物更多的權力，彼此卻語言不通。你會遇見幾位知名的瑞士人，其中還有兩位是虛構的，但你同時也會了解一般市井小民的真實生活。

不過我會從最基本的問題談起：是什麼造就了今日人們所認識的瑞士。本書前五章會說明地理、歷史、宗教信仰、政治與財富如何塑造這個國家。接下來，我們會談談瑞士創造了什麼。這趟踏遍全瑞士的旅程將為你揭露，在紅十字會、手錶、乳酪、巧克力、火車和小說《海蒂》(*Heidi*) 背後所隱藏的，這個國家的真實樣貌。

最後，在旅途尾聲，你將能跨越刻板印象，透徹理解瑞士的特質，你甚至可能比瑞士人更加了解這個國家與人民。

關於地名

在擁有四種官方語言的國家，地名勢必造成困擾，例如日內瓦的英文是 Geneva，但在瑞士的官方語言中則稱為 Genève、Genf、Ginevra 和 Genevra。還好，日內瓦是最極端的例子，其他地方大多只有兩到三個名字。

瑞士不像義大利那樣有數不清的地名被譯成了英語，多數瑞士城市沒有英語地名。一般來說，英國人偏好法語勝過德語，所以在英語裡，人們習慣稱紐沙特為 Neuchâtel 而非 Neuenburg（當然更不會是 Newcastle），稱瓦萊為 Valais 而非 Wallis，稱陸森為 Lucerne 而非 Luzern。我寫作本書時也秉持這個原則，除非是大家慣用德語的地名，如楚格（Zug），或者德語區中某些以法文稱呼則顯得跟不上時代的地名，否則，我原則上選擇法語地名。

如今瑞士旅遊局與多數英文導覽書慣用德語稱呼伯恩（Bern）與巴塞爾（Basel），可能是由於德語是這兩地的主要語言。同樣地，人們也改用德語稱阿爾高（Aargau）、圖爾高（Thurgau）、格勞賓登（Graubünden）與聖加侖（St Gallen），捨棄過時不堪的 Argovia、Thurgovia、Grisons 和 Saint Gal，在現代出版品中已經很難看到這幾個法文地名了。這不同於孟買因政治正確而從 Bombay 正名為 Mumbai，瑞士人只是很實際地簡化事情，確保人們知道自己身處何地而已。英國人做過最大膽的事，就是拿掉蘇黎世德語地名（Zürich）中的變音 ü，在英語中改成 Zurich，反正以英國人的耳朵也無法聽出其中的差別。

至於其他正式名詞，如國會建築，考量到德語是瑞士最主要的語言，所以我只採用德語名。書中出現的德語名詞通常都有法語和義大利語的對應詞彙，在此雖不列出，但不表示後兩者不存在。

有型的人

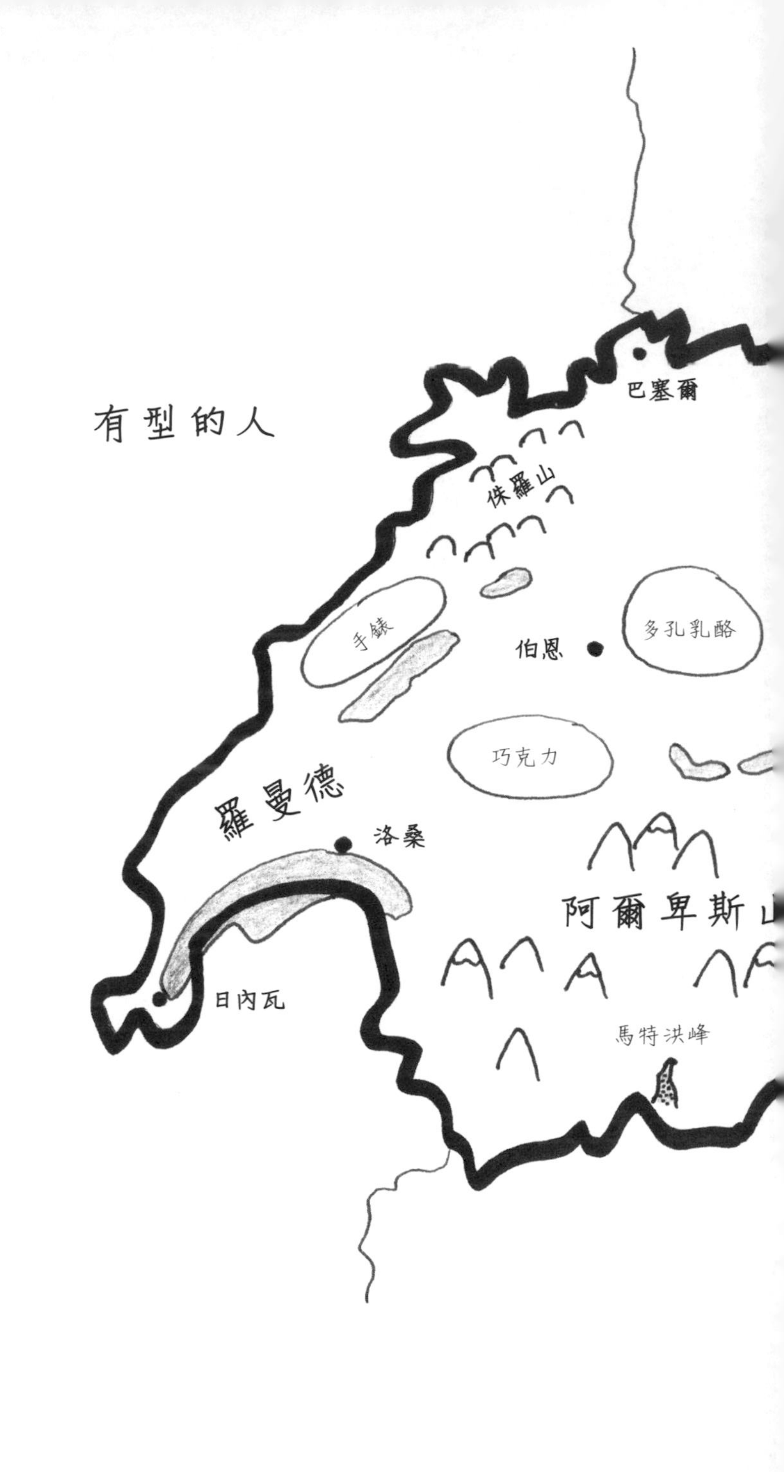

巴塞爾
侏羅山
手錶
伯恩
多孔乳酪
巧克力
羅曼德
洛桑
阿爾卑斯山
日內瓦
馬特洪峰

「大州」德國
蘇黎世
奧地利人在這
威廉·泰爾
海蒂
德國鐵路
聖哥達山口
格勞賓登
羅曼什人
提契諾
N
盧加諾
喧嘩的人

第一章

內陸島國

THE LANDLOCKED ISLAND

瑞士有九個國名，而且這還不包括英文的「Switzerland」。制定四種官方語言的國家擁有四個名字是很合理的，但瑞士實際上卻有九個，而這背後的成因有點複雜。這是源於瑞士人的兩項特質：注重禮節以及重視全體共識。前者指的是瑞士人習慣以姓氏或名字稱呼彼此，藉以區分兩種禮貌等級，將這習慣套用在國家，當然就有正式與非正式的國名。重視全體共識的特質則造就了第九個名字，而瑞士車尾的字母 CH，正是這第九個名字的縮寫。

讓我們像瑞士人一樣，從正式介紹開始吧。瑞士人獨鍾拘謹、正式的姓氏，即便是同住一棟大樓多年的鄰居，或長久共事的同僚，仍習慣以姓氏互稱。雖然這個情況在年輕一輩中漸有改變，但看他們的臉書或信用卡，就會發現無論口語或書寫，瑞士人仍習慣將姓氏擺在前，名字擺在後。接電話的時候也是，瑞士人[1]接起電話時會先報上自己的姓，也許是擔心對方忘記自己打給誰了。不只是人名，還有人稱代名詞也是。現代英文的第二人稱代名詞只有「you」[2]一字，但在德語、法語、義大利語中都有兩個，以區分不同的禮貌等級。稱呼陌生人、長輩或身分地位比你高的人用姓氏，以及正式的第二人稱代名詞：Sie、vous、lei。稱呼家人、好友或晚輩則使用名字，並使用比較親切的代名詞：du、tu，或 tu。

國家也比照辦理。英語有句俗語形容人名副其實，會說如同鹽一般有價值，那麼以瑞士的高昂鹽價來說（鹽業由兩家國營事業壟斷，因此無自由市場，而且政府會課鹽稅）[3]，擁有四個正式國名好像也不為過。最多人使用的德語中[4]，瑞士的正式國名為 Schweizerische Eidgenossenschaft。要翻譯這個字就跟念出正確發音一樣難，最貼近的是瑞士邦聯（Swiss Confederation）。這個用語在法語、義大利語、羅曼什語中則分別為 Confédération suisse、Confederazione svizzera 和 confederaziun svizra。事實上，Eidgenossenschaft 的意思比較接近「戰場上的同袍情誼」，這比「邦聯」的概念要複雜得多。而說德語母語者，仍用「盟友」（Eidgenosse）一字指稱真正承襲了國家精神的瑞士人。

由於這些正式國名都有些拗口，想當然耳，瑞士人在日常生活中比較常用非正式的國名：Schweiz、Suisse、Svizzera，還有 Svizra，就如同以名字稱呼人一樣。然而，八個國名中有四個太長，不便於「歐洲歌唱大賽」（Eurovision Song Contest）或足球比賽使用，也難怪瑞士人要制定一個官方的國名。這不只是圖方便，也是為了訂下一個不偏從任何一方，彼此都能接納的國名。尋求彼此都能接受的解決之道，正是瑞士的行事風格，這可能也是他們能夠克服長久歧異並合而為一的最重要因素。關鍵在於共識，但難就難在達成過程。怎麼解決？答案是，用一種已經死去的語言。

在歐洲的公路上開車，很容易見到車尾貼著CH字樣貼紙的車子。如果你常收看「這是淘汰賽」(It's a Knockout) 電視節目，或參加酒吧機智問答，你可能知道CH是瑞士的車輛國籍代碼。但如果進一步問你這兩個字母代表什麼，你可能會想找個合理答案，於是開始在腦海中快速瀏覽歐洲地圖。通常國籍代碼是國名的縮寫，可能是英語也可能是當地語言，所以D代表德國 (Deutschland)，E代表西班牙 (España)，而FIN是芬蘭 (Finland)，GR是希臘 (Greece)。如果你清楚這項原則，大概會以為自己有望猜中，不過，沒有任何以英語或當地語言拼寫的國名能夠縮寫成CH，所以這項原則並不適用。

如果你知道有多少人相信CH代表乳酪 (cheese) 或巧克力 (chocolate)，一定會大感驚訝，但兩者都不是正確答案。正確答案是瑞士的第九個國名，也就是官方使用的Confoederatio Helvetica。沒有幾個現代國家會用拉丁文給自己命名，但也是沒有幾個國家像瑞士這般獨特。這個國名來自赫爾維蒂 (Helvetii) 一字，這是羅馬時代以前的當地族群，字面上翻譯為赫爾維蒂邦聯 (Helvetic Confederation)。諷刺的是，身為以準確（不限於電車時刻表）自豪的國家，官方國名嚴格說來卻是不正確的。

在一八四七年一場勉強可以算是內戰的戰爭之前，瑞士確實是個邦聯，邦聯內的各個獨立國家彼此維持不同程度的合作關係，因此也可以說是個鬆散的聯盟。以現代國家的定義來看，這個邦聯還不算是國家，但也不僅是個集合體而已。一八四八年，新國家成立，採聯邦制度，一切符合聯邦精神，但國名除外。就算閃亮的新聯邦政府已經登台，瑞士人卻決定沿用舊的國名。這名稱或許有失準確，但由於新制度似乎非常傾向集權體制，不符合瑞士作風，所以沿用舊名能讓他們心裡好過一些。對瑞士人來說更重要的是，沿用舊稱使他們得以保留與過往的連結，這對所有瑞士人而言都是很重要的基本原則。

若問瑞士人他的「老家」(Heimatort) 在哪兒，對方不一定會回答出生地，而是回答祖居地，那可能是某座山上，家族中已經好幾代沒人居住的小村莊。瑞士護照上寫的也是祖居地，而非出生地。在瑞士，知道自己從哪裡來與要往哪裡去同等重要，這不只適用於人，也適用國家。

如果說官方國名與實情相悖是不合常理的事，那麼這事對瑞士來說就再正常不過了，因為瑞士本身就是個弔詭的國家。這個國家違逆了自然與人性的原則，它劃定的疆界無法以地理、語言、宗教、政治來解釋，它其實不應該存在。

✚ 身處歐洲中心

歐洲國家不比美國，不習慣那種在地圖上大筆一畫，漠視河流與山脈走向的筆直疆界。但即便以歐洲的標準來看，瑞士的領土形狀還是很奇怪。瑞士國界就像蟲的蠕動軌跡，一下順著河流伸展，然後又跨到對岸形成突起，或以之字形橫越湖泊，讓一趟平凡的乘舟之旅變成來回穿梭國界的跨境漫遊。基本上，這個國家看起來就像一片畸形的拼圖，彆扭地卡入鄰國之間。有時看起來又像拼圖中的最後一塊缺口。看看現代歐洲地圖，是不是能在歐盟版圖中央發現一塊瑞士國土造型的缺口？

然而，只要你換一種方式看待歐盟版圖，瑞士就會從歐陸中央的缺口搖身一變，成為蔚藍大海中的島嶼，島的四周是飄揚著藍天金星旗幟的歐盟國家，包括奧地利、法國、德國與義大利[5]。這個多山的國家並不大（四一二八五平方公里[6]，約等於英國威爾斯或美國紐澤西州的兩倍），但卻是歐洲第四大島[7]，而且是最特別的一個，因為這座島沒有海岸線。歡迎來到內陸島國！

瑞士在歷史上的多數時候都特立獨行，這個高山國家位於歐洲中心，周圍環繞著君主政體與帝國，獨裁者和將領，卻採行共和政體。有時，歷史的浪潮會拍打瑞士的疆界，將歐洲的衝突與新思想沖刷進最深的山谷裡，但瑞士總能設法恢復孤立的島嶼狀態，就如同今日。瑞士人長久以來總是意識到，自己的國家就像汪洋中的島嶼般孤立，而且也很懂得善用這樣的地理優勢。過去，瑞士掌控貿易路線以謀取利益，或在強國之間坐享漁翁之利，現在也依然如此，而免稅就是個好例子。

要了解一個國家如何看待自己，逛免稅商店通常不會是個好選擇。在成堆的三角巧克力、思美洛伏特加、香奈兒與萬寶路中，你有機會找到一些定價高昂的「道地」紀念品或美食，但這些免稅商店就像希爾頓酒店或星巴克，不論在哪兒都一個模樣。在歐盟[8]取消會員國間的免稅銷售後，瑞士的免稅商店依舊定期張貼海報，由此正可看出瑞士的商業頭腦與性格。即使商店中的菸酒與香水扣除稅額後，可能仍比米蘭、慕尼黑、曼徹斯特等地超市中的售價昂貴，也擋不住瑞士做生意的氣勢，這使得瑞士儼然成為藍海中一座棕櫚蓊鬱的島嶼。

他們傳遞了非常明確的訊息：這裡是歐洲僅存能免稅消費的地方，也是大家搜刮約翰走路紅牌的最後堡壘。

海報說明了瑞士人多麼懂得把握機會，發揮歐洲中心的地理優勢，而這類機會在過去並不多見。海報除了表現出瑞士懂得掌握商機，也說明瑞士人如何看待自己的國家。歐洲懷疑論者可能覺得瑞士在歐洲統合這片沙漠中就像座綠洲，但瑞士人比較傾向把自己的國家視為無人荒島，雖然這座島有山、有冰河，卻沒有棕櫚樹或冰淇淋(其實還是有的)。

不論是真實或想像中的荒島，都需要沙、海、孤立這三項基本條件才能成立。無人島提供人們一個避世的場所，在這兒你可以躺下休息，任時光伴著溫柔的浪拍聲，或幾張你最愛的音樂專輯，悠然消逝。無人島也可能是船難者的最後一絲生存希望，當他或她一身破爛地被海浪捲上岸，島上只有海棗作伴。不論在哪一種意象中，這樣的荒島通常不會有全世界使用率最高的電車系統、最高的電腦普及率，以及最好的巧克力（這點有待商榷）。不過還是那句話，這座荒島可說舉世罕見，因為這座島距離最近的海岸線有二百公里遠。

瑞士雖不具備以上三項荒島要件，卻一直扮演著這樣的場景。對負擔得起的人來說，瑞士向來是逃離外面世界的避難所，只要你不至於讓船艇大幅搖晃，瑞士就是你暴風中的救生艇。事實上，小說《海角一樂園》的主人翁一家根本不需要經歷船難才能漂流到無人島，他們只要待在家裡就可以了。所謂荒島不是指真實的狀態，而是一個心理上的概念，因為這裡的住民選擇避世而居，甚至彼此也很少往來，而這點直到最近才開始有所改變。

地理因素造就了瑞士。許多市鎮位於山谷之中，彼此有山嶺阻隔，因此幾乎是半孤立地各自發展，這使得各式方言與習俗得以存續至今。居民關注地方大小事，鄰人間友善互助，對外來者充滿戒心，且盡量避免特立獨行，這樣的美好景象如今對一些瑞士人（特別是保守派）而言已經消逝，對其他人來說，這想望卻顯得老舊、過時。有趣的是，若從瑞士的國家整體情況來看，保守派人士的想望其實大體上早已成真，只是他們未必能察覺到就是了。不過，總的來說，不論個人或市鎮都不跟外界交流，這點可是非常符合瑞士風格的，而這也完全得歸因於瑞士是由無數部分所組成之故。

✚ 桃花源，或椰林

在一本有關瑞士文化的書《巧克力之外》（*Beyond Chocolate*）中，瑪格利特．歐提格—戴維森（Margaret Oertig-Davidson）用水果來比喻瑞士與英語系國家的差異。她說瑞士人是椰子，這相當符合汪洋荒島的意象，但並不是說他們個兒小、皮膚黝黑、毛髮濃密（雖然有一部分人的確長這樣），而是指他們清楚區分生活中的公、私領域。要打破椰子殼並不容易，就像要與瑞士人熟稔到能夠以名字互稱，甚至進一步認識他們一樣困難。瑞士人清楚地把大部分的人放在椰子殼這一層，在這層中，人們以姓氏互稱，不聊隱私。椰子核則保留給能夠以名字稱呼、最親近的畢生好友與家人。家的空間也屬於私密的這層，很少開放給陌生人，所以說，瑞士人的家比較像堡壘，而非城堡。以上所說，會讓人以為瑞士人冷酷無情，但外人眼中的不友善事實上代表了瑞士人非常重視私人領域，還有他們願意花時間慢慢認識朋友。

相較於防備心重的椰子，英語系社會則像是桃子，把所有陌生人歸類在柔軟、新鮮的果肉層中，大家都可以當朋友，隨時可以用名字互稱，家門為各路人馬敞開，一切都較為隨興。既然朋友在生命中來來去去，小了許多的果核，則屬於無法選擇也無法失去的，最親近的家人。也許桃子最適合形容美國人，英國人比較像鳳梨，外殼帶點刺，但比椰子殼好破開。裡頭則是柔軟的厚厚果肉，同事、鄰居、朋友、點頭之交全都屬於這一層，彼此往來不拘禮節。最後，由家人構成較硬的鳳梨核心。

椰子的比喻顯然不適用所有人，但整體而言仍相當貼切。瑞士人彬彬有禮、待人和善，但無疑地，他們喜歡自己聚在一起，對新到來的人不見得樂於分享。不過一旦破殼而入後，就是另一個故事了，瑞士人把朋友當做一輩子的事，而不只是聖誕派對的賓客。不過瑞士人與英國人的相像程度很有可能超過他們自己的認知，這兩個社會都受制於潛規則和繁文縟節，外來者可能會感受到，要交朋友或完全融入社會並不容易。除此之外，兩者都拒絕加入歐盟組織，不信任德國，想要保留自己的貨幣。當然兩國之間也有差異，例如，由於天主教與基督教人口各占一半，瑞士沒有國家宗教，未來也不可能會有。另外，兩國雖然都是以共同信念凝聚不同成員所形成的國家，但瑞士是全世界最古老的共和國，而英國卻是君主專制政體。事實上，許多瑞士人十分喜愛英國，而英國人時常造訪瑞士，瑞士的旅遊業幾乎是為英國人打造的。畢竟，鳳梨加上椰子，可以做出美味的鳳梨可樂達。

如果說瑞士人像椰子，那麼瑞士本身也差不多，只不過是顆比較大的椰子。山嶺像椰子殼般保護著居民，阻擋外人太過靠近，對瑞士以外的人來說，山就是這國家的形象，無論瑞士國土有多少比例是山，都不會令人感到驚訝。雖然瑞士可能必須與鄰國分享阿爾卑斯山，但境內有四十八座山峰、綿延超過四千公尺，可謂實至名歸的歐洲屋脊。阿爾卑斯山幾乎占據了國土面積的三分之二，西北邊的侏羅山脈另外占據一成，在這片無盡的山巒中，有一處特別突出，就是馬特洪峰。

+ 征服群山

瑞士沒有泰姬瑪哈陵、艾菲爾鐵塔或雪梨歌劇院這類世界知名的紀念碑或建築。但瑞士有山，而且包括堪稱歐洲最有名的兩座：嚴峻的艾格峰北坡以及馬特洪峰。前者時常出現在書與電影中，但真正能代表瑞士的則是後者。馬特洪峰在靠近峰頂處稍有曲折，形成獨特的山形奇景，雖然在家鄉不見得家喻戶曉，但卻舉世聞名。二〇〇九年的十六位瑞士小姐候選人，無一能從馬特洪峰的照片聯想到這座奇峰的名字[9]，顯然，競逐瑞士小姐后冠不需要外貌以外的條件。對其他多數的瑞士人來說，即便必須與義大利共享，馬特洪峰依舊無疑是瑞士的國家象徵。這座山不坐落在瑞士中心，而是瑞士與義大利交界一處鳥不生蛋的地方，這表示該處並不適合郊遊。舉例來說，從伯恩搭火車，需要轉乘三次交通工具，而且一次比一次窄小、緩慢，最後還要通過極為狹窄的山谷，才能上到策馬特（Zermatt）。但這一切都值得，原因很簡單：為了景色。

馬特洪峰獨樹一幟。不是因為尺寸，雖然四四七八公尺也相當高了。真正的原因是這座山不受其他山峰遮擋，孤然挺立，你可以由下而上一眼覽盡全貌，所以馬特洪峰看上去非常宏偉。在一八六五年，英國人艾德華·溫柏（Edward Whymper）帶領團隊第一次攀登馬特洪峰，

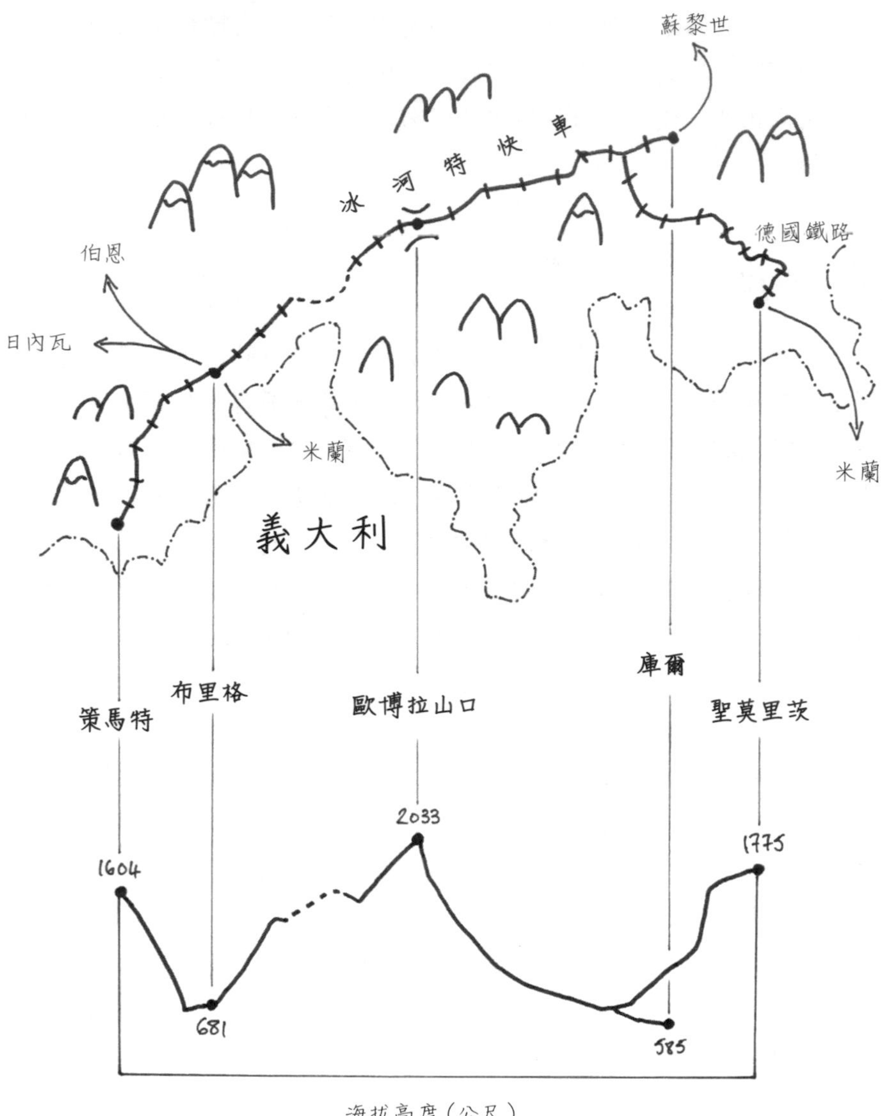
蘇黎世
冰河特快車
伯恩
日內瓦
米蘭
德國鐵路
米蘭
義大利
庫爾
布里格
策馬特
歐博拉山口
聖莫里茨
2033
1604
1775
681
585
海拔高度(公尺)

結果途中四人身亡。而今日的訪客則大多滿足於從列車車窗或是最終站葛內拉特所見的景色。從葛內拉特所見的全景包含了馬特洪峰、壯麗的戈爾內冰河和瑞士最高點，雪白的杜富爾峰（Dufour Peak）[10]。而你很難相信，由此處到瑞士的海拔最低點阿斯科納，直線距離只有七十公里[11]。這就好比從英國里茲到雪菲爾之間有四千四百公尺的海拔落差。 最高與最低點如此接近，說明了瑞士地形的起伏，以及移動時可能遭遇的困難。不過，老話一句，就憑幾座山，從來無法抵擋瑞士人。

如果要為瑞士人下定決心征服地景這件事安個日期，那就是一九三〇年六月二十五日，當天發生了一件在瑞士交通史上不太起眼的事件。並不是聖哥達山口啟用，或歐洲第一個高山鐵路系統完工，而是冰河特快車從策馬特到聖莫里茨的首航[12]。乍聽之下，連接起這兩個平凡的滑雪度假區，似乎不是什麼特別的事，不過攤開地圖你就會發現，這兩地分別位於瑞士的兩端，其間有許多山脈阻隔。彷彿有人任性地決定了，不論這兩點間有什麼阻礙，就是要連在一起。路線途中有兩段一千四百公尺的高度落差需要征服，就像條長長的雲霄飛車，只是速度不快。這可能是全世界最慢的特快車（因此「冰河」是個不錯的形容詞）。不過低速行駛以及可一覽全景的玻璃車頂，說明了冰河特快車是欣賞阿爾卑斯山的絕佳選擇。

冰河特快車全程經過二百九十一座橋、九十一條隧道[13]，終年行駛，風雪無阻。但這些都不重要。重要的是，沿途的空間都不夠寬，因此沒有人能保證這條路線蓋得成。布里格與庫爾是全線最大的兩個鎮，透過主線與鐵軌系統相連，這表示特快車會服務少數村落，也說明了遊客渴望這樣的搭乘體驗，而這正是重點所在。一般火車來回行駛同一條路線，停留每一個村莊。但這是一條為旅客建造的路線。在旺季必須提前預約才能取得座位，而且不售站票（也沒有人想要站七個半小時）。

列車從策馬特的馬特洪峰山腳出發，開下隆河河谷。河谷的平坦地勢讓列車得以高速駛向布里格。然後，車軌向上跨過歐博拉山口（Oberalp Pass），雄偉的崎嶇山峰映入眼簾。如茵綠草或潔白冬雪軟化了震撼感，使山峰顯得平易近人。然後列車再次下切到萊茵河谷。歐洲兩大河的源頭竟如此相近，想來還是頗為驚人的。兩條河各自流往不同的方向，萊茵河往北流入北海，隆河則先向西，後往南流進地中海。可別忘了，跨過另一座山還可以找到因河（Inn）的源頭。因河則向東流向黑海。也就是說，在歐陸的正中心有一座三面的分水嶺。此外再加上一千五百座湖泊、歐洲最大的瀑布，以及若干冰河，由此可見，瑞士確實有能耐供應歐洲百分之六的的新鮮飲水[14]，也難怪瑞士有超過一半電力來自水力發電[15]。

可能一直要到這趟史詩級列車旅程的最終章，你才會察覺到工程的痕跡。為了從庫爾爬升到耀眼的聖莫里茨，軌道必須多次迴旋，才能讓列車沿著環形隧道向上而行。為了跨越山谷，石頭橋墩上建起了參天的拱形高橋，橋梁看似懸在空中，這一切足以讓你從車窗俯瞰湍急水流時，不自覺地手心冒汗。

穿山越嶺的冰河特快車說明了，山脈對瑞士人是挑戰不是阻礙。山既像遊樂場般供人健行、滑雪，也是抵禦外敵的屏障。本質上來說，山就如同瑞士的海，是瑞士之所以成為瑞士的原因。山是這國家的靈魂，美麗誘人卻充滿防備而難以親近。就如同海影響島嶼，山脈牽動著瑞士的氣候，然而兩者受到的待遇有明顯差別，瑞士人愛山，對氣候則不屑一顧。

+ 當風吹起

當你與瑞士人聊起天氣……說實在的，還是別和瑞士人聊天氣吧。和其他國家（尤其是英國）比起來，瑞士人並不喜歡這個話題。一部分是因為瑞士人不喜歡與人寒暄，另一部分是因為對他們來說，這類對話沒有意義。以下是英國人與瑞士人聊起天氣時的典型對話：

英國人走進屋內，說：「哦，今天外面好冷。」

瑞士人：「因為現在是冬天。」

一般來說天氣是打破沉默或開啟話題用的開場白。但瑞士人把這視為不太聰明的事實陳述。既然現在是冬天，當然會冷，沒什麼好說的。就算你接著說，上周人們還穿著短袖，或氣象預報說周末前會降下三十公分的雪，還是相較去年現在的天氣可好多了（這些都是英國人可能有的基本應答），瑞士人也毫不在意。他們習慣直接陳述事實，這可能使人誤會他們傲慢無禮，或對你不感興趣，但事實不然。他們通常並無此意。只是不習慣聊瑣事和隱私，特別是面對陌生人時。對瑞士人來說，與某人一起安靜地凝視雨水墜落，好過談論雨天。諷刺的是，瑞士的天氣其實是滿有趣的話題。

在歐洲第一高山的陰影籠罩下，天氣可能極度穩定，也可能變化多端。瑞士可能一連幾天維持極冷或極熱的天氣，然後在一夜之間產生攝氏二十度的溫差。多山地形加上缺乏海洋來調節寒冬與炎夏，使瑞士的天氣非常極端，最低與最高溫紀錄分別為攝氏零下四十一．八度與攝氏四十一．五度[16]，這比較像是西伯利亞和利比亞才會出現的數字。

不過，有一種天氣現象是瑞士人認為他們獨有，而且很樂意聊的，就是焚風（föhn）。這個字的讀音類似電影人物糊塗大偵探克魯索（Inspector Clouseau）說出「phone」一字時的發音。在瑞士人面前提到焚風，那你大概會有幾分鐘插不上話，只能洗耳恭聽了。焚風是一種從南方越過阿爾卑斯山而來的風，通常發生在四、五月間，但也發生在秋天。焚風一般吹來溫暖、乾燥的空氣，因此有了「föhn」一名，這個字在德文中是吹風機的意思，雖然大家明瞭哪一個先來到這世上，但倒也不以為意。話說回來，焚風真的頗像吹風機，平均風速超過每小時一百公里[17]，並造成極端的氣溫變化。舉例來說，當焚風吹拂地區的氣溫高達攝氏二十五度時，幾座山谷以外的地方卻可能只有攝氏六度，這是很常見的。

也許正是這樣的大氣擾動讓焚風成為瑞士人口中的惡風。瑞士人認為偏頭痛、自殺，以及大眾的普遍焦慮都是焚風造成的。這種歸咎方式比較像是在宣洩瑞士人對所有氣流的厭惡情緒。對你我而言的清新空氣，卻是瑞士人口中的萬病之源。瑞士人為了防止氣流灌入房屋，將大多數房子設計得密不通風，因此根本不需要在門底縫放置擋風板，也用不上厚重的窗帘 。話說回來，瑞士人每天還是會將窗戶完全打開幾分鐘，讓渾濁空氣散出去，這時氣流又不是病源，而是保持身體健康的關鍵了。不過，若你想打開列車上的窗戶，要是當天不是本世紀最熱的日子，建議你還是打消念頭吧。

七月末的盛夏，天空正藍，溫度計顯示攝氏三十度，猛烈的陽光射入列車車窗。車廂儼然像個移動桑拿。你汗流浹背，而鄰座乘客臉紅得像甜菜根，你別無選擇，只能開窗。在某位女士走上前來，明確地建議你關上車窗之前，你大約還有呼吸三口新鮮空氣的時間。為了加強說服力，那女士甚至會將脖子上的圍巾再拉緊一些，雖然可能並未緊到足以說服你。看來這氣流對於坐在四排之前的她來說仍是一大干擾，想必從你車窗吹入的是股非常強大的氣流，強到足以逆著行車方向，吹過半節車廂。大概是因為空氣變得稀薄，這時全車廂乘客都屏息看著你們倆，於是你妥協了，將窗戶半掩上。而在後半段旅程中，那位氣流女士則時不時地瞪你一眼。

當然，瑞士報紙與電視都有氣象預報，通常以簡化的地圖呈現，並且非常具有啓發意義。只要看一眼瑞士的氣象地圖，你就能理解瑞士人是如何看待自己的國家，至少就地理方面。

+ 北與南

典型的氣象地圖會將瑞士國土簡略分為南北兩半。但並不是以阿爾卑斯山為界。簡單地說，瑞士北方包括所有人的居住地，而南邊，也就是山區，則是這些人的度假地。南方或許是國家的靈魂，但現代瑞士的心臟則在別處搏動，也就是相較平坦，人稱瑞士高原的山丘地帶。想到瑞士擁有那麼廣大的開闊空間，你可能以為這個國家不會擁擠到哪去。但因為人、房屋、工廠、農田、交通設施，所有東西都得塞進阿爾卑斯山與侏羅山之間的狹窄弧形地帶，這使得有人居住的那一側確實很擁擠。瑞士高原延伸自日內瓦，穿過羅曼德[18]（說法語的那部分）到伯恩，然後越過蘇黎世，到康士坦茲湖。瑞士高原承載了所有主要城市及瑞士七百七十萬人口的三分之二，成為歐洲人口最稠密的區域，每平方公里有四百五十人[19]，比英格蘭東南還要稠密一些[20]，並且比荷蘭要稠密得多[21]。奇怪的是，瑞士不給人過於擁擠的感覺。也許是由於多數人都住公寓，而非平房，因此城市膨脹速度較慢。不過，瑞士人大多聚居在一起的事實，或許也能解釋為什麼他們彼此要保持距離。當住宅空間不足時，私人空間就更顯重要，需要珍惜保護。

高而不平的瑞士高原，其實是包含山丘、河流、湖泊、山谷的波浪狀地形。這樣的地貌對於地勢較平坦的國家而言，往往構成興建運輸系統的天然障礙，但對瑞士而言，較大的問題來自阿爾卑斯山，然而即便如此，他們也成功克服了這項難題，以遍布的公路、鐵路贏得全世界的忌妒。自從十三世紀聖哥達山口開通至今，瑞士穩坐歐洲最重要的十字路口。鐵路和公路連結城市、穿越高原，兩者構成一條高速廊道，並和重要的穿山路徑交錯。最諷刺的是，瑞士不是歐盟會員國，卻位於歐洲交通網絡的核心。這全拜這些山所賜，這些山嶺是歐洲真正的南北分隔線。

瑞士的南北概念很好理解，然而一旦加入上與下，就很容易令人混淆了。對多數英語系國家而言，上方等於北邊，下方等於南邊。往上去蘇格蘭或加拿大，往下去德文郡或佛羅里達。然而對瑞士人來說，上下與坡度有關，而非方向。也就是說，上方等於上坡或上游，這對多山的國家很合邏輯。因此，伯恩人會說往下（北方）去巴塞爾、往上（南方）去因特拉肯。瑞士大部分區域都位在阿爾卑斯山或以北之處，因此，唯一往下同時也是往南所到達的地方，是義大利語區的提契諾。難怪那裡的居民總有被排擠在邊緣的感覺。但相較格勞賓登，提契諾的完整度相當高，這裡是瑞士面積最大、人口最稀少、最孤立的一州。提契諾坐落在阿爾卑斯山東側高處，位置不北不南，在瑞士人的概念中，正好位於國家的中心點。

除非你喜歡到奢華的聖莫里茨或克洛斯特斯滑雪，或者參加在達佛斯舉行的世界經濟論壇，否則大概不會聽過格勞賓登。當多數外國旅客湧入瑞士中部山區的時候，許多瑞士人則往東邊去度假，造訪恩嘎丁和唯一的瑞士國家公園，追尋（相對而言的）自然荒野。雖然格勞賓登的景色的確相當漂亮，但這裡的語言歧異更為有趣。拜羅曼什語（一種還未消失的拉丁語）所賜，格勞賓登是唯一的三語州，只有三萬五千人以羅曼什語為母語[22]。即便如此，羅曼什語仍保留了五種方言。雖然把事情變複雜在瑞士是司空見慣的事，不過還是要知道，羅曼什語並非自過去以來就是官方語言，而是在一九三八年的一場公投後才獲得這個地位。

在瑞士典型的吹毛求疵式定義中，只有在公務體系要與羅曼什語使用者溝通時，羅曼什語才是官方語言。至於聯邦法律與其他官方法令，並不需翻譯成羅曼什語。而且，你很少有機會在格勞賓登以外的地方讀到或聽到羅曼什語。全瑞士的英語母語者人口是羅曼什語母語者的兩倍[23]，不過，至少羅曼什語在某種意義上被認可為現代語言——從二〇〇七年起，谷歌（Google）與微軟（Microsoft）分別提供了羅曼什語版的搜尋引擎和文書處理軟體[24]。

從許多方面來說，格勞賓登都像迷你版的瑞士，有多種語言（但德語是最大宗），以及明確而友善的信仰區隔。格勞賓登曾是威風凜凜的獨立國家，就像今日的瑞士一樣，直到同意加入瑞士聯邦[25]。不過許多居民說到自己是哪裡人時，仍習慣在瑞士人之前冠上格勞賓登人。然而，如同前面所說的，重視州甚於國家正是瑞士人相當普遍的特質。即便你所屬的州人口數比一場乙級足球賽的觀眾人數還要少也無所謂，因為州代表了家鄉，也是你最大的驕傲。那麼，這樣的特質究竟對瑞士人造成什麼樣的影響？

✚ 認識州

瑞士的二十六個州[26] 大小如英國的郡，卻有美國州的權力，各州具有各自的憲法、法律、國會、法庭與旗幟，州政府自定稅率、發放車牌，並且有自己的警察與教育制度。在真正的聯邦制中，州是構築國家最基礎的磚塊，同時也是避免中央過度極權的一種平衡方式。瑞士人愛州不亞於愛國，甚至更為強烈。當然，我們談的是瑞士，所以事情絕沒有這麼簡單明瞭。

事實上，二十六個州中有六個是半州。所謂一半並非是尺寸上的（有些州面積比半州小），而是政治上的。這些半州在法律上與全州相同，在生活所有層面上都是如此，例如課稅，半州與全州享有同等的權力。不過，談到代表權時，半州就真的只有一半，無論國會席次或公投時的投票數，都只有全州的一半。因為瑞士的政治體制太過獨特，如此細微的區分極為重要。若這六個半州想要變成全州，免不了要來場憲法大地震，衝撞堪稱瑞士政府基石的精巧平衡，而且這麼做就違抗了百年來的歷史。如果在瑞士有什麼比政治更重要的，那就是歷史。

舉例來說，在亞本塞（Appenzell）仍是一個州時，後來的內亞本塞半州（Appenzell Innerrhoden）與外亞本塞半州（Appenzell Ausserrhoden）為了當時頗受關注的宗教議題吵得沸沸揚揚。當外亞本塞州地區改信新教時，亞本塞州內部圍繞著亞本塞鎮的六個教區則維持天主教。分裂在所難免，但過程十分和睦，兩邊都以投票表達意見。這六個教區共同形成內亞本塞州，成為瑞士聯邦最小的成員。內亞本塞州只有一萬五千名居民，相較於蘇黎世州的一百三十萬人口，差距顯而易見，就好像小小的羅德島比上廣闊的德州。亞本塞不是唯一分裂的例子。巴塞爾也曾苦於無法調和政治改革所帶來的內部衝突，因此分為巴塞爾城市州（Basel-Stadt）與巴塞爾鄉村州（Basel-Land）。這兩個半州的人口比某些全州要多，但陰魂不散的歷史羈絆使兩者只能成為半州。

有十個州擁有自己的州名，例如提契諾和佛德（Vaud），但其餘都是以主要的市鎮命名，因此你必須能夠區分州與市鎮。就有如在英格蘭，德比（Derby）和德比郡（Derbyshire）是截然不同的，同理，在瑞士，伯恩與伯恩州不同，至少瑞士人都能分清楚。你是否曾好奇過英國的伯克鎮（Berk）、威爾特鎮（Wilt）、施洛普鎮（Shrop）去哪兒了呢？使用這些名字的郡都還存在，但鎮已經消失了。

州非常獨立，以至於有時讓人覺得瑞士並不存在，而是二十六個大體上團結但各自為政的小瑞士。這是瑞士生活的一大部分，因此瑞士人有了「屬州意識」（Kantönligeist）一字，比較正向的解釋是，各州有各自的認同、文化、歷史，但現實的情況則是各州刻意彼此作對、刁難。而且每個州都極力捍衛自己與他人不同之處，因此歧異短時間內很難消失。但正是這樣的歧異讓瑞士成為如此獨特的地方，有時甚至讓人覺得國家只是空有名字而已。

對某些瑞士人來說，瑞士作為實體，在實質上與情感上都仍是很新的概念，同樣地，首都也是。

✚ 五城故事

好幾世紀以來，各州儘管受條約約束而彼此綁在一起，但仍舊獨自發展，就像義大利的城邦。因此瑞士從來沒有像巴黎或倫敦這樣大型的首都，卻有一堆規模相近的城市。即便在今日的統一國家中，五大城市也各司其職：伯恩是聯邦首都、政治中心，巴塞爾由於製藥廠商林立，屬工業要鎮，洛桑是最高法院所在地，日內瓦有聯合國總部，蘇黎世則是五城中最大城市，代表經濟。這就好像把倫敦拆解後放在英國各處一樣，但即便這樣，相信每一處都還是比僅有三十七萬五千人口的蘇黎世大上許多。 當你走在蘇黎世中心的鵝卵石人行道上，一點都不會覺得這是座大城市。起碼倫敦與紐約客會說不是，但對瑞士人來說，蘇黎世就是名副其實的大都會。至少此地以睥睨世人為樂的居民是這樣行銷這座城市的。

瑞士的主要城市也和各州一樣存在明顯的競爭關係，而且不限於足球比賽。經濟重鎮的蘇黎世自認比其他城市優越，其他城市則認為蘇黎世的居民莽撞又傲慢，言行間處處透露狂妄自大氣息。相反的，伯恩人操著一口方言，行為有如鄉巴佬，被認為是緩慢、安靜、保守的。巴塞爾呢，以嘉年華聞名，但可能是因為太靠近國界，在其他瑞士人眼裡始終像是罩著一層神祕面紗，有著難以名狀的怪異。而且他們的足球隊得不到任何人的支持，即使是伯恩人也寧可蘇黎世贏過巴塞爾。這三個城市都說德語，所以總是忽略法語區的日內瓦與洛桑。也可能是因為日內瓦與洛桑一點都沒有瑞士的感覺。日內瓦太過國際，也太法國。洛桑是瑞士最有資格稱作另類文化之都的城市，儘管以其他國家的標準來說可能還不算數，但對嚴肅的（德語）瑞士人而言，洛桑已經在容忍的邊界上了。

不過，有一件事是不限於五都，幾乎所有瑞士市鎮都具備的共通點，就是都避開了上個世紀的紛紛擾擾，如兩次世界大戰，或頂多受到些微干擾。這表示每座城鎮中心都保有完好的中世紀城市風景。沒錯，雖然這些風景周邊環繞著現代建築，而且其中不乏醜惡、有礙觀瞻者，並也伴隨著西方社會所需的工業與運輸設施，但與許多現代城市相比，瑞士的城市令人相當愉悅。

當城市從火車或輕軌電車車窗前掠過，第一眼你就知道這裡絕對不是英國，因為磚造建築和垃圾都太少。也不是地中海，因為石造公寓太過莊嚴，而且交通順暢多了。看來像是中歐，但不知何故，沒有德國城市的陰鬱或法國城市的自大，好似焚風把阿爾卑斯山上充滿異國情調的空氣吹進了城市的肌理。

也許瑞士的城市正是因為混合了北方的堅實與南方的活力，才屢屢獲選為世界上最棒的居住地。當然乾淨與交通也占了很大一部分。居住在這些地方或許所費不貲，即使對瑞士人來說也是如此，但蘇黎世與日內瓦時常榮登世界前五大宜居城市[27]。是的，由於人口不到五十萬，這兩座城沒有柏林或芝加哥所面臨的問題。但即使有，瑞士人也會找到解決方式。

+ + + + + + + + + +

瑞士超越地理區隔而成為一個國家，也因為這樣的區隔成為今日的瑞士。位於國家心臟地帶的山脈使瑞士發展成不同特色市鎮的集合體，也是這些市鎮得以存續、發展的原因。如我們將在往後幾章看到的，各地區不同的地理特色，幾世紀以來影響、形塑了瑞士的歷史與政治。地景加上尤其關鍵的氣候因素，讓瑞士人必須隨時對各種事情保持謹慎。要活過冬天，需要規劃與慎重考量，要彌補自然資源匱乏的問題，則需要創造力與注重細節的個性，如今在瑞士人身上依舊可以看到這些特質。

由山脈切割而成的瑞士，在歷史上活脱脱像座島嶼，璀璨地獨居世外。至少瑞士人自認如此。然而，英國人在二十世紀初悟出的道理，瑞士人在二十一世紀初也理解了：無處是島嶼。被歐盟圍繞，再加上面對全球市場，瑞士人儘管有時並不情願，卻也慢慢地與外界建立起連結。然而，他們在感情與理智上，永遠認為瑞士是內陸島國。

瑞士貼身小觀察 ❶ 見面與打招呼

認識瑞士人最棒的場合，是一種叫 Apéro 的小酒會。不是因為他們要靠紅酒才能放鬆，而是因為這種派對適用任何場合，是瑞士的萬用社交形式。為同事餞別？辦小酒會。想要比晚餐會更輕鬆的聚會？那就辦立飲的小酒會。這種聚會的餐點內容可以是一杯酒精飲料，加一些零嘴，不過大多數小酒會也會提供手指食物，例如開胃餡餅或小杯南瓜湯。你也會看到超市販售的一盤盤乳酪和肉，餐飲業者提供的主題菜單，豪華飯店像變戲法般推出的美食餐點，全都是因為小酒會實在太重要了。在小酒會中，你會見識到非常具有瑞士傳統風格的介紹方式，方法很簡單，只要你能掌握規則。

剛抵達小酒會的幾分鐘內就很可能表現出失禮行為，從你走進房間的那一刻起考驗就開始了。不是因為穿著，瑞士人很少制定穿著規定。也不是遲到，遲到的話簡單道歉就可以了。是打招呼。在瑞士的任何聚會上，所有客人的首要責任就是到處走動，到處打招呼。面對一群人，而且大多是你不認識的，你很可能想躲在角落，直到遇見認識的朋友，或等到主人出來介紹。這麼做是大錯特錯！在你採取任何行動，包括拿飲料之前，你要向大家介紹自己，不論那要花多長時間。

張開雙手走向人群，隨時準備好介紹自己，聽起來很積極、直接，很像美國作風，而且很不瑞士。但這無關積極，而是一種禮貌。跟一個你連名字都不知道的人共處一室，是多麼失禮的事。你也許接下來整個晚上都不會再和史戴芬或偉博太太說話，但至少你表現得當，而且做了自我介紹。這項習俗也許是多數瑞士人準時抵達小酒會的真正原因，因為早點到場站著聊天或喝飲料，讓晚來的人主動向你自我介紹，這樣比較簡單。雖然這會讓你有點像婚禮接待，但總好過最後一個抵達。如果你最後抵達小酒會，就得面對漫長的等待、很多次的握手，然後才能放鬆地喝杯飲料。

對一個以保守聞名的國家而言，這規矩聽來頗奇怪，但對瑞士人卻很正常。而你如果以為所有的壓力都在客人身上的話，請再想想，要籌辦一場立食的聚會，主人必須提供能讓大家輕鬆取用、快速吃完的食物，畢竟你的賓客需要一手持酒杯，另一手握手。如果賓客的兩手都滿了，沒有人握手，瑞士社會就會瓦解，到時就不會再有壓力了。 多打幾個招呼或許不是壞事。

十九次握手，十九個問候，十九回交換名字，聽起來有點嚇人，不過有一種瘋狂的方式能加快整件事的速度。就好比問候語有很多種（在瑞士一般說 Grüezi），問候也分很多層級。最基本的是對完全不認識的陌生人：一次握手，交換名字，在分開前可選擇展露一下笑容。對於見過面的人，非常適合多聊幾句，但你們倆都知道，除非彼此都已經與所有人打過招呼，否則聊天不能太久，所以彼此又先暫別。對朋友呢，主要是在對方的臉頰親吻三下（右、左、右），搭配握手以及一句「你好嗎？」謹記，只要打完招呼就能回到一般正常的對話了。這樣的社交儀式對瑞士人來說就像呼吸一樣自然，他們從能走路、會說話的年紀就開始這麼做，但外國人需要一點時間適應。

如果這一切聽來不夠困難，還有更難的，就是判斷正式的程度。如前所述，德語的「你」有兩個字：Sie 與 du，其實有三個，但我們現在先忽略第三個。當對方自我介紹時報上姓氏，那就用 Sie 稱呼對方，如果是名字就可以用 du。該用 Sie 的場合講成 du，是不可容忍的。好在對於學德語的人來說，Sie 的動詞形態是最簡單的，所以你很容易表現得非常有禮。在某個時機之後，你對你的朋友，或你的朋友對你，可能不再以 Sie 相稱，而改稱 du，這種情況稱為給予對方 Duzis，表示你們的友誼有進展，相處時不須再那麼拘謹。在那之後，你絕對不能再用 Sie 稱呼對方，因為那可能會讓友誼降溫。

忘記這些規則比你想像的還要糟糕。有一次我在輕軌電車上讓位給一位老太太，我因為不經意地用了 du，使得我的美意全毀。老太太不但執意站著，還進一步斥責我太過直接、無禮。同樣地，我也無庸置疑地冒犯過數不清的人，只因為我在彼此同意 Duzis 之後仍用了 Sie。

當你擁有兩位以上的瑞士朋友，就會需要 ihr，「你」的第三種形式，也是 du 的複數。也許這正是在瑞士很難交朋友的原因，停留在客客氣氣的 Sie（既是單數也是複數），實在簡單太多了。

談到聊天，瑞士的談天技巧相當簡單，因為談話可能非常簡短。許多瑞士人情願安靜地坐著，好過聊交通、假日、名人八卦。而且他們絕對不會問，或期待被問任何太過私人的問題，包括婚姻狀態、宗教信仰或房價。私生活與公共領域區分得非常鮮明，任何人若將兩者混淆，就會引來他人的疑心。禮貌，有的，和善，偶爾，但在初認識幾小時（或甚至月）內分享生活，絕不。用笑話破冰更是萬萬不可，笑話是與朋友、家人分享的東西，瑞士人不對陌生人，也不在工作會議裡開玩笑。沒有所謂瑞士幽默，老實說有，但就像性與金錢，比較適合留在家裡。

懵懵懂懂地了解這些以後，你仍然需要知道如何道別。離開派對時最實際的做法就跟抵達時相同，只是順序反過來。你到處走動，邊道別邊握手，但切記，稱呼對方的名字，畢竟你已知道在場所有人的名字。要記住每張臉對應的名字，感覺像是接受高智商團體門薩（Mensa）的記憶測驗。所以，告訴你一個小訣竅，等別人先離開。當有人到處走動道別時，你跟在一、兩步之後，仔細聽清楚每個名字，然後你再獨自上前，說「再見，斯密特先生！」和「下回見嘍，佩特拉！」你會因為記住每個人的名字而贏得金色星星獎章。這樣的道別方式讓「說再見」一事提升到全然不同的層次，而逐一道別很可能讓你花上半小時的時間說再見。千萬不可以只對主人道謝，然後一次對所有人說再見。你很可能會在前額被蓋下「社交無能」的印記。我現在仍在試著刷洗我額前的印記。

楚格湖
N
庫斯納
泰爾殺死壞人的地方
瑞吉峰
歐洲第一條高山鐵路
戈爾道
陸森
陸森湖
維茨瑙
施維茨
瑞士刀發源地
布魯南
佛利根要塞
二戰堡壘
陸森湖
洛特里
瑞士誕生地
皮拉圖斯山
世界最陡峭的高山鐵路
烏里湖
包恩
泰爾祠
泰爾登陸的地方
瑞士步道
阿爾特多夫
泰爾射蘋果的地方
聖哥達山口

第二章

走過時間步道

STEPPING
BACK
THROUGH
TIME

瑞士人選擇以獨特的方式來慶賀建國七百年：為一條步道剪綵。但瑞士步道（Swiss Path）並不是什麼老舊的步道，而是一條象徵全國所有人口的步道。在一九九一年，為了慶賀這個重要的日子，瑞士人決定要打造一條三十五公里長的環湖步道[1]。這條紀念步道每五毫米都代表一個國民，整條步道便由七百萬個居民組成[2]，於是即使在這步道遍布的國家中，這條步道依舊顯得與眾不同。這是多麼的精準！某種程度上來說，這條步道結合了這國家的兩種熱情：走路以及對細節的執著，這是個完全體現瑞士風格的紀念物。世上沒有其他國家能夠想出這樣的計畫，更不用說如此精確地執行。

但令人驚嘆的不只如此，瑞士的二十六個州在步道上各自擁有專屬的段落，長度則取決於各州一九九一年的人口數。小的州如沙夫豪森（Schaffhausen）只有一百多公尺，但像是蘇黎世等大型行政區就會涵蓋一定長度的湖畔。每州之間用石碑隔開，各州順序則取決於加入邦聯的時間點。這條三十五公里的步道象徵著瑞士的七百萬人口以及七百年的歷史，而每段五毫米長度除了代表一個公民外，也代表了過去七百年中的一個小時。由於行政區是依時序排列，因此走過步道也就像是回顧國家的歷史。行者好比漫步在瑞士的記憶廊道上，而這條瑞士步道的所在位置，正是瑞士的起源地。

✚ 起點

一切都要回溯到三位男士在一片山丘草地上相互鞠躬開始。以建立國家而言，這個開頭不是很有戲劇張力，但卻非常合乎現代瑞士的風格：低調、和平，沒有血腥、斬首或是子彈。這片草地叫做「洛特里」（Rütli），位於瑞士正中心的烏里湖（Lake Uri）畔，至今依舊只能透過船隻或步行抵達。我們至今依舊不明白這三位男士為何決定在此訂立盟約，而不選擇一個更容易抵達的地點，像是市政府或是某人的家。事實上，沒有人知道那天（一二九一年八月一日）究竟發生了什麼事。參與人數、地點、誓詞內容與日期至今依舊成謎，但即便歷史的真貌撲朔迷離，這樁結盟仍公認為瑞士的起點。從一八九一年開始，瑞士就將八月一日訂為國慶日[3]。國慶日也是少數幾個與宗教無關，並被多數人接受的節日。然而，這一天並不是拜訪洛特里的最佳時機。在國慶日裡，除了瑞士總統將會在此致詞外，近幾年極右派的民族主義者也硬是擠入慶典，爭取曝光機會。相較之下，天氣和煦的六月更適合人們造訪此地感受歷史。

打開瑞士地圖，不是每個人都能夠輕易指出烏里湖所在，因為這座湖位在陸森湖（Lake Lucerne）的尾端，當地人則稱烏里湖為「四個森林州環繞的湖」（Vierwaldstättersee）。這個名字就算對德語使用者來說都有點饒舌，不過沒關係，英語系國家觀光客在此地最需要費口舌的事大概也只是吃冰淇淋而已。我們也暫時忽略「四個森林州環繞的湖」這個直譯名，還是稱陸森湖吧，這個名字是引自湖北方的一座城市。

陸森（Lucerne）很可能是瑞士最美也最多人造訪的城市。這裡的石磚街道、廣場和壁畫建築前，充斥著不停按快門的觀光客。這座城市最知名的景點「教堂橋」（Chapel Bridge）四周也同樣圍繞著拍照的觀光客，我們可以合理推測其中大概只有極少數人知道眼前的這座橋是複製品，建於十四世紀的原橋早已在一九九三年被大火燒毀。這座橋雖然新，但非常上鏡頭，橋一側是氣勢宏偉的水之塔（Water Tower），皮拉圖斯山則在不遠的後方。過了這個如畫的景點後就是碼頭，一艘明亮搶眼的蒸氣船等著載運遊客到南方的洛特里。隨後，船在響亮的汽笛聲和蒸氣嘶嘶聲中啟航，載我渡過清澈蔚藍的湖水。

除了這艘有著紅色槳輪與閃亮木頭甲板的白色蒸氣船之外，你很難找到其他更優雅的方式前往目的地。這艘船就像是推理小說家阿嘉莎・克莉絲蒂（Agatha Christie）的小說或是墨臣艾禾里製片公司（Merchant Ivory film）電影中的場景，彷彿演員瑪姬·史密斯（Maggie Smith）隨時會帶著洋傘現身。就視線所及，很難相信這是瑞士第二大湖，因為這湖的形狀如鋸齒一般，使人難以估計大小，尤其越往南方，湖兩側的懸崖和山峰越為險峻高聳，且十分逼近湖水，在在讓人覺得這座湖比實際更小。

船以之字形前進，節奏穩重而幾近緩慢，途中輪流停靠兩側的湖岸，兩小時後我們才越過最後一道岬角進入烏里湖。進入烏里湖時，沒有渠道，沒有界碑，湖水顏色也毫無變化。看上去，這兩者根本就是同一個湖泊，但千萬別對熱愛家鄉的烏里人這樣說，擁有這座湖對他們來說非常重要。除了我之外，只有另外三位乘客下船。瑞士的純樸鄉村風情顯然對多數旅客毫無吸引力，事實上對多數瑞士人可能也是如此。

眼前是數不盡的石頭、樹木與湖水，卻沒有任何指向「草原」的標誌牌或路標。下船後只有一條木頭棧道蜿蜒上山。十分鐘後，我大失所望地站在洛特里，此地雖然充滿田園風情，但終究只是一大片奇形怪狀、凹凸不平的草地，上面滿布著石頭和嚼牧草的牛。唯一能夠說明此地對瑞士具有重要意義的，就只有一桿懸掛瑞士國旗的旗竿。在美國，這裡會劃為國家公園並附有遊客中心、紀念品店和餐廳，但開車沒辦法到達這裡，所以也可能不會有這些東西。如果是在英國，這片草皮會用柵欄保護，你需要付錢參觀，人人聽著語音導覽，最後在離開前買一組下午茶桌巾之類的紀念品。所以換個角度想，瑞士人用平淡的方式處理這個空間反而是好的，或許這也說明了此地除了那桿旗竿外，和過去七百年沒有太大差別。這片亙古湖景確實是舉世無雙，也許三位締約者選擇在此地聚首，而非坐在鎮上的酒吧裡，正是因為這點，或許他們也想在鄉間的美好風光裡，訂下結盟對抗奧地利這項重大決議。

如果你站在這裡，問身邊的瑞士人是誰參與這個結盟，大概只有非常少數的人能夠說出其中一個名字。三位締約者的肖像並未鑿刻在山頂，也沒有印在紙鈔上，這些都不是瑞士人的做法。不過，竟然也沒有城鎮用他們的名字命名，沒有向他們致敬的雕像，他們是被遺忘的建國者。所以在世人淡忘之前，我在此記下他們的名字：這三個人分別是來自烏里州（Canton Uri）的華特．福斯特（Walter Fürst）、施維茨州（Canton Schwyz）的華納．史塔法克（Werner Stauffacher），和下瓦爾登州（Canton Unterwalden）的阿諾．馮．莫克塔（Arnold von Melchtal）。這三個男士是聯盟（Eidgenosse）的起點，他們佇立在八月的豔陽下，伸出左手相互交疊，然後將右手高舉過頭，用一種猶如童子軍敬禮的方式立誓，承諾無論情勢好壞、戰爭或和平，都要相互扶持到永遠，阿們。瑞士的政治人物至今依舊使用相同的方式立誓：手高舉過頭，彎曲無名指和小指，伸直大拇指、食指和中指，說出「我發誓」。如果要說這樁發生在洛特里的事件完全沒有任何實證，其實是有的，在一二九一年八月由三個州共同簽訂的盟約確實存在，這點無可否認。這份歷史文件目前保存在施維茨博物館，在這趟神奇的歷史之旅中，這個地點絕對不容錯過。

一口氣走完全長三十五公里的步道大約需要十五小時，步道中包含高度落差三百五十公尺的上下坡，而且不止一段，共有四段。對多數瑞士人來說這只是林間漫步，但一般人勢必得分段走完，途中在不同州，同時也是歷史的不同階段歇息停留。千萬別忘了帶一雙舒適好走的鞋和一瓶水。一切準備就緒後，就可以從洛特里出發，尋找第一座石碑了。

✚ 步道上

在公元一二二〇年之前，現在的瑞士，是一片偏遠無名的山谷和村莊。當聖哥達山口開通後，人人都想染指這條通往地中海的多金之路，要享受這份利益，就得掌控唯一通往這條貿易路線的北方山谷，而這也意謂著得掌控山谷中的農夫，於是這些農夫最後被納入了神聖羅馬帝國的庇護之下。烏里和施維茨地區的居民享有「欽賜的自由」(imperial freedom)，也就是說他們直屬皇帝管轄，而不是什麼地方封建主或是天上掉下來的伯爵，雖然這個半自治權並沒有獲得絕對的保證。接著奧地利的哈布斯堡王朝以反派角色之姿登場，不斷派出地方官騷擾，同時予取予求。這一切讓瑞士變得更為緊密，最終造成了洛特里盟約。這類結盟在當時相當常見，但在洛特里的這次，卻是唯一留下文書證明的結盟。

這三州的人口都不大多，因此在步道上的總長度大約只有一公里。但這一公里卻是一段持續上坡，或許也反映了當時的情勢。這段步道所代表的歷史中，有樁大事頗值得一提。一三一五年，瑞士在摩卡登 (Morgarten) 擊敗奧地利，這場勝利猶如大衛戰勝巨人歌利亞，要是當初輸了這場仗，瑞士這個新生兒大概就此夭折了。這場勝利鼓舞了同在湖畔的陸森加入邦聯，接著，當時的大城市蘇黎世也加入了，讓這個小而精巧的邦聯在短時間內突然大幅擴張，同時也增加了不少人口，在步道上，陸森和蘇黎世加起來足足有七公里長。而原本的迷你州俱樂部未能持續更久，真有點可惜。邦聯成立的早年間沒有發生太多歷史事件，所以走在步道上的前兩個小時裡也沒什麼機會停下來休息，這段時間我大都在思考，自己究竟跨過了多少人口。

我的鞋子是四十二號，也就是二十六公分長，這意謂著我的每個腳印都等於五十二個人。我感覺自己成了巨人，假使我躺在地上，就等於躺在三百六十六個人身上，雖然這情景想起來有點怪。我猜不是每個人都想算算術，所以我就自己換算吧，我的身高是一百八十三公分（或是六尺，但用公制計算也已經夠麻煩的，就別火上加油了）。我大可使用〇．五公分作單位，測量每個身體部位等於多少人，但我只舉一個例子就好：我從不曾把人壓在大拇指底下，而現在我可以一次壓倒六個人，這是何等強大的力量！這真是一段絕佳的勵志步道。然而，或許這也是這條步道所隱含的意義，無關乎紀念與精確，而是感受自己在這廣闊世界下絕非渺小的存在，就這點來說也非常瑞士！換個角度說，就算單純享受景觀也無不可，從這裡的高度可以看到由蔚藍湖水和崎嶇山峰組成的絕世美景。而蘇黎世那段無疑是步道上風景最佳的，並不是說有哪一段景觀不夠好，即便是轉入樹林的小徑也散發一種自然的靜謐。在周間和初夏造訪此地也相當合宜，我並沒有遇到太多人，只有偶爾幾次的點頭致意或是問好。如果在夏天的周末來訪，以瑞士人喜愛步道的程度來說，大概會大塞車了吧。

＋ 在瑞士，靴子是穿來健行的

走路和健行是瑞士舉國著迷的活動。幼童還在蹣跚學步時就會被帶出門走路，除此之外，在路上也常可看見一群八十多歲的老人家相約出門健行，人手一支拐杖健步如飛地上下坡。低海拔區域終年都看得見步行的人，但高海拔處通常要等春天到來後才會有人跡，除非你想穿雪靴強行上山。隨著氣溫變高、雪逐漸融化，人的活動範圍也跟著雪線攀高。六月到九月是健行的旺季，一些人氣路線的熱鬧程度絲毫不輸給聖誕節前夕倫敦的牛津大街。如果想要電火車上山，如七月分的星期天早上七點前往因特拉肯（Interlaken）的班次，你大概只能買到站票，而身邊盡是帶著拐杖和健行靴的老先生老太太。

看到身邊所有人都穿著相似的服裝前往某個目的地，其實滿倒人胃口的。不過這對瑞士的度假山莊而言卻是好消息，他們一年有兩個旺季，就是滑雪和健行的旺季，而兩者帶來的旅客數量也相當近似。運動用品店也樂見這樣的情形，當他們開始全面更換櫥窗擺設，就表示冬季要結束了，你會看見笨重巨大的雪靴換成了堅固的健行靴，臃腫的羽絨外套也更換成高科技材質的輕薄外套。

在瑞士，走路是件重要的事。熱愛走路的國民享受著總長六萬三千五百零四公里的步道（walking paths ／ Wanderwege ／ sentiers，端看你是用英文，還是身處德語或法語區，雖然法語區的人並不如德語區的熱衷於健行）[4]。這些步道猶如道路的延伸[5]，有著同樣清楚的路標，說明往不同目的地的距離。上下山的時候，這些極精準的路標便非常實用，而在瑞士境內，無論是市中心、終年起風的山頂、郊外小村莊，或者人煙稀少的偏僻道路，這些路標都隨處可見。當然，步道能夠延伸至車道無法抵達之處，瑞士有三分之一的步道被歸類在山路，這些步道更難走、海拔也更高。

每到夏天，山頂總是人聲鼎沸。無論是健身熱愛者或假日散步客、一日遊或特地造訪健行的人、本地人或觀光客，他們都以為在山上除了一覽壯闊景致，也能享受清幽寧靜，但他們都猜錯了。不過許多人來此是為了健行而非散步，對瑞士人來說，這兩者的不同就像旅行者和觀光客的差異。前者認真以對，後者則否，穿慢跑鞋和外套的人只是來散步的，只有穿上靴子、帶著手杖，才算健行者。如果整個行程不到三小時，高度差不大（四百公尺以下），沒有任何登頂遠望的行程，而且會走過任何長度的柏油路面，那很抱歉，即使你走到氣喘如牛，也只能算是散步。在瑞士，靴子是穿來健行的。

對某些更堅決的人來說，靴子是他們唯一該穿的衣物。裸體健行的流行程度令人吃驚，即使冬天也不減退，但幸好我還沒有在路上遇到一面健行一面做全身日光浴的人就是了。公眾裸體在瑞士並不是什麼大不了的事，許多瑞士澡堂有裸體區（簡稱 FKK，即德語的 Freikörperkultur，字面上翻譯為身體解放文化〔free body culture〕），而健身中心的桑拿和蒸氣室也禁止使用者穿著衣物進入。沒有人會注意彼此，除非你穿著衣服，不過如果是尖峰時刻，大家就得屁股挨著屁股坐著了。還好瑞士的裸體文化不像德國那麼興盛，在德國你永遠無法得知何時會看到裸體者，如果你在慕尼黑的英格蘭花園野餐時不慎走錯區域，相信我，你再也不會想吃蘇格蘭炸蛋。謝天謝地！我在瑞士步道遇到的人，衣服都穿得好好的。

✚ 跳過中世紀

接著，我要前往對岸的小鎮包恩（Bauen），而顯然比較聰明的做法是直接跳過兩百萬人（就是那些步道），搭二十分鐘的船直達該地。這第二趟船行讓我跳過了一百年的時光，那段瑞士人奮力抵抗奧地利入侵的日子。這樣的對抗至今依舊存在，不過是用一種較和平也較顯而易見的方式進行。每到冬天，奧地利和瑞士滑雪健將在不同競技場上一較高下的新聞從來都不會缺席。就好像英國和德國是長年的足球死敵一樣，只是瑞士的勝利紀錄比英國輝煌多了。

冬季奧運史上，奧地利總獎牌數是二〇一面，瑞士則是一二六面[6]，這件事深深烙印在許多瑞士人心中。但在夏季奧運中，瑞士的表現要比奧地利好得多，而這得歸功於射擊、馬術、划船和單車競速等項目。此外，任何一本瑞士歷史教科書都不會忽略一三八六年與奧地利的「森派克戰役」(Battle of Sempach)，雖然這場戰役對許多歐洲人來說無關痛癢，但瑞士人可是每年慶祝，從不間斷。對他們來說，這就是他們的阿金庫爾戰役[A]，這場勝利保住了他們和哈布斯堡王朝之間的獨立關係，同時也讓世人正視他們的軍事力量。在那個年代，瑞士可不是任人玩弄的弱者，而是毫不遜於其他國家的軍事強國，他們也同樣入侵鄰國、搶奪土地、發動戰爭並奪取財物，這在當時都是很正常的事。瑞士這部讓人聞之色變的戰爭機器，從此在歐洲歷史上扮演著重要的角色。

時光回溯到一四七六年，「勇士查理」(Charles the Bold) 所領導的勃艮第王國是最有財力與影響力的國家。勇士查理統轄大部分的西歐，範圍涵蓋現在的荷蘭、比利時，到北法、亞爾薩斯再到瑞士日內瓦。當時，法蘭西和英格蘭已經花上一百年打一場無意義的戰爭，而日耳曼和義大利則還是眾多零碎的公國，這些因素讓勃艮第王國成為當時的歐洲霸主。然而，當勇士查理對上瑞士時卻吃了癟，這個當時只有八個州的國家。瑞士在同一年內兩度擊敗勃艮第，分別是三月於格朗松（Grandson，這是真實地名，不過是用法文發音）和六月於莫頓(Murten)，勃艮第王國從此一蹶不振。勇士查理並不死心，六個月之後再次捲土重來，但他本人應該安分地待在家裡的，因為他最後戰死在南錫(Nancy)，而這場戰爭之後，勃艮第王國也消失了，被法蘭西給併吞，後者成為往後數個世紀的霸主。

船停靠在烏里湖頂點的佛羅倫（Flüelen），這裡是個繁忙的驛站，也是瑞士步道的中點（是旅途長度的中點而非歷史時間軸）。在步道此處所象徵的時間裡，這個實力雄厚的邦國一共有十三個州，再加上許多不同冠名的領地，在往後的三個世紀裡也大致維持同樣規模。然而儘管疆域沒有太大的改變，政府架構卻有驚人的變動。有三個事件徹底地改變了這個國家，留下的影響今日依舊可見。而目前這個時間點在瑞士步道上正好占據一個恰到好處的位置，讓我們可以暫時休息，吃一頓午餐，大致瀏覽接下來的三百年。

+ 中立國這事是怎麼開始的？

當國家過度擴張時，通常會經歷一場羞辱的敗仗，歷史上總不乏這樣的例子，瑞士當然也不例外。就好比英國在蘇伊士，美國在越南遭遇慘敗一般，瑞士則是在馬里納諾（Marignano）。在擊敗勃艮第王國之後，瑞士挾著勝利者之姿，用軍事力量席捲周遭的土地，（再一次）擊敗奧地利，並且從法蘭西手中奪取了米蘭。在一五一五年，法蘭西王國在義大利北部馬里納諾這座小村莊附近發起反擊，擊敗了幾乎是戰無不勝的瑞士軍團。但讓人津津樂道的，並不是這場戰役，而是瑞士人如何回應戰敗。不像其他大型王國往往在挫敗後入侵其他國家以重拾信心（就像英國失去北美殖民地之後所做的），也沒有在連年征戰中逐漸分崩離析（像是羅馬人）。相反地，瑞士人決定和法蘭西簽訂和平協議，歸還米蘭，並且決定再也不要打仗，不與任何人為敵。這是我們現在認識的中立國瑞士的起點，不過直到十九世紀，他

A　這是一四一五年英國打敗法國的重要戰役。

體例說明：書中凡以英文字母編號的注文皆為譯注。

們才取得列強的正式承認。

當然，有些事情比不再打仗重要，像是賺錢。此外，要是血氣方剛的年輕士兵無處發洩精力，很可能會彼此打起來，因此最理想的解決方式就是讓需要打仗的人雇用他們，只要別一次雇用太多人就好。如果幫別人打仗還可以賺錢，何必自己發動戰爭？這可說是一石二鳥之計。因此，人力成為瑞士最早輸出的商品，並且掛有「瑞士製造」的保證。而且瑞士提供的不是個別傭兵，而是以各州配有軍官的軍團為單位出租。

瑞士軍團持續為歐洲不同的軍事力量效力，戰死沙場，甚至在敵對兩方雇用他們時，也毫不猶豫地彼此對抗。他們最著名的戰役，應該是法國大革命期間守護巴黎舊王宮杜伊勒里宮的戰役，一共超過六百人戰死，而為了紀念這場屠殺，人們在陸森立了一座神情悽苦的獅子雕像。瑞士在十九世紀中葉廢止傭兵制度，只有一個軍團留存至今，就是教皇的瑞士衛隊。在過去四百年裡，這支精銳部隊保衛著教皇，雖然不總是成功，倒也成了數百萬觀光客照片中的要角。要進入這支衛隊，首先你必須是瑞士人，此外你得是生理男性、單身、三十歲以下、身高超過一七四公分並且有著「無可挑剔的人格」[7]，當然，新教徒是不可能錄用的。瑞士衛隊光鮮亮麗的條紋制服並不是出自米開朗基羅之手，而是在二十世紀使用麥地奇家族色彩所設計的[8]，這點可能與一般人的想像不大相同。

當瑞士才剛習慣中立角色不久，馬上又面臨新的改變：一五一九年蘇黎世的宗教改革。瑞士好比歐洲的縮影，在這事件中被一分為二，就像亞本塞州一樣，而這場天主教與新教徒的分裂至今依舊影響著瑞士，在瑞士文化中扮演非常重要的角色，這點在下個章節會詳加描述。在兩場巨變後，瑞士享受了一小段遠離塵世的安寧時光，直到拿破崙登場。

+ 改變瑞士的矮子

瑞士雖然被許多強權國家環繞，但在歷史上只有一次被征服的紀錄，這也是瑞士的自信來源。當那個科西嘉出身的矮冬瓜在一七九八年進入瑞士時，只引發了零星的短暫抵抗，這個老舊的邦國很快就被打得潰不成軍。儘管彼此的語言和宗教不同，瑞士和法國其實在馬里納諾戰役之後享受了一段很長的甜蜜時光，如果考慮到法國與某國間永不間斷的戰爭，法國和瑞士基本上相處得不差。瑞士雖然沒有張開雙臂歡迎法國人，但持平來說，還是有些人誠心接受法國統治，起碼最初是如此。在當時，瑞士完全不是我們現在認知的民主國家，這個古老的邦國在當時還是由十三個若即若離的迷你州組成，有些區域甚至實行貴族政府和封建體制。除此之外，瑞士還有七十餘個領地，到後來也都成為了瑞士的一部分。這些土地包含了某些重要城市，諸如日內瓦和聖加侖這類主權獨立的盟友，也有像提契諾（Ticino）這樣的附庸國，以及受到瑞士保護的領地，如人口僅兩千的吉薩（Gersau）。拿破崙在瑞士所做的第一件事，就是撤除所有的區分，建立了赫爾維蒂共和國（Helvetic Republic），一個具有中央政府的單一國家。因此，瑞士作為民族國家的概念，終於誕生。

但即使是拿破崙，也無法讓所有事情都照著計畫走，很少有人喜歡新政府及中央集權體制，被迫協助占領軍更令所有人感到不快，特別是讓人生厭的奧地利人再次入侵，試圖取代法國人的時候。充當兩大強權的戰場，完全不符合瑞士人的風格，也讓他們更堅定地相信，日後應該要遠離這類紛爭。瑞士第一次偉大的中央政府實驗，在五年後因為內部紛爭和外來勢力干預而終結。拿破崙因此終結了這個政府，並且開啟了一個新的、更為進步的版本取代舊有的邦聯國家。

作為瑞士史上唯一的征服者，拿破崙在這國家的歷史中占有特殊地位，雖然並不受慶祝或紀念，但他為瑞士帶來的影響持續至今。有六個州的成立應該歸功於拿破崙，另外，讓每個瑞士人自覺為「瑞士公民」而非「某一州的屬民」，也是他的功勞。拿破崙的共和制度也許是反面教材，但是他至少賦予了每個瑞士男人相同的權利（女性則還要再等上一段時間），也廢除了封建制度和封地制。在伯恩，有一種實體物件可以證明拿破崙的軍隊曾經造訪此地，那就是市中心的路標至今依舊維持四色設計，這套識別系統當時用來協助不識字的法國軍隊找到駐紮地。某些路標一面是綠色的，另一面則是黃色，這個小小的歷史印記是今日遊客拍照時很少注意到的。

拿破崙造訪的另一個副產品則是瑞士國旗。在此之前，各州在州內及戰場上掛的還是各自的旗幟，而拿破崙帶來了一面三色旗，由不太好看的綠色、紅色和黃色組成，這面旗幟很快就跟著第一個中央政府一起消失。不過，瑞士面對入侵者所表現出的一盤散沙的狀態，激起了杜富爾將軍（Guillaume-Henri Dufour，瑞士最高峰便以他命名），以一面旗幟代表瑞士軍隊的念頭。這面新旗幟和各州州旗同樣都是方形的，在紅底上有著白色十字。這面旗幟只以軍旗的身分出場了一次（在一八四七年）就成為國旗，不過，也因為這裡是瑞士，所以人們花了許多時間激辯這個十字的明確形狀，直到一八八九年才通過一條法令，規定十字的四臂等長，且臂長是臂寬的一又六分之一[9]。瑞士國旗至今依舊是方形，也是世界上唯二的方形國旗，另一個則是梵蒂岡，由瑞士衛隊保衛的教皇屬地，這是巧合嗎？我想應該不是。

✚ 吾名泰爾，威廉・泰爾

沿著步道繼續前進，接下來的數公里涵蓋了拿破崙所建立的六個州，六州都在一八〇三年加入赫爾維蒂共和國（拿破崙時期的瑞士國名），這有點像是二〇〇五年歐盟的巨幅擴張。這個邦聯的重生，和瑞士傳說中英雄威廉・泰爾（William Tell）的再現巧合般地相似。多虧德國劇作家席勒所寫的劇本與義大利音樂家羅西尼創造的動人旋律，讓泰爾先生成了歐洲家喻戶曉的名字。如果他的故事發生在今日，他大概會被當做恐怖分子，不經審判就直接囚禁，但在浪漫主義盛行的十九世紀，泰爾成了類似羅賓漢的英雄人物。對瑞士人來說，他的存在毋庸置疑，但是他的故事情節似乎過於吻合當時國際情勢下瑞士的建國歷程。問題是，沒有人知道他是否真的存在，如果把他視為虛構人物，對瑞士民族主義者來說就如同叛國。如果我們把泰爾當作這個區域的英雄，也許這時正適合來說說他的故事。

每一個傳說都有反派角色，在這個故事中，他的名字是賀曼・蓋塞勒（Hermann Gessler），是個奧地利人（還用說嗎？），他是哈布斯堡王朝派駐烏里首府阿爾特多夫（Altdorf）的新任官員。蓋塞勒把他的帽子掛在廣場的一根柱子上，要求所有經過的人鞠躬致敬。我們的英雄，泰爾和他的兒子華爾德散步經過此地，對這頂帽子置若罔聞，甚至也沒點頭。父子倆當然馬上被逮捕了。蓋塞勒給了泰爾重獲自由的機會，只要他能以弓箭射中放在兒子頭頂的蘋果。想當然耳，以泰爾高明的箭法，自然輕易射中了蘋果。蓋塞勒滿臉不悅地問泰爾，為什麼他準備了兩枝箭。泰爾告訴他，假如自己意外射中兒子，第二枝箭就是為他準備的。蓋塞勒勃然大怒，決定把泰爾關入陸森湖對岸的庫斯納大牢（Küssnacht）。幸運的是，船隻在航行中遭一陣暴風吹翻，泰爾因此死裡逃生。但泰爾並未選擇離去，而是來到庫斯納，在黑暗中伏擊蓋塞勒，並用一把火箭射中了他的心臟。泰爾成了英雄，壞人被解決，瑞士人則受到激勵而揭竿起義，趕走了貪得無厭的奧地利人。

在阿爾特多夫的廣場，也就是傳說中泰爾射中蘋果的地點，現在立著一座巨型泰爾雕像，滿臉鬍鬚而且虎背雄腰，更像是巨人版本的小約翰而非羅賓漢。每年夏天，席勒的劇作都會在因特拉肯的露天戲院上演。這個小鎮基本上和泰爾的傳說沒有太多關係，只因為這裡有許多觀光客，而且人們願意花錢觀看這齣由當地演員、馬匹和數百位臨演（如果把牛隻都算進去的話）演出的戲劇。羅西尼所編寫的輕快樂章則發揮畫龍點睛的效果，讓整齣戲不那麼沉悶無趣。席勒把泰爾準確地鑲嵌進洛特里事件之中，也就是說，福斯特、史塔法克、莫克塔這三個結盟者都在故事中軋上了一角，但和泰爾這個猶如國父的角色相比，他們僅只是配角而已。在二〇〇四年的一項調查顯示，有六十%的瑞士人相信泰爾是真實存在的人物[10]。

附帶一提，這齣戲在希特勒掌權時一度被禁演[11]，儘管席勒是十八世紀典型的傑出日耳曼人（他也寫了一首「頌詩」〔Ode to Joy〕，正是貝多芬用於第九號交響曲的那首）。想來希特勒並不喜歡這個故事背後抵抗暴政的訊息，同樣地，他大概也不喜歡故事中的反派角色，因為他到底也是奧地利人。

✚ 全新的開始

湖畔南側的步道，基本上屬於散步步道而非健行路線，並不是因為這裡有一大段柏油路，相反地，這段路毫不遜於任何岩石路面的路段，因為這裡是具有重要歷史意義的道路「開山路」(Axenstrasse)僅存的路段。一八六五年鑿穿岩壁後，這條路成功開通，走在這狹窄、砂石滿布的隧道和廊道中感覺相當嚇人，有點像某類電影中，主角醒來後發現所有人都消失了的驚悚情節。現存的道路有一半被埋入山腰中，因此我必須沿著山壁邊緣走。

也許那些健行者是對的，下一段前往泰爾教堂(Tell Chapel)的道路回到了樹林，讓人鬆了一口氣。這座教堂建在湖邊，傳說是泰爾從翻覆的船跳上岸的地點。沿著水邊往上走，會看到一個不太協調的景觀：瑞士最大的鐘琴(carillon)，由三十七個鐘組成，這座琴在每小時的頭十分鐘會演奏二十種旋律，當然包含了「威廉．泰爾前奏曲」，還有給人感覺不大相襯的蘇格蘭樂曲「友誼萬歲」(Auld Lang Syne)。這座金屬鐘琴是來自瑞士巧克力產業的贈禮，雖說鐘琴與威廉．泰爾傳奇的關聯不是很明顯，也教人不明白為何這鐘琴被放在一個前不著村、後不著店的位置上，不過這還是讓我一路哼著羅西尼的曲子走到目的地，並且搭上了下一艘船。

這條捷徑會讓我們跳過一大段時間。一八一五年之後，維也納議會劃清了瑞士國界，並且確定了它中立國的身分。從此瑞士國界就沒有太多改變，沒有新加入或離去的州。不過有許多改變是地圖上無法看到的，而這也意味著瑞士步道無法呈現瑞士在十九和二十世紀的歷史，其中特別值得提到的，是讓瑞士完全改頭換面的一八四八年。當時革命的煙火正席捲全歐洲，瑞士也無法自外，但和其他區域不同的是，瑞士的革命是政治革命，沒有任何子彈或流血。瑞士的最後一場流血衝突發生在一八四七年，那是一場由新舊教衝突所引發的微型戰爭，歷時不到一個月。自宗教改革後，宗教衝突一直是瑞士內部分歧的禍首，不過這次雙方卻快速地達成了協議，而且至今不曾打破。這件事也成為國家重建的基石。

在全新的聯邦憲法中，瑞士由原本的各州獨立自治轉變為擁有中央政府和議會，並以伯恩作為首都的體系。各州雖然權力被減縮，但依舊保有制衡中央的能力，也維持了應有的平衡，讓傳統的天主教徒能接受新的改變。從此刻開始，瑞士成了聯邦國家，中央政府開始統領原本混亂的體系，帶來瑞士人始終期盼的結果：合宜的規則和管理。中央政府廢除內部關稅，使瑞士國內成為一個市場，政府也制定了單一貨幣，並且允許公民在各州間自由遷徙。這一切似乎都是一百年之後歐洲聯盟所努力的目標，顯示瑞士遙遙領先其他國家。

新憲法的目的在於以務實、和平的觀點面對諸多難題，也因此成為瑞士解決衝突的基準。從此之後，溝通和妥協成了瑞士人處理生活中各種事務的基本準則。從政府、政治協商到商業和財經議題，再到區域團體以及社團，尋求共同意見成了前進的不二法則。謹慎地尋求結論而非立即行動，是真正的瑞士法則。幾乎在下任何決定之前，人們都會盤算所有的爭議、可能性、後果和觀點，找到讓所有人，或至少社會多數滿意的結論。這種試圖囊括一切的態度是公正而可敬的，不過多少也讓系統顯得緩慢而笨重，就算以十九世紀的標準來看，也是如此。

在當時，瑞士以外的世界幾乎完全忽視這個新的政體，在那個時代，歐洲帝國主義正方興未艾，每一個國家都忙於建立各自的帝國、投入軍備競賽、征服各地的原住民並掠奪殖民地，因此沒有人注意到，有個國家正以尋求共識的方式建立起來。直到某年所發生的事件，人們才注意到瑞士這盞閃亮的明燈。

✚ 庫克先生和紅十字

一八六三年在世界史上是不可忽略的一年。當然，這一年不能和一四九二或是一九四五相提並論，但也比一三二九或是一七五四有趣得多。在這一年，溜冰鞋、消防栓、足球聯盟和世界第一條地下鐵（在倫敦）相繼問世，馬克．吐溫（二十八歲的山姆．克萊門斯〔Samuel Clemens〕為自己取的筆名）也首次發表文章。南法的礦泉區維吉斯（Vergèze）也取得法院判決，宣告他們的水屬於天然礦泉水，而他們在幾十年後把礦泉水商品由維吉斯改名為沛綠雅（Perrier）[12]。這一年對歐洲來說大多是好消息。然而對美國就不是如此了，當時南北戰爭正接近蓋茲堡終戰，林肯總統在兵荒馬亂中依舊發布了三項重要宣告：奴隸解放宣言、蓋茲堡宣言，還有確立感恩節為十一月最後一個星期四。這三項宣告美國人至今依舊牢記在心。

對瑞士來說，一八六三年是個值得紀念的年分，雖然當時多數人可能毫無感覺（說不定現在也是）。這一年，除了紅十字會正式成立於日內瓦，還有湯瑪斯．庫克（Thomas Cook）首次發表瑞士套裝旅遊行程。瑞士從此確立了鮮明的現代印象：中立與公平交易的國度，以及美麗、和平的度假勝地。也正是從這一年開始，瑞士便以這兩種形象為自己創造收入至今。作為早期的觀光客，你會讚賞他們的風景，在旅途中買只懷錶，並且玩得安心舒適，因為就算有戰爭發生，瑞士也不會選邊站。然而，這時你還沒有機會嘗到牛奶巧克力或是搭乘高山火車，這兩個鮮明的現代印象要到下個十年才會正式現身，並在一九一四年一戰爆發前，成為瑞士旅遊業（和經濟）的重要支柱。

＋ 時間終點

瑞士步道可以視為三十五公里長的微觀歷史，但是從中卻很難看見二十世紀的歷史大事，因為瑞士始終保持置身事外。對瑞士男人來說，這意味著一如往常的商業活動，但對瑞士女性來說，卻代表她們仍被晾在一旁。男人不出外作戰，女性就沒有機會就業，也就沒有機會推動性別平權。儘管改革浪潮席捲歐洲，瑞士卻始終置身颱風眼，彷彿完美的不沾鍋，讓浪潮帶著自己前進，卻絲毫不受影響。唯一一次的真實威脅，應該是一九四〇年代被軸心國包圍，但納粹最終還是畏懼於瑞士的狙擊手和山區游擊隊而退卻（這是典型的瑞士版說法）。瑞士的生存幾乎和英國同樣堪稱奇蹟，而這兩個國家也都抗拒以勝利者的姿態觀看二戰。在之後的章節，我們會更深入探討瑞士面對戰爭與和平的態度，並特別針對第二次世界大戰來討論。

當改變終於到來時，動力是來自社會內部。幾乎所有歐洲國家都面臨來自社會內部的不滿。德國有「赤軍團」巴達—麥霍夫幫（Baader-Meinhof gang），義大利有紅色陣列（Red Brigade），英國有愛爾蘭共和軍（IRA），瑞士則是貝里爾（Les Beliers）。瑞士的分離主義者希望侏羅（Jura）從伯恩州分離，但因為這裡是瑞士，沒有汽車炸彈或暗殺攻擊的出場機會。這場戰爭是以選票取代子彈，只有極少數時刻伴隨著抗爭和汽油彈。經過了一段時間，還有幾次公民投票，一九七九年侏羅終於成為全新的一州。也就是說，這個七萬人的區域成了瑞士步道抵達布魯南（Brunnen，連結烏里湖和陸森湖的城市）前的最後一塊拼圖。而這裡的船塢則有一班巴士直接駛往這趟旅程的終點，施維茨（Schwyz）。

作為國家命名由來的城市，施維茨可以說非常低調。此處最顯眼的建築是市政廳（Rathaus），名稱中雖然有「老鼠」（Rat），但卻與老鼠或魔笛手的故事毫無關聯，而是沿用德文的「議會」（Rat）一字。市政廳外裝飾有許多壁畫，訴說著瑞士早年的歷史，其中包含了在離此不遠的摩卡登擊敗奧地利的故事。另有一則歷史故事安身在鄰近的建築物裡，其中存放著瑞士這個國家的「出生證明」。放置洛特里盟約文書的房間裡插滿了旗幟，讓人覺得這份文書分外地小，和浴巾大小的美國獨立宣言文書相比，洛特里盟約文書就像是餐巾紙。氾黃的羊皮紙上寫滿精緻的歌德體字跡，讓這份文書看來像是托爾金小說中的物件。文書下方垂著兩個蠟封的墜飾，很不幸的，來自施維茨的第三個墜飾在發表宣言後的回程中遺失了。這份文書實在太小、太精緻了，彷彿在離開洛特里的短暫航程中就會破損，更讓人難以相信這是這個國家的起點。

這趟歷史之旅終於來到圓滿的終點：從締約之地出發，沿著時間步道前進，終結於記載盟約的文書。

\+ \+ \+ \+ \+ \+ \+ \+ \+ \+

存在於「昨日」的不是另一個國家，而是國家成為今日樣貌的基礎。即使是對過去的驚鴻一瞥，也都能幫助我們了解現在，關於這點，瑞士也和其他國家無異。在三位男士於湖畔締約的七百年後，我們依舊可以輕易看見這份盟約的影響力。當然今日和過去相比有許多改變，無論是變得更好或更壞，但最初由三個自由區域所立下的結盟關係至今依舊是現代瑞士的核心價值。多虧了這一路以來的衝突和妥協，讓這個同盟遠比一二九一年時更為完整，這也說明了國家的成功不仰賴於規模大小或力量強弱。身處歐洲的心臟地帶，瑞士的國祚比許多強盛的帝國或共和國都要綿長，對於一個由牧羊人和農夫組成的國家來說，這成績不算太差吧。瑞士所控制的交通樞紐讓每個國家都垂涎三尺，但又不願落入他人之手，各強國寧可讓瑞士保有自主權，讓每個國家都能因此分得利益。而外在勢力的侵擾，諸如哈布斯堡王朝、拿破崙、納粹和布魯塞爾[8]，都讓瑞士人致力團結以維護共同利益，不敢懈怠，這也是團結抵禦外侮的最佳範例。

瑞士人從不誇耀他們的歷史。他們很少為舊日英雄立像，也不常為世人遺忘的戰役甚至亡者立紀念碑。但這不表示他們選擇忘卻歷史，因為他們總是聚焦在歷史的另一個面向——他們選擇捍衛傳統、珍惜習俗、修復歷史建築，他們低調的熱誠從不對外張揚。瑞士人以他們的歷史為傲，即使他們會忽略一些不足為外人道的細節，但話說回來，哪個國家不是這樣子呢？

人們也許會覺得瑞士很不真實，因為他們的過去太過浪漫，他們的現在又太遠離血腥。但事實就是如此，瑞士的確在某些時候遠離了真實世界，從一部分的近代歷史缺席，即便這些歷史也共同形塑了他們現在的樣貌。身為中立國並不容易，但還是比選邊站簡單。事實上，瑞士也許在中立地帶太久了，所以他們大概忘記了選擇立場並為此付出（死亡）代價是怎麼一回事。瑞士的歷史或許讓他們對自己在世上的地位感到自滿，甚至有些傲慢，但他們也為這世界創造了不同的典範，讓我們理解，一個國家儘管曾犯下許多與其他國家相同的錯，仍能藉由獲取共識邁向成功。歷史上如果多幾個和瑞士相似的國家，也許現在的世界會更好些。

B 指歐盟總部。

瑞士貼身小觀察 ② 紅鞋大軍

如果你想讓自己看起來像本地人，那就穿上紅色的鞋子吧。這聽起來好像有點笨，但我在瑞士已經看過無數雙紅鞋。無論男女老少，或貧或富，在鄉村或城市，似乎每個人都有一雙紅鞋。在街上走幾分鐘，你很難不和穿紅鞋的人擦肩而過。這好像是一種全國性的迷戀，雖然我和幾個瑞士朋友討論過，而他們都沒注意到，但我可是確確實實地觀察到了這件事。

我第一次注意到這件事，是坐在伯恩廣場的座椅乘涼時，那時我正在記錄老城牆的位置。幾分鐘後我突然發現，街上幾乎每十個人就有一個人穿著紅色的鞋子，無論是靴子、涼鞋、跑鞋或是高跟鞋，材質包括麂皮、帆布、塑膠和合成皮，還有各種款式、尺寸和不同深淺的紅。從此之後，計算紅鞋的數量就成了我購物、散步或觀光時最愛的消遣。無論身處瑞士何處，無論夏天或冬天，我總是很快就會看見紅鞋。有一次，我在伯恩車站前等車，在十分鐘內我看見了二十八雙紅鞋，這是我目前的最佳紀錄。彷彿有個紅鞋集會正要舉行，卻沒有人告訴我。我猜你可能會說，我數紅鞋的行為有點不太正常，但我真心認為自己是無意間發現了這個有趣的文化現象。我回到英國的時候，也做了相同的實驗，結果當然是陰鬱的顏色居多。我在愛丁堡人潮擁擠的日子數了一天的鞋子，只看到八雙紅鞋。我到朴次茅斯（Portsmouth）的岡霍夫碼頭（Gunwharf Quays）購物時，一個早上只數到了三雙。在伯恩，我只要出門買個牛奶就可以數到更多雙，但我在牛津大街上坐個十分鐘也看不到半雙。

所以，紅鞋在瑞士到底代表什麼？我有幾種解釋，而且都有點道理：

解釋一：瑞士人非常愛國。這個國家的代表顏色是紅色和白色，而後者容易髒，不太適合穿在腳上，因此只剩下紅色這個選項。瑞士人普遍愛國，這點毫無疑問，除了美國之外，我從來沒看過哪個地方會像瑞士這麼密集地掛上國旗。陽台與汽車天線上都有國旗飄揚，建築物外也可見到國旗如衛兵般列隊站立。在重要的日子和節慶，巴士和電車車頭會掛上小國旗，瑞士國慶日（八月一日）則遍地是紅色旗海。但這足以讓人穿上紅鞋嗎？也許還不夠！

解釋二：穿紅鞋的人都是桃樂絲的朋友。這樣說好像對這個《海蒂》的原創國有點過意不去，但也許他們就是下意識想穿深紅色的鞋子，即使男人也不例外。但《綠野仙蹤》（*Wizard of Oz*）在瑞士並不流行，這大概是因為他們不會在聖誕節前夕播這部片，而且我知道有些人從沒看過，天呀，你相信嗎 ?!

解釋三：瑞士人不懂得如何穿搭配飾。在街上看到穿紅鞋的人，有超過一半的人全身上下都沒有另一件紅色單品來搭配，甚至（老天保佑！）包含與紅色完全衝突的顏色！我不是要大家穿得像穿搭名人一樣完美協調，但是難道他們出門前都不先照鏡子？紅鞋不是那麼好搭配的。

解釋四：瑞士人是色盲。但如果真是這樣，就表示他們以為自己穿的是綠色鞋子，我不確定這有比穿紅鞋好。

解釋五：瑞士人都是虔誠的天主教信徒。直到若望．保祿二世的葬禮在電視上直播我才知道（瑞士有十九個頻道轉播，而且有六種語言版本），按照傳統，教宗要穿紅鞋。但只有四十二％的瑞士人是天主教徒，而且我不確定剩下的非天主教徒是否心血來潮也會穿紅鞋。我甚至懷疑他們知道教宗要穿紅鞋。

還是問一下珍妮好了，我的英國朋友在瑞士待的時間比我長多了，也許對瑞士的穿鞋心理學有更深刻的了解，而她的女性觀點也許更有洞察力。經過討論之後，她給了我第六個解釋：瑞士人試圖表現叛逆。在這個社會中，人們沒有太多方式可以表現自己與眾不同，同時又得到社會認可。穿上紅鞋而揚棄灰／黑／棕色的鞋子，是一種表現自我的好方法，也同時能被社會接納，至少比理龐克頭或穿舌環不魯莽。謹慎的衝撞，也是非常瑞士的概念。

事實上，也許所有的解釋都是錯的（抱歉，珍妮），也許這就只是一種全國共通的品味。就好像法國人用白襪搭配任何衣物、英國人過了一個年紀之後就會認為穿大花毛衣是時尚，而德國人則認為西裝頭是最好的髮型，美國人總是穿涼鞋配襪子。人就是這樣。至少瑞士的紅鞋風尚不傷眼多了。

第三章

公雞與十字的土地

IN
THE
LAND
OF
COCKS
AND
CROSSES

想像你正在參加電視猜謎節目「百萬大挑戰」，你和其他九個參賽者圍成一圈，你的手指在搶答按鈕邊游移。下一道問題是：請將下列宗教節日按照時序排列：

A 聖靈降臨節　**B** 聖母升天日　**C** 聖體節　**D** 耶穌受難日

你能答對嗎？這對大部分的人來說都很困難，除非你常上教堂或是在天主教國家長大。舉例來說，英國為了表現兼容並蓄，盡力將國定假日中的宗教性節日減到最低，幾乎只剩下復活節和聖誕節，但也有人覺得就連這兩個節日也早已失去原有的意義。但在瑞士，多數假日都還是與宗教有關，並保留了傳統的節日名稱和意義。並不是說瑞士政治不正確（雖然多少有一點），但這反映了宗教在都市以外區域的影響力。

瑞士沒有國教，但各州通常以新教或天主教為官方宗教，有一些州則混合更多宗教。這個和平而友善的區隔被本地人視為理所當然，但在找到解決方案前，瑞士其實經歷了三個世紀的流血衝突。

對了，也許你會想知道正確排序，答案是：D-A-C-B。最容易猜對的是耶穌受難日（Good Friday），耶穌被釘上十字架的那天。接著是聖靈降臨日（Pentecost，又稱為 Whitsun），這是十一位聖徒成為聖靈的日子。十天後則是聖體節（Corpus Christi），領聖餐是這天最重要的活動，最後則是八月十五日的聖母升天日（Feast of the Assumption ），這是聖母瑪利亞進入天堂的日子。不是所有區域都會慶祝這四個節日，你住的區域決定了你會遇到其中哪幾個。

瑞士自從宗教改革後，就被分隔成新教和天主教區，歷史上也充滿戰爭和殉教者的故事。而在今日，最大的爭端則是為這兩個宗教所訂定的假日數量。和其他議題相同，瑞士的節日也是長年協商取得共識後制定出來的。

✚ 假日／聖潔日（Holidays ／ Holy Days）

如果你在十二月八日造訪新教城市，像是伯恩，你可能會發現不論大街小巷或聖誕市集都擠滿了人。雖然聖誕節已經近了，但這天的活動卻和聖誕節沒有什麼關係，因為這一天是天主教的節日，慶祝的是聖靈懷孕（Immaculate Conception）。我這個來自英國國教教區的無知者，一開始以為這天和聖母瑪利亞懷孕有關，但如果真是這樣，聖母瑪利亞的懷孕就比奇蹟更奇蹟，在距離聖誕節只有十七天的情況下，一般人恐怕連害喜都來不及，更不用說騎著驢子去伯利恆，但如果父親是上帝，發生什麼事情好像也不足為奇。不過事實是，這個節日並不是聖母懷孕，而是瑪利亞的母親安娜受孕的日子。只是安娜的懷孕為何也是聖潔的，這我們就不得而知了。或許安娜也是瑞士人，十分守序而且不會逾矩，所以就算懷孕了也還是聖潔無瑕的。唯一可以確定的，就是在瑞士，放假就代表商家歇業，而在這天，所有信奉天主教的商家都不會營業。

伯恩州有點像是伊莉莎白一世時期的英國，一座被天主教區包圍的新教孤島，在天主教節日裡只有他們的商店開門做生意，於是伯恩州成了眾人放假時的購物去處。瑪利亞懷孕了，去伯恩購物吧，瑪利亞上天堂了，去伯恩購物吧，瑪利亞有了一頭小羊……算了當我沒說。若考慮到假日數量的話，無論你的宗教信仰為何，住在天主教州比較划算，這聽起來有點陳腔濫調，但新教徒的確花比較多時間工作，即使只是因為他們非工作不可。

接著讓我們來看看亞本塞的兩個半州吧，亞本塞州在一五九七年因為宗教改革而分成兩半。如果你住在外亞本塞這個新教區，那你的假日就會比住在鄰近天主教區的表兄弟少了四天。作為勤奮工作的新教徒，你只有八天假日，前述假期如聖靈懷孕日、聖體節、聖母升天日和十一月一日的諸聖節（All Saints' Day）都沒有你的份。如果你是做天主教外燴的，大概可以賺上一筆，不過如果你是坐辦公室的，可能就不太開心了。外亞本塞人能吞下這口氣真是了不起，你能想像在英國，諾福克郡民願意比薩福克郡民一年多工作四天嗎？我可不認為。

然而，最適合居住的州應該是提契諾，一個位於阿爾卑斯山南側、說義大利語的州。其他瑞士人可能會覺得提契諾人缺少勤奮工作的美德，因為提契諾最適合居住的原因不在於美食，而是擁有全國最多的假日。除了七個國定假日外，提契諾還多了另外八個假日。所以一共有十五個[1]。他們和內亞本塞州一樣多放了四個天主教假日，此外他們還慶祝主顯節（Epiphany）、聖約瑟夫日（St Joseph's Day）、勞動節、聖彼得日與聖保羅日，而最後兩位聖徒是這個州的守護聖者。

耶穌受難日是個有趣的假日，因為不是所有州都會放這一天假。這也是典型的瑞士妥協案例，對新教州來說，他們可以為少得可憐的假日多增加一天，對佛立堡等天主教州來說，承認這個節日是為了與周遭的新教徒和睦共處，但對其他地方如瓦萊（Valais），慶祝耶穌受難簡直是匪夷所思。提契諾這回倒是站在辛勤工作的這一方，這樣也好，否則他們又可以多放一天了。聖伯克陀日（St. Berchtold's Day）和耶穌受難日同樣經過妥協，這是個新教節日，但這天放假不是因為這位聖徒有何特別之處，而是因為他的齋戒日是在一月二日。這些精明的新教徒雖然勤奮工作，但也知道怎麼把新假日放在既有節日後面以創造連假。夠聰明吧？不過除了日曆以外，還有其他事物能夠提醒瑞士人過去的宗教歧異。

✚ 大鐘、香氣、公雞和十字

觀光客多半不會注意到天主教州和新教州的差異，我不是指前者都在星期五吃魚，或後者都是工作狂這樣的差異。只有當你在陸森等天主教城市，遇上天主教節日，並看見整個城鎮都停止運作時，你才會發現這一天似乎跟平常不太一樣。

當你造訪瑞士大多數城鎮或村落，有一個簡單快速的方法可以判別那裡的教堂屬於天主教或是新教，只要抬頭看教堂的尖頂就知道了。如果尖頂上有一只公雞造型的標記，那就是新教，若是十字造型，則是天主教。就這麼簡單。歷時五百年的宗教衝突最後變成了公雞和十字架之間的區別，但不管怎麼說總比炸彈爆炸和子彈橫飛來得好。當然，如果你能走進教堂內，也會立刻知道答案。整體來說，瑞士新教徒秉持少即是多的精神，室內設計也不例外。他們的教堂十分簡樸，甚至讓英國的教堂也顯得過度裝飾，瑞士的新教教堂很少有繪畫、詩班隊區、誦經台甚或祭壇等俗麗裝飾。他們把重點放在歌頌或祈禱，而不是小娃娃天使、天花板壁畫或是鐘聲和迷人香氣等分散注意力的事物上，如果你喜歡後者，那得去天主教教堂，而且最好去大間一點的。

在施維茨州中心有個地方叫艾因西德倫（Einsiedeln），這裡有一片寬闊的廣場和一座大修道院。艾因西德倫可以說集合所有你對天主教小鎮的印象於一身，成群的修女和黑袍牧師在鎮上到處穿梭，華麗的噴水池以鍍金聖母像為主要裝飾，紀念品店則是擺滿了十字架、聖母與聖子飾物以及禱告用的念珠。很明顯的，這裡和新教完全沾不上邊。事實上，我甚至有點懷疑自己到了另一個國家。因為這裡感覺更像西班牙或是義大利。這座修道院的入口上方是兩座高塔，令人印象非常深刻，然而一旦進到室內，你大概會馬上忘記外面的世界。整個空間像是設計過時的婚禮蛋糕，我敢肯定你會看得瞠目結舌，但可能不是因為感動就是了。

簡單來說，這裡就是清教徒噩夢中的場景。所有的白牆都布滿粉紅色的花朵裝飾，環繞著所有的柱子和繪畫，主教的演講台上方嵌滿鑲金的拉丁文，天花板四處點綴著天使。就連我都要作惡夢了。雖然這個巴洛克風格的室內空間讓人雙目發直，但更重要的是，這座本篤會修道院仍在運作中，這裡有大約一百個修道士，一天有六次日課。其中最令人印象深刻的是每天下午四點半的晚禱，修士集體吟唱《又聖母經》，這是個難以言喻，讓人寒毛直豎的感動時刻，只是我無法不聯想到電影《修女也瘋狂》中琥碧．戈柏與修女一同歌唱的場景。而在這裡，也有一位膚色黝黑的女性吸引無數朝聖者終年造訪，那就是衣著華麗、抱著聖子的聖母——聖母與聖子像的臉都被長年的蠟燭和燈火燻成了黑色。

蘇黎世是瑞士新教徒的搖籃，離艾因西德倫大概只有一個小時的交通距離。也就是說，蘇黎世大教堂和艾因西德倫修道院這瑞士兩大地標彼此只距離四十公里，然而兩者之間的差異卻無法估量。而這兩者的對照正好描繪出數百年至今，新教徒和天主教徒之間，從裡到外有多大的不同。用英國的歷史人物來比喻吧，一個是血腥瑪莉，一切嚴謹、合宜，只帶有些許高雅的裝飾，另一個則是黛安娜王妃，用鮮活的風格和色彩吸引眾人敬慕的目光。然而最能彰顯瑞士風格的，是這兩者同處一個屋簷下卻相安無事。我要再次強調，瑞士的教堂真的是南轅北轍。

✚ 民主的教堂

艾因西德倫修道院最值得提起的不是華麗的建築裝飾或是超過二十五萬的朝聖旅客造訪人次，而是此地在天主教體系中享有完全的自主權。艾因西德倫修道院不受任何瑞士教區管轄，而是直接向位在羅馬的老大哥報告。自治會院區是數百年歷史的遺留物，目前僅有十一個教會以此形式存在。雖然是個案，但對瑞士天主教而言卻不那麼突兀，因為作為天主教分支，他們始終有自己的規則。瑞士沒有大主教的管區，也就意味著，瑞士的六個天主教教區也都像艾因西德倫一樣，直接從屬於教宗之下。不止如此，瑞士的主教是由人民選擇而非經由梵蒂岡指定。天主教教堂受世俗的民主精神影響？這也非常瑞士！

在瑞士，不只是天主教有自己一套做法，新教也是。瑞士的新教教堂不像英國聖公教教堂般以單獨的個體形式存在，而是由各州教堂組成聯盟，各州間互相獨立，稱為瑞士新教教堂聯盟。這些教堂有些是州教堂，有些不是， 有些作風較自由，有些則否，一些說法語，但多數說德語。這件事在本質上反映了瑞士的作風，非常平等，沒有主從之別。

瑞士的天主教和新教各自擁有較為民主的管理方式，也許正是因為如此，瑞士已不再像其他國家一樣，需要面對這類宗教衝突。假如一個在北愛爾蘭長大、目睹無數衝突的人來到瑞士，大概會驚訝於天主教和新教的歧異竟然不會造成重大問題。不過，事情並不總是如此，瑞士也花了一小段時間，流了一些血，犧牲了一點宗教教條以維護整體國家利益，才走到今日的地步。這一切都源自一個人，喔，別誤會，不是兩千年前那位，而是一個更近代的瑞士人。

✚ 第三人

撇開名稱不論，蘇黎世大教堂（Grossmünster，在德文原意就是「偉大的教堂」）並不是瑞士最大或最華麗的教堂，和其他教堂相比，其實算是既小又平凡的。同樣的，因為瑞士的新教沒有位階之分，所以蘇黎世大教堂也不具有英國坎特伯里大教堂這樣的地位。然而，蘇黎世大教堂可以說是新教之母，因為瑞士於一五一九年發生的宗教改革正是源自於此。而新教之父，則是宗教改革者胡里希．茨溫利（他的名字有兩個拼法：Ulrich Zwingli 或是 Huldrych Zwingli）。

茨溫利是歐洲宗教改革史上被遺忘的第三人，馬丁．路德和尚．喀爾文吸引了所有的目光。你可以在世界各地看到路德或是喀爾文教堂，但卻找不到茨溫利教堂。茨溫利沒有以新教殉道者之姿留在眾人記憶中，也未被刻劃成瑞士偉人，他僅只是歷史的一個注腳。在茨溫利被撫養長大的故鄉，河邊有座他的雕像，但幾乎被松樹完全掩蓋，要費一番力氣才能找到。當然這也和瑞士不太願意樹立雕像以歌頌亡者的文化風俗有關。在瑞士的城市裡你不會看到太多雕像，不像其他歐洲城市，四處是石頭或金屬的昔日英雄肖像。瑞士的這項風俗當然也和他們的歷史中未曾出過帝王、君主有關，他們也少有功勛顯赫的將相。而這基本上也反映了典型的瑞士心理，就是謙遜、不張揚。

茨溫利生於東瑞士的亞本塞鄰近地區，從小就離開家鄉去見識遼闊的世界。他在巴塞爾和維也納求學，拉丁文和希臘文都很流利，也和偉大的人文學者伊拉斯謨有過深刻的交流。他在艾因西德倫修道院修習結束的一段時間後，被選為蘇黎世大教堂的主教。一五一九年一月一日，那天也是他的三十五歲生日，他在第一次的布道上打破了所有規則，放聲朗讀《馬太福音》。更大膽的是，他在大齋期的某個星期天裡吃了香腸。當然問題不在香腸，而是時間點，今天我們很難找到一個非素食者的瑞士人不吃香腸，瑞士舉國上下都熱愛香腸。茨溫利也反對牧師獨身制，雖然這可能也是因為他自已經偷偷地結了婚，他也就聖餐的意義和路德有過衝突：「這是麵包和紅酒，或是寶體和聖血？我們該好好討論一下！」

茨溫利革命般的想法很快流傳到全國各地，但這裡是瑞士，因此當然也有不認同他的區域。在他首次布道後十年內，這個國家就走向分裂，大致上區分成位在城市的新教，以及位於鄉下的天主教。這兩派毫不妥協，戰爭一觸即發。在一五三一年的卡佩爾戰役（Battle of Kappel）中，天主教勢力成功占領蘇黎世，包含茨溫利在內的多人死亡。茨溫利喪命之處如今有顆簡單的紀念石，還有幾株菩提樹。他的故事到此告終。作為宗教改革者，喀爾文的影響力遠大於茨溫利，畢竟是他把日內瓦轉變成新教重鎮。不過，茨溫利身為首先發起改革的瑞士人，是瑞士歷史上不可忽略的人物。若茨溫利不曾出世，或並未英年早逝，瑞士和瑞士人如今會是什麼樣貌，任誰都說不準。

當你坐在教堂前廣場，就能夠輕易感受到他的遺風。這裡只有木條板凳、石牆和羅馬式拱門，完全沒有金碧輝煌的教堂、浮誇的藝術品和天主教教堂常見的天花板裝飾物。這座教堂的簡潔和美一般人都能夠欣賞，同時也能給人心靈安詳的感受。原屬於祭壇的位置擺放了一個石砌洗禮盤，空間中唯一醒目的色彩來自三片長拱形的彩繪玻璃，這是在一九三二年由畫家奧古斯都．喬古米提（Augusto Giacometti）所設計的現代風作品。當代的瑞士新教徒或許比茨溫利能接受更多色彩了吧。河對岸是蘇黎世大教堂的姊妹教堂，蘇黎世聖母大教堂（Fraumünster）。一九七〇年，畫家夏卡爾為蘇黎世聖母大教堂設計了一系列彩色玻璃，風格或許有些頹廢，但卻造就了更鮮明的美。

諷刺的是，蘇黎世作為瑞士新教精神發源地，此地的居民卻好像喪失了這樣的精神。他們比較喜歡把自己視為走在流行前端、衣著光鮮的現代人，居住在能夠與紐約或倫敦比肩的潮流城市。我不太確定茨溫利能否允許這樣的事情發生。也難怪其他瑞士人覺得蘇黎世人根本不適合穿 D&G 的靴子。然而，蘇黎世不是只有車站大街的精品店或購物區而已，在老城尼德多夫（Niederdorf）你依舊可以嗅聞到中世紀的氣味，這裡沒有煩人的交通、大型連鎖店，沒有電車也沒有銀行。這裡一度是蘇黎世的紅燈區，但現在早已物換星移，只能看到一些舊日的色情電影院和充滿異國情調的酒吧，這些是城市仕紳化浪潮中碩果僅存的時代遺跡。漫步過迷宮般的巷弄、高低起伏的街道和占據人行道的餐廳，這裡是截然不同的城市角落，遠離了對岸的金融區和二十一世紀的喧囂。小小的噴泉廣場、矮小的樓房、裁縫鋪、繽紛的窗台花架、逼仄的酒吧，都像來自茨溫利的時代，即使距今已有五百年之遙，彷彿一切都未曾改變，又好像什麼都變了。

✚ 宗教戰爭

在茨溫利死後的三個世紀，瑞士如同歐洲其他國家一樣地分崩離析。瑞士人雖然成功在三十年戰爭等大型衝突中置身事外，但邦聯之間卻接二連三爆發衝突。我們很難想像瑞士人和人起衝突，更不用說瑞士人彼此兵戎相見，但事實是，直到一百六十年前為止他們都還會這麼做。一八四七年十一月的分離主義聯盟戰爭是天主教州的最後反抗，這場戰爭為時不到四個星期，只有不到一百人戰死。在當時，七個天主教州反對耶穌會獨立，並與瑞士的自由主義人士為敵，因此祕密成立了「獨立聯盟」(Sonderbund，或稱分離聯盟〔Separate Leage〕)。這個高度機密組織嚴重違反瑞士的法律（這是非常不瑞士的事），想當然耳，新教徒發現這件事情之後並不開心。因此，在杜富爾將軍和他新設計的軍旗下，新教徒攻打了這個聯盟，戰事在聖誕節前就宣告終結。

當然，這場戰爭的起因絕不僅止於宗教。瑪利亞聖潔與否，以及牧師是否該維持單身都只是導火線，小爭執最後升溫成為權力衝突。天主教為主的鄉間地帶，在發展上逐漸落後於新教為主的城市區域，因為後者相信財富是上帝的回報。新教城市的興盛也有助於瑞士在往後數世紀裡接納來自法國、義大利和英格蘭的新教徒難民，而這些難民則帶來了不同地區的不同專業，諸如紡織、手錶和金融等等。這暗示著勤奮工作可以帶來世俗和精神的收穫，而這也被視為所謂的新教工作倫理。

雖然如此，新教徒在和解過程中並未刻意報復，而是試著創造兼容並蓄的國家（耶穌會除外，這個組織直到一九七三年才獲得解禁）。新的憲法、新的聯邦和一種新穎的想法——公投，就此誕生，而這一切造就了一個獨一無二的政治體系，進而奠定了現代瑞士的基礎，這或許也是人類史上所有宗教衝突中最理想的結果了。

+ 乾淨而歡愉的樂園？

瑞士的天主教徒和新教徒或許少有共識，但絕對同樣重視乾淨。很少有國家可以像瑞士一樣乾淨。彷彿有一群神祕的精靈會在夜晚四處走動，從公園板凳一路檢查到路邊死角，確保所有地方乾淨無瑕。我記得我父親有一次在停車塔裡對我說，假使你的午餐掉到地上，應該還是可以撿起來吃掉，因為那裡乾淨到連車子都要打滑了。瑞士很少有垃圾問題，甚至在一些大型慶典如嘉年華後，堆積如山的瓶罐和垃圾都會瞬間清空。但如果仔細看一些小角落，就會發現瑞士也有環境髒亂的問題——菸蒂、口香糖和塗鴉，這三者在瑞士隨處可見。

瑞士的癮君子大多不把菸蒂視為垃圾，總是隨手亂丟。公車站周遭往往像是菸蒂的墳場，小小的咖啡色屍身躺了一地。你很有機會看到吸菸者小心翼翼地按照分類丟棄手中垃圾，同時抽完最後一口菸，然後把菸蒂丟到地上。某些區域，如伯恩，試圖透過直接罰款（一百瑞士法郎）解決這個問題，但隨著室內禁菸令開始實施，戶外的菸蒂也就越堆越高了。

接著是口香糖。瑞士人非常喜歡嚼口香糖，人均消費量竟不輸給口香糖上癮的美國人，每人每年平均要消費七百克[2]。瑞士人無分男女老少，人人都愛嚼口香糖。我想我知道原因，他們之所以不斷重複這個緩慢、看似反覆回味口中食物的咀嚼動作，其實是下意識地模仿著遍布山林的牛隻，這也證明了每個瑞士人心中都有一縷鄉村的靈魂。德文的口香糖叫做「Kaugummi」，由「咀嚼」(kauen) 一字變化而來，但如果你細看，會發現這個字的奧妙之處在於英語諧音：「cow-gummi」（牛—樹脂）。住在人人以模仿牛為樂的國家聽起來不是什麼壞事，只不過，有一半以上的人會隨地吐口香糖，瑞士的人行道看來就像出過蕁麻疹，充滿大大小小的斑點。其實很多國家都有亂吐口香糖的問題，只是我從沒想過瑞士人也有這樣的毛病。

塗鴉也是我沒預料到的。每天早上當我打開臥室窗戶的活動遮板，就會看見對面牆上的一排黑色大字：「操你的納粹」(FUCK NAZI)。基本上我同意這個想法，但是我實在不喜歡這想法以這種方式出現在我的生活中，然而那些塗鴉客總是到處留下印記，就像小狗撒尿宣示地盤一樣。就像其他國家一樣，塗鴉客最常鎖定鐵軌、路標或是標誌牌，有時你也會看見一些充滿藝術性的鮮豔圖案點綴著陰鬱暗沉的橋。然而塗鴉也會出現在一般房舍、歷史建築和窗戶上，這就有點不妙了。而更讓我意外的是，這行為所象徵的反抗，似乎被整個瑞士社會容忍，甚至接受了。彷彿沒有人注意到這些塗鴉，甚至當某些遠比舊倉庫或修車廠還重要的建築也遭到塗鴉時，瑞士人也會很不尋常地視而不見。

紐沙特是瑞士境內法語最普及的區域，也是最美的古城。這座絕美的古城盤據湖邊，由高低起伏的巷弄、石磚地廣場和金黃色砂岩建築組成，大仲馬曾形容這裡是奶油砌成的城市。一棟擁有兩座尖塔的城堡（也是此地命名的由來），加上童話場景般的教堂，都讓這座古城更顯得熠熠生輝，彷彿將法國這個人間天堂切下一片，然後空運到瑞士來一般。但似乎為了提醒你這裡是瑞士，所以從車站到鎮上沿路都是塗鴉。這裡是瑞士塗鴉密度最高的地方，看到這些美妙的中世紀古牆被現代塗鴉覆蓋，讓人心裡著實難過，只是本地人好像都沒注意到這件事就是了。

✚ 綠色國度

不過，撇開上述三個缺點不論，瑞士應該是世界上最勤於垃圾分類的國家，這點就讓多數國家相形見絀。從各種面向來看，瑞士人的生活都井然有序且紀律嚴明，回收資源時自然也不例外。超市回收用過的燈泡，塑膠罐和電池，紙類和紙箱可放在自家門口，至於瓶罐回收箱則是隨處可見。垃圾分類在這裡像是一種公民義務，而非個人選擇，有兩種可能的原因造就了這種情形。

第一，瑞士雖然是中立國，但人人心中都有個環保戰士。他們不太有激進的舉動，像是把自己綁在樹上或是和捕鯨船開戰，他們拯救地球的方式就是做資源回收，並把票投給綠黨。在最近一次的普選中，綠黨拿到將近一成的選票，成為全國第五大黨[3]，這是英國綠黨的十倍得票率。

第二，做資源回收可以省錢。在這個國家，你每丟一袋垃圾都得付費，所以做回收會讓你省錢。你必須購買專用垃圾袋（在伯恩，一個垃圾袋要價將近一歐元），或是在一般塑膠袋上貼上專用標籤才能丟垃圾。每個州或市鎮的規定各有不同，但基本上，回收做越多，垃圾量越少，支出也就越少。省錢，是拯救地球很好的動機。

不過，我有個以小人之心度君子之腹的看法。我認為瑞士人之所以積極回收，是因為這滿足了他們遵守規則的欲望。在收垃圾的日子（通常一週兩次）你會看到收費垃圾袋在人行道上排排站好，那隊伍多麼整齊劃一！當你把一整落報紙疊整齊、用繩子束緊，心裡明白將有人來收走，這又是多麼撫慰人心！關於這點，我沒跟你開玩笑，假如你只是把報紙裝在袋子裡或是綁得亂七八糟，這疊報紙很可能會被貼上「無法回收」的貼紙。

不管背後有什麼理由，瑞士人無疑是資源回收的世界冠軍。舉例來說，瑞士的電池回收率高達六十五%，而英國則只有三%[4]，是的，你沒看錯，六十五比三。假如大家每次去超市購物的時候可以把家裡的舊電池（電燈泡和可樂瓶也順便）帶去，相信英國也可以有高一點的回收率吧。更棒的是，瑞士的法規指定某些零售商有義務回收軟性飲料的瓶子[5]，能夠讓每周營收高達上億英鎊[6]的財團（像是特易購）來負擔回收費用，實在比要求財務拮据的地方政府來做這件事要好太多了。而標示有「PET」字樣的塑膠瓶會回收再製成各種物品，從雞蛋盒到合成纖維都有可能。你知道收集二十五個 PET 瓶就可以做一件夾克嗎[7]？這是瑞士的回收廣告，用事實說服人，而且確實有效。

在瑞士，最極致的資源回收是墓地回收。造訪瑞士的公墓和大多數墓葬區，你會發現多數墓碑都不超過二十五年，這多少也解釋了為什麼這些地方看起來永遠整潔如新。除了一些私人購買的家族墓園之外，多數人則租用墓地二十到二十五年的時間，租約還包含墓地整潔維護。當租約到期後，墓地會回收再次使用，租用者通常也還是同一個家族。而就算是墓碑，如果家族不願意保留，也都免不了回收的命運。我們不妨自問，你會想怎麼處理你奶奶的墓碑？放在客廳一角？或是刻成造型物擺在後院？不要的墓碑會被敲碎，而碎片、碎石最後都會成為裝飾用品。整件事聽起來非常不帶感情，但卻是在空間有限的情況下發展出的極致實用主義。瑞士的土地非常有限，因此他們不願意把太多有價值的土地留給亡者。

然而，瑞士仍在某個地方給亡者留了極大空間，那就是報紙的訃聞版面。瑞士的訃聞不會只有「亡者安詳離世，平安喜樂，謝絕花圈」三行字就結束，而是占據四分之一版並帶有黑色框線，上面會有引言、喪家地址、告別式的細節以及致哀親友姓名清單。在瑞士，死亡是大事，許多報紙會將最後數版留給訃聞，而且新教徒和天主教徒在版上都能和平共處，就和他們生前一樣。

✚ 新教徒的羅馬

瑞士的宗教改革始於蘇黎世，但日內瓦才是真正的重鎮。當你聽到日內瓦，應該會先聯想到和平對談、國際會議、私人銀行或是湖。但在四百年前，上述事物除了湖以外都不存在。當時如果你是新教徒，尤其是從西班牙宗教法庭或其他天主教區逃出的新教徒，日內瓦就是你唯一的去處。這裡是一個城市邦國，和瑞士邦聯有聯盟關係而無從屬關係，基本上就是新教徒的羅馬。日內瓦的這個身分要歸功於一個法國人，尚．喀爾文。他在一五三六年八月經過這座城鎮，停留了一晚，從此這座城市不再是過去的日內瓦。在喀爾文訂定的規則下，日內瓦成為十六世紀的伊朗，一個神權國家，由上帝的親衛隊掌控一切。

在當時的日內瓦，無分男女老少，人人都得辛勤工作，不得嬉戲玩樂，從出生就開始，至死方休。當時有一項禁令限制一切娛樂，從跳舞、賭博、喧鬧、戲劇、飲酒到奢華的服飾都在限制範圍內。上帝掌控一切，而且祂是徹頭徹尾的清教徒，法令、宵禁、監獄和公開處刑則是祂意志的延伸。不過也不是所有事情都禁止，認真工作沒有問題，禱告也行，有點令人意外的是，收取貸款利息也可以。限制放高利貸的老舊教條被擺在一邊，然後就像變魔術一樣，瑞士的銀行體系突然就出現了！也因此，縱使有其他諸多因素，喀爾文教派仍被視為現代資本主義的起點。

當你走出日內瓦車站時，你不會對這個瑞士第二大城市有什麼驚豔的感覺。世上多數城市的火車站周邊都不怎麼迷人，日內瓦也不例外。沒錯，這裡不是倫敦的國王十字街，但也有不少身著名牌仿冒品的女士在街上搔首弄姿。事實上，性工作者是瑞士少數二十四小時無休的職業，她們無時無刻不試圖取悅經過的人。由於日內瓦總不乏外交與各類會議的與會人士來來去去，也因此產生了大量的需求等待市場填補。

經過亂糟糟的酒吧區之後往下走，就是日內瓦觀光客匯集之處。河邊立著高聳入雲的飯店，街上是現代的銀行和霓虹招牌，湖上有幾艘遊艇，背景則是法國的阿爾卑斯山，而這個城市最重要的地標則是日內瓦大噴泉（Jet d'Eau），噴出的水柱高達一百四十公尺，直入雲霄。除了好看之外，日內瓦大噴泉也是世上最大的噴泉之一，當噴泉在晚上點亮燈火時，更成了無數觀光客拍照時的重要背景。

許多說德語的瑞士人最不喜歡的城市就是日內瓦。不是因為這座城市給人感覺「太不瑞士」（此地幾乎被法國環繞），也不是因為日內瓦和蘇黎世一樣自大，而是因為語言。日內瓦就如同多數法語區，幾乎所有居民都拒絕說德語。這很像是英國人說法語——在學校學了不少，但一踏入真實世界就忘得一乾二淨。在這裡比較常聽到英語，特別是街道和商店區，英語可以說是日內瓦的第二語言。除了語言問題之外，也許這裡不分人事物普遍瀰漫的陰鬱氣息也要算上一份。就算對瑞士人來說，這座城市都有點太過嚴肅了，日內瓦人的字典（不管哪種語言版本）裡沒有「生活樂趣」這個字眼。新教的工作倫理似乎滲透了所有建築、街道和人心。當然，商店櫥窗還是展示著許多絢爛奪目的奢侈品，只是這裡的人很少多看一眼，也許他們心裡都在想自己賺的錢夠不夠繳房租。日內瓦的房租是全瑞士最高的，二〇〇九年的一項調查顯示，日內瓦是全世界居住成本第四高的城市[8]。

這座城市的中心不是河畔也不是商店區，而是斜坡上的舊城區，那裡活像是電影《三劍客》中的場景，只差沒有人穿著斗篷或戴著寬沿帽四處走動。就像蘇黎世的舊城區一樣，這裡也會讓你覺得彷彿數百年未曾改變，只是少了蘇黎世的活力。就算是天氣良好的周間，石造建築間的窄巷也總是陰暗而少有人跡，在奢華得嚇人的精品店與一戶戶緊閉的門窗之間，只有少少幾家咖啡館偶然點綴。這座城市自喀爾文死後就忘了如何享樂，而他的影響至今依舊鮮明，並遍及所有居民。你只要看到單調教堂內堅硬的長條木椅，就會明白喀爾文如何看待美和舒適，那木椅光用看的就足以令人屁股發麻。

如果你想見見喀爾文，他就在堡壘公園（Parc des Bastions）。這裡過去是日內瓦的重要防線，現在則是綠意盎然的美好空間，幾位宗教改革先鋒的雕像也安置在這裡。在公園中你會看到一面一百公尺長的石牆，中間有四座巨大的石雕，每座雕像的面容看起來都極為苛刻而嚴厲。長袍和長鬚的造型讓他們看起來像是《哈利波特》中的魔法校長，只是日子好像過得不太開心。當然喀爾文就在其中，還有約翰·諾克斯，他是來到日內瓦尋求庇護的蘇格蘭長老教會創辦人。牆上也刻了英文的《主禱經》和一六八九年的權利法案（這項法案確立了天主教徒無法擔任英國國王）。這面牆可說是新教歷史的全面紀錄，而唯一被遺忘的人，就是茨溫利，他被降級為基座上的一個名字。即使茨溫利是瑞士人也是新教徒，但對日內瓦人來說這些都不重要，只因為茨溫利不會說法語，所以他被歸類在日耳曼的那一區。

今天這座城市不再被新教徒把持。二〇〇〇年的人口普查顯示，日內瓦只有十四%人口是新教徒，這和日內瓦州的比例相當接近[9]。雖然這裡不慶祝天主教節日，但也只是名義上屬於新教。假如喀爾文的墳墓沒有被回收的話，他在地下應該會氣到跺腳吧。

✚ 清真寺塔和其他少數

日內瓦只剩下不到六分之一的居民追隨喀爾文的信仰，這件事說明了傳統的天主教—新教平衡關係改變了多少。一直到二十世紀中為止，新教徒都是這個國家在信仰上的多數，這情況持續了相當長的時間。接著進入一九六〇年代，移民的年代，數以千計的義大利人和葡萄牙人來到瑞士工作，他們都是天主教徒，最後也留下來了。在今日，天主教徒的人口實際上已經超過新教徒不少，但其中有五分之一是外國人[10]，撇除移民來看，兩者的比例幾乎是一比一（各占四十一%）[11]。事實上，新教與天主教的齟齬早已不重要，這不再是瑞士內部衝突的原因，而新的宗教歧異，現在才逐漸顯現。

四十年前，超過九十八%的瑞士人口信奉基督信仰，今天，只有超過四分之三[12]。這是全國平均值，所以無法看出區域差異，像是烏里州有九十三%（幾乎全部都是天主教徒），而巴塞爾市的新舊教人口加起來仍不過半[13]。總體數據變動的主因是穆斯林遷入，這些移民主要來自前南斯拉夫和土耳其，占總人口的四・三%[14]，這數據高得不可思議，甚至超過英國。對於一個過去幾乎人人信奉基督信仰的國家來說，這是個大改變，而改變所帶來的陣痛至今尚未結束。我們在下個章節會看到，瑞士的政治場域成了移民和多元種族議題的戰場，而宗教則是重要的導火線。瑞士正一步步成為多元信仰的國家，而人們需要時間調適，但以二〇〇九年針對興建清真寺的公投結果來看，不是每個人都願意。瑞士要改變，是需要時間的。

另一個更明顯的變動，應該是無信仰人口比例的急速上升。現在有十一%的人口宣稱自己沒有宗教信仰，這數字在過去四十年間增長了十倍[15]。這項改變主要來自都會區（像是巴塞爾），而不是瑞士中部信仰虔誠的天主教區域。原因可能包含失去對教會的認同，以及新教徒人口流失，但我想更主要的原因應該是為了避稅。大多數州仍規定州民繳交什一稅或教堂稅，繳交比例依據你的收入、居住地和你上哪座教堂來決定。就算不上教堂，只要你登記為教徒，就有繳稅的義務。這聽起來像是中古世紀才會發生的事，而最好的避稅方式就是脫離教會，正式登記為無宗教信仰。個人的話比較容易，但如果是公司就比較麻煩，瑞士有四分之三的州規定商業機構需要繳交教堂稅。在蘇黎世，一年的教堂稅收可高達八千萬瑞士法郎[16]。而在伯恩州，就連樂透中獎者也要繳交八%的教堂稅[17]，沒有贏家全拿這回事，我的老天爺……

\+ \+ \+ \+ \+ \+ \+ \+ \+ \+

宗教過去曾為瑞士社會帶來裂痕，但如今已修補至幾乎不見痕跡。瑞士現在有說法語的新教徒，也有說德語的天主教徒，反之亦然，各州之間不再壁壘分明，也再沒有南北或東西的分野，事實上，過去將國土切割得支離破碎的宗教區隔，在當代瑞士已變成微不足道的議題。對多數的瑞士人來說，你住在哪裡、怎麼投票、用哪種語言，比宗教信仰更為重要。作為瑞士建國的基石，基督信仰從過去的衝突逐漸轉變為和諧。一個天主教修女在伯恩的新教鐘聲中漫步，在過去幾乎是難以想像的事情，但對今日的當地人來說，卻再稀鬆平常不過。對我來說，這樣的時刻值得好好珍惜，並不是因為美好的鐘聲，也不是因為我在英國幾乎沒看過修女，而是因為這幅景象揭示了，只要社會願意嘗試，就有可能成就任何事情。然而，這個得來不易的歷史教訓卻遭到忽略，如今人們開始視伊斯蘭教為毒瘤。如果不正視這種情形，宗教議題很可能再次分裂瑞士，讓未來蒙上陰影。

瑞士貼身小觀察 ❸ SOS - 瑞士的星期天

在瑞士，星期天依舊非常神聖，就像時光回溯到了一九八〇，英國仍由「鐵娘子」柴契爾夫人執政的時代，甚至更早之前。從星期六下午五點到星期一早上九點（某些地方甚至到星期一下午一點），所有商店都會歇業，整個市中心彷彿幽靈城鎮。就算你想去 IKEA，可能也得三思，因為即使 IKEA 坐落在市郊，也還是歇業的。唯一的例外是車站和機場，這兩處的商店全年無休。在蘇黎世或伯恩等大城市，如果你選擇在星期天去少數開門的超市購物，大概會經歷媲美聖誕節前夕的採購戰爭，只是這場戰爭每周都得來上一次。事實上，聖誕節前夕是瑞士允許商店在星期天營業的唯一期間。每個州的規定不盡相同，但舉例來說，多數德語州會指定降臨節期間的最後兩個星期天是購物時間。這彷彿是暗示，把一年中最忙碌的兩個星期天拿來賺錢，比用來休息以表示尊重教律更加重要。然而，剩下的五十個星期天就沒太多選擇了。最近竟然有人發起公投，提案規定所有超市不得在星期天開門營業，感謝老天爺這提案失敗了。我過去習慣了有二十四小時超商的生活，因此花了好一段時間調整我的購物習慣，但還是經常需要跑到車站的超市買牛奶。而瑞士人當然比我有條理多了，他們絕對不會臨時急需任何物品的。

不只購物習慣受影響，大多數公寓大樓也禁止星期天洗衣服、洗窗戶或是做任何居家木工，而搬家更是大忌。這是上帝的日子，就算你想拯救地球也不成。在我弄清楚這項規則之前，我曾有一次在星期天下午做資源回收，然後被一個老太太當面告誡我這是不被允許的。資源回收處清楚地寫著，星期天和每晚八點之後都禁止做回收，因為會製造太多噪音。上帝啊，祢可以打破一些玻璃，讓我們不用再遵守這些規定嗎？

假日視同星期天，至少禁止的事項是一樣的。所以在瑞士沒有節禮日特賣[A]，不可以在勞動節割草，一月一日禁止回收瓶罐，也沒有全家一起逛大賣場的行程。接著，假日的前一天可視為星期六，商店會提早打烊。舉例來說，在大多數州，洗足禮星期四這天的商店營業規定等同星期六，因為星期五的耶穌受難日是假日，等同星期天。但如果假日是星期一，那星期天就還是星期天，不適用星期六的規則，因為星期天有最高的優先權。你必須特別留意以日期為基準的假日，像是聖誕節、新年和八月一日國慶日。這些日子的前一天，也就是聖誕夜、除夕和七月三十一日都會被視為星期六，但如果這些「前夕」剛好是星期天，就還是依照星期天的規則，這樣，你懂了嗎？

這些規則對瑞士人來說，就像第二天性一樣自然，但對外地人來說可就非常混亂了，不管你只拜訪瑞士一個星期，或是住上一年都是一樣的。博物館和商店很有可能在你最想造訪、最無法預料到的時間點歇業，像是耶穌升天日的前一天，而在瑞士是沒有補假的，這又讓情況更加複雜了。在英國，如果聖誕節在周末，那就意謂著加上補假，你一共有四天假期，但在瑞士，抱歉，你就只有周末放假，二十七日星期一照常上班。唯一允許的是聖誕夜提早下班，也就是這個星期五可以享有星期六的時程。而如果聖誕節坐落在周末，那很不幸的，新年也會在周末，於是又一個平凡的周末過去，然後星期一開始上班。在瑞士，沒有不勞而獲的假期。

說了這麼多，你可能以為星期六和星期天的大眾運輸工具會亂成一團，但別傻了，這裡可是瑞士！所有的主要鐵路系統全年無休，而且班次不分周間或周末，假日或非假日。原因很簡單，人們要出去玩。對瑞士人來說，聖誕節火車休班是一件完全不合乎邏輯的事情，而這正是英國人在做的。對瑞士人來說，「週日服務」（Sunday Service）只存在教堂，不適用

A　聖誕節翌日的節日，由來眾說紛紜，一說是封建時代的莊園領主將家中物資裝箱送給奴隸的日子。如今在英國，商家往往從這一天起出清特賣店中的商品。

於電車。星期天的電車滿滿是人，冬天塞滿滑雪客，夏天則是健行者，而觀光客更是全年湧入，只有區域型的運輸系統，像是市內公車或城市和郊區的通勤巴士會在假日減班。另外，星期天也有全國性的交通限制，禁止一定噸數的特定車輛上路，包含高速公路。這確實是個好主意。

對瑞士人來說，星期天是用來休息和放鬆的。他們喜歡去看電影，上教堂，和家人相處或去散散步。這個日子也很適合享受文化洗禮，多數的美術館都會在周末開門，然後星期一休館，以排解周末開放的壓力。在星期天，只有少數人要上工去開火車或是播放電影，對多數人來說，星期天就代表休息，正如同上帝的旨意。而對敲鐘人來說，星期天也是最忙碌的一天。人們說瑞士的鐘總是響個不停，即便星期天也一樣。說到瑞士人最喜愛的事，就是在星期天清晨被教堂（無論何種教派）的鐘聲喚醒。

第四章

決定權交給現場觀眾

ASK
THE
AUDIENCE

伯恩周六市集的攤販清一色是來自鄰近鄉村的農民，他們不畏寒暑來此兜售厚厚的多孔乳酪、手工義大利餃、造形花束、風乾火腿、鄉村麵包、現榨蘋果汁，再加上琳琅滿目、豐滿多汁的季節蔬果。這個市集看起來就像瑞士其他任何市集，除了地點有些不尋常——位在全國政治中心的聯邦廣場（Bundesplatz）。這有點像在西敏寺廣場或國會大廈前的階梯上擺攤。這場景對英國人來說有點難以想像，但對瑞士人來說，這很正常。

這並不表示在瑞士政治不受重視，相反地，這說明了瑞士人善用空間的務實態度。聯邦廣場比較親民，不像天安門或特拉法加廣場，但這裡也沒有因為較狹小而放棄發展成多用途空間。聯邦廣場曾是停車場，直到後來因為市容亟需重整，才鋪上美麗（而且價格高昂）的石磚。除了市集，這裡也舉辦過政治示威集會、露天演唱會、沙灘排球比賽，擺過國家聖誕樹，夏天則化身成噴水公園，設有二十六道噴水柱，代表二十六個州，讓這裡成為孩子消暑的好去處。

儘管具備如此多元的用途，這座位於聯邦國會大樓前的聯邦廣場，到底還是個政治空間。聯邦國會大樓十分雄偉，牆面是厚重的綠色砂岩，頂端是綴有金色瑞士十字的拱頂，這棟建築本身就像個謊言，要掩飾瑞士國會其實沒什麼權力的事實。

+ 人民共和國

無論在哪座瑞士市鎮，市集日都是觀察政治實踐的好時機。並不是因為市集上有演講活動或政黨攤位，而是因為那是收集簽名的好日子。當你走過伯恩市中心，你會遇上一群人拿著寫字板與筆向你索取簽名。他們不是慈善機構的募捐人員（不過這類人確實越來越常出現在瑞士街頭），他們手上的文件也不是送進政府後就無人聞問的連署書，我們不在英國。這裡是瑞士，一個人民有權力，而且懂得使用的地方。收集簽名是啟動公投的第一步，而公投是直接民主的最基本工具。不喜歡政府的決策嗎？那就收集簽名來要求改變。想要創制新的法律嗎？那就收集簽名來提案。討厭清真寺尖塔嗎？那就收集簽名來抵制。這麼說你大概就懂了。討簽名的人多到有點惱人，不過至少我能輕易地用這句話打發掉：我不是本國人。外國人沒有投票權，所以我的簽名一點用處也沒有。

外地人很難想像，當一切法律與政府行為都受制於公民投票時，這個國家怎麼運作。但對瑞士人來說，卻很難想像一個國家可以不靠這樣的機制運作。在瑞士，政府端出人頭稅、參與伊拉克戰爭、公營事業私有化與加稅政策的機會少之又少，因為這些政策會被人民付諸公投表決。瑞士人能提案立法，也能廢除法案，他們能強迫政府執行新政策，也能否決既定的決策。從來沒有單一政治家或政黨握有完全的控制權，因為權力在人民手上。要說有哪個國家夠資格稱作人民共和國，別跟我提中國或北韓，那肯定非瑞士莫屬。

在大多數國家，投票箱是表達意見的主要方式，但內亞本塞州卻不同，那兒有一種從十四世紀以來即鮮少更動的運作方式。

✚ 落實直接民主

主廣場的斜坡壅塞，早到的人占得了前排座位，他們身後則是滿滿的群眾。更熱切的人則踩在腳踏車架或石頭噴泉邊緣上，看了教人緊張。而幸運的人，則舒適地坐在附近建物的窗前俯視廣場。店家和餐廳淹沒在人海中，人們全都為了一件事來到亞本塞：每年四月最後一個星期天是這個州的地方議會，或稱州民大會（Landsgemeinde）[1]的開會日。

內亞本塞是唯二仍有露天議會的州（另一個是格拉魯斯州），露天議會可用來決定市鎮事務、執行公投、選舉州政府。所有具投票權的公民都可以參加投票，投票以舉手的方式進行。雖然內亞本塞的姊妹半州外亞本塞在一九九〇年代末放棄了州民大會，但內亞本塞卻無意跟進。在這裡，事情往往進展緩慢，畢竟這裡是瑞士最後一個（不甘願地）給予女性投票權以參與州政的州。那是一九九一年，我沒筆誤，正是老布希參加波斯灣戰爭、蘇聯瓦解、影集《達拉斯》(*Dallas*)完結、布萊恩·亞當斯穩坐排行榜冠軍的一九九一年。瑞士女性到了一九七一年（也是驚人地晚）才得以參與聯邦層級的投票，而在那之後，內亞本塞州的男性竟然又壟斷了二十年的州政，最後在聯邦最高法院的強制要求下，才放棄這項特權[2]。

今天小廣場上聚集了許多女性，想要實行她們得來不易的民主權利。這時教會禮拜剛結束，一到正午時分，鼓聲響起，旗幟飄揚，管樂隊奏樂，地方仕紳步出大街另一頭的教堂，來到廣場邊，最後站到台上。選民聚集在廣場中央，廣場四周拉起繩子，隔開廣大的圍觀群眾。群眾與選民之間還有一條通道，由身著整齊黑色制服與閃亮頭盔的男性列隊護衛。任何人要通過這列隊伍進到廣場內，都必須出示投票證明文件。現場所有人，包括投票者，都必須站著忍受四月炎熱的日曬。

議會成員穿著黑色或灰色的袍子，一身莊嚴氣息，儼然一副法官的模樣，不過因為他們站在木柵後方的高臺上，所以看起來比較像接受審判的人。事實上也的確是這樣沒錯，因為他們必須面對眼前聚集的選民。然而，在所有辯論開始之前，議會成員與選民都必需先宣誓，就如同當年在洛特里的三位締約者。臺上臺下紛紛高舉右手，拇指、食指與中指不動，無名指與小指彎曲，眾人一同宣誓。看在不那麼憤世嫉俗的人眼裡，這場面就像是皇后合唱團的音樂影片。但對我來說，如此整齊劃一的手勢很嚇人，像是迷你的紐倫堡集會。別跟亞本塞的人說我這麼說過。

會議開始後，所有投票者都可以上台對任何待決事項發表意見。

儘管過程冗長費時，但只有等所有人都暢所欲言了才進行投票。這有點像海德公園的演說者之角，只是沒有聽眾會打斷演說、質問講者。事實上，這廣場出奇地安靜，聽眾靜靜聆聽演說，沒有人拍手或歡呼，也沒有不滿的竊竊私語。看樣子群眾式參與僅限於聆聽與投票。一切進行得非常文明，或者說，少了一點活力。所有的辯論都以舉手投票作結，但不必一一細數贊成及反對方的票數，便能判定何者獲勝。會議緩慢地進行著。頭一個小時的高潮，是有個投票者因高溫昏厥，須趕緊送離。大家好像不怎麼在意有人昏倒，因為這天的重點議案即將登場，也就是裸體健行。

州民大會總是能吸引群眾以及地方電視台前來，但今天的觀眾比以往更多，現場更有來自不同國家的記者，這全拜裸體健行客所賜。由於造訪內亞本塞州的裸體健行客人數遽增，導致有人提議禁止這項休閒活動，全世界的評論者都對這項提議拭目以待。辯論很快結束，選民幾乎清一色表示贊同，也就是說，從此在內亞本塞州裸體健行將被罰款兩百瑞士法郎[3]。我驚訝的不是投票結果，而是少數投下反對票的勇敢靈魂。就在舉手的那一瞬間，反對者的所有朋友與鄰居都會知道，他們若不是有意加入健行行列，就是允許此事的柔和自由派。我覺得，這是整個會議過程最大的問題。

這是最純粹民主的展現，大家都有機會參與並表達想法，而被選任公職者必須直接回應選民。但這樣的會議形式也可能因同儕壓力而扼殺了民主。請試著想像你住的鎮上所有人都知道你的想法和政治立場。在瑞士，不只是你的政黨傾向會曝光，由於公投制度，你對每項議題的看法，包括二手菸、所得稅、外交政策以及合法性交的最低年齡，全都會攤在陽光下。對某些人來說，要在大眾面前捍衛自己的立場與價值不是件容易的事。這裡沒有匿名投票或無效票，但這算是當代民主運作的最佳方式嗎？我不確定。

雖然其他投票與辯論仍在進行，但裸體健行的投票一結束，群眾就開始散去。葛列格與我退到陰涼處休息補充體力，我們與一對長輩共用一張桌子。這對長輩來自外亞本塞，每年他們都空出這一天前來參加州民大會。如今外亞本塞州已不再舉辦州民大會，顯然他們對此甚是懷念。兩位長輩不像典型的瑞士人，很樂於與人談話，而且話匣子一打開就停不下來。他們開心地告訴我們，穿著制服與頭盔的是外亞本塞的消防員，被徵召前來協助維持秩序。他們還說，如果下起雨來，人們就會撐著傘，等到投票時才把傘放下，確保現場的舉手情形一目瞭然。我們聽到最有趣的事情是，參與州民大會不只是為了辯論與投票，雖然這兩件事的確很重要，但也是為了歸屬感。數以千計的選民由大城鎮及全州各個角落來到此地，與老友敘舊、評論時事、上教堂、吃個香腸，然後參與決策。在公開投票中所丟失的，都能在社群裡找回來。

當我們吃完東西也聊完天之後，州民大會也結束了，選民紛紛離開廣場。大多數選民穿著自己衣櫃中最適合星期天的服裝，換句話說，很多男性穿黑色西裝，讓這裡有種喪禮的氛圍。另一個超乎尋常的景象是，許多男性帶著一把劍，像電影《俠盜羅賓漢》中的那種劍身細長的劍，而非十字軍那種雙手劍。在一九九一年之前，這把父子相傳的劍，一直都是投票權的唯一象徵（而且投票時要高高舉起）。時至今日，這把劍成了儀式的裝飾物，但還是有許多男人攜帶此劍出席，以證明自己擁有投票權，而不帶法定文件[4]。

雖然有點過時且限於特定地域，但州民大會卻是瑞士政治基石

——直接民主，最顯著的體現。雖然市鎮層級的公共會議（大多辦在室內）相當頻繁，不過直接民主大多還是以公投的形式呈現。

＋ 新手公投指南

瑞士的政治實際上是一連串的對話而非對立。政府長久以來處於聯合政府狀態，必須與所有人溝通以求取共識。國會從未由任何政黨主導，因此就像個規模巨大的異言堂，人民則透過體制內的公投來表達意見。

公投在一八四八年的聯邦憲法中首次出現，用來決定各種大大小小的議題，不論地方政府變更商店營業時間或新設電車路線，州政府制定反菸害法令或學校中的外語課程，乃至聯邦政府討論加入歐盟或調整增值稅。簡而言之，小自市鎮，大至國家，幾乎所有政策都交由人民做出最後決定。瑞士人驕傲地認為，他們的穩定與繁榮，源自這種不可剝奪的民主自由以及發聲權利。

雖然其他國家，甚至美國許多州也制訂公投，但沒有一處像瑞士一樣，執行得如此徹底。他們一年必須參與三至四次公投以決定各項議題，也難怪瑞士有不同類型的公投，因為單單一種根本不敷所需。其中有強制性的、非強制性的，有些啟動立法程序，有些則廢除法案，有些只需要簡單多數即可通過，有些則規定較為複雜。就像因紐特人有許多描述雪的詞彙，瑞士人的公投也不止一種，不過以下這份簡易指南可以讓你快速理解全國性公投：

■ **強制性公投**（The obligatory referendum）**：**如同字面解釋，這是政府的義

務，修憲或申請加入歐盟這類國際組織時，都必須舉辦此類公投。

- **選擇性公投**（The optional referendum）：人民可投票複決國會的決議與立法。瑞士人如果對政策感到不滿，只要在一百天內收集到五萬份有效連署，就可促使政府舉辦公民投票。由於人民可以否決國會決議，使得國會大部分立法都須經過妥協以取得大多數人同意。

- **公民提案**（The popular initiative）：在不抵觸憲法與國際法律的前提下，任何人都可以提案。只要在十八個月內收集到十萬份有效連署，提案即可付諸公投。取消軍隊（遭否決）、加入聯合國（通過），皆為公民提案的前例[5]。此類可視為屬於人民的公民投票。

- **相對提案**（The counter-proposal）：若國會不滿公民創制內容，可提出國會的版本，兩者將同時付諸公投。奇怪的是，表決結果若兩者都通過了，稱為雙重同意（double yes），則取較高票者[6]。

州級公投的運作方式大抵相同，除了啟動公投的連署人數不同。這與各州人口數有關，例如在伯恩州，啟動公民提案需一萬五千人連署，但選擇性公投則只需一萬人[7]。在佛立堡州，公民提案和選擇性公投各需六千人連署[8]，在阿爾高州則僅各需三千人[9]。

公投的重點在於代表了人民意見的最終整合結果。若公投結果為「否」，表示立法失效、條約作廢或提案遭駁回。政府決策若被人民否決，也不需為此下台，而是退回到前一階段，繼續研商。若結果為「是」，表示人民支持立法，或人民成功施壓政府，政府須將公民提案轉為法律。然而有一個條件卻能轉是為否，那就是人民與州的雙重多數決（double majority）機制。

一般人最常參與的公投，是採用簡單多數決的全國性公投。但即便採用簡單多數決，公民提案也往往無法通過，不到一成的通過率，使得公民提案幾乎變成了失敗提案的代名詞。簡單多數決以外，所有強制性公投和修憲的提案還必須獲得多數州的同意。這項機制是為了保障一些人口較少，意見通常較為保守的州，確保他們的意見不被犧牲，然而這卻讓他們有了不合比例的影響力。由於一州就是一票，因此即便日內瓦州擁有超過兩百萬張票，效力仍等同於兩萬五千張票的烏里州。有六州例外，僅代表半票。因此，雖然瑞士共有二十六州，但只要獲得十二票，公投就算通過[10]。這種制度很可能扭轉原本雙方差距甚小的公投，使結果翻盤。諷刺的是，要改變雙重多數決的機制，必須先修改憲法，而修憲又必須透過雙重多數的表決通過。由於小州大概不會放棄自己的影響力，這個機制看來很難改變。

這個制度看似複雜，但卻行得通，只是運作緩慢得像冰川移動。想要讓公民提案成為國會法案，或讓人民批准法律，可能得花上好幾年。瑞士國會在一九五九年通過給予婦女投票權，卻又花了十二年才使（男性）選民表決通過[11]。況且，由於只有不到一半的公投案能夠通過，嘗試取得選民支持可說是吃力而徒勞的工作，需要耐心與長遠的眼光。因此瑞士人頗擅長一件事：省思是否需要召開會議，討論工作團隊的組成，讓工作團隊來評估組成籌備委員會的可能性，使委員會成立後得以在五年內進行立法提案。整個體制差不多是這樣運作的，而且沒有人在意世界上其他地方正用光速前進。在瑞士，「改變」是不受推崇的事。

+ 穩定、繁榮、市鎮

一八六〇年代的美國和一九九〇年代的南斯拉夫，都說明了只靠聯邦體制並不足以維繫國家，所以瑞士人把緩慢的直接民主視為國家穩定與繁榮的基礎並沒有錯。由於所有人在任何時刻都能參與，而非四年一次，使人人得以表達意見，並獲得接納感。雖然有例外的情況，公投的確有時會被單一議題綁架，但瑕不掩瑜，而且更常見的情況是，當局面可能失控而難以掌握時，辦理公投可大大節省時間。

一九七〇年代末發生的侏羅州獨立運動是一個很好的例子，所有涉及此事的市鎮都被問到要留在伯恩州，還是共同成立新的侏羅州。當時舉辦了一系列的地方公投，當然也有全國性公投的背書，才得以解決許多問題，讓爭議降到最小，最後成立了瑞士最年輕的一州。新劃定的疆界不是由法令決定，而是由受影響的居民決定。新疆界附近有一群信仰新教的法語市鎮，他們便可自主選擇，要成為宗教上的少數，加入天主教為主的州，還是成為語言上的少數，加入德語為主的州。最後他們選擇了後者。這樣由人民作主的決策方式，或許是和平的唯一方式。

除了公投制度以外，注重細節也使得瑞士的政治體制擁有足夠的能力與彈性，能夠處理各種大大小小的議題。瑞士共劃分為二十六個州，然而，最低層級的行政區：市鎮（community，德語稱Gemeinde，法語稱commune）也具有同等的重要性。雖然有越來越多的小市鎮因為難以維持運作而主動與鄰近市鎮整併，但目前仍有超過二千六百個市鎮[12]，人口數從四十以下，到超過三十五萬的都有。一個市鎮就如同一個迷你的共和國，由民選的政務會或選民直接參與的年度議會進行決策，基礎市政如學校、道路、治安、水源、衛生等都屬於市鎮的施政範圍。更重要的是，公民所繳交的所得稅是由所居住的市鎮決定，你必須先獲得市鎮承認為所屬公民，然後才具有瑞士公民的地位。這是瑞士民主制度最基礎的磚瓦，而就如同整套體制的其他部分，市鎮對自己的公民也有完全的責任。

公投體制之所以在市鎮、州與全國層級上都行得通，是因為落實了全民參與。如此一來，政治人物必須就事論事，並讓選民參與公共事務的細節討論。絕大多數的瑞士人都熱衷於討論即將舉行公投的議題，雖然不見得人人都會去投票，但卻都有一套自己的看法。在公投前一周，想要避開討論是不大可能的事，因為每個街角與路口都會貼上海報，寫著「要！」(JA!) 或「不要！」(NEIN!)，甚至是 oui／si 或 non／no。翻開報紙也會看到比海報尺寸小一點的夾報，提醒你去投票。電視政論節目會將移民議題或健康保險討論得十分透澈，甚至到了一種執著的程度，而且一整年都享有不可思議的高收視率。有時政府官員也受邀上台，在電視上說明官方立場，這很不尋常，因為瑞士的電視台是禁止播放政治廣告的，政黨不許進行政治宣傳，聯邦委員會 (Bundesrat) 成員也不得購買總統競選廣告。但由於資訊完全透明，選民只要做出抉擇就好。

順帶一提，對說德語的人而言，公民投票 (abstimmen) 與選舉投票 (wählen) 有明確的不同，但是英語中並沒有這樣的差異（都是 vote）。正如前文所說，如果你以為自己國家的公投很複雜，先看看瑞士吧。試著搞懂他們的投票制度，然後你就會認同，其他國家的投票制度實在簡單多了。

+ 委員制政府

當國家凡事都要人民作主，每隔幾個月就要人民為不同層級的事務作出決定，聽起來好像這個國家沒有真正的政府在運作似的。瑞士體制下的市鎮與公投制度確實將權力向下分散給底層選民，但這不表示沒有在上位者。然而，我們在談的是瑞士，所以即便是權力金字塔頂端，也有一套特別的結構，體現瑞士人的政治態度：沒有一個人真正掌權。

瑞士是透過委員會運作的國家。好在有比例代表制以及多黨政治，幾乎所有層級的執政委員會，都處於某種聯盟狀態。各州都有自己的法規，規定各自的議會與委員會的規模與組成。所以，接下來讓我們透過聯邦的結構，來看看這個由妥協所建構起的政府實際上如何運作。

這個政府又稱為聯邦委員會，由七個成員組成，而且是恆定的聯盟狀態，不由單一政黨或個人主掌。每位聯邦委員負責一個全國性的部門，例如財政、外交，或我個人的最愛——防禦、公民保護與體育，瑞士很可能是唯一要求國防首長負責體育事務的國家。委員輪流兼任一年總統，這個職位的權力沒有比較多，但總要有個人出面跟友邦元首握手，並在國慶日八月一日上台演講。

聯邦委員會每四年由國會選出，並非直接投票[13]——瑞士政治中難得有一次民眾無法直接表達意見。這是為了避免政黨、語言或州認同等因素影響選舉結果，防止出現總統選舉那樣的競選活動，也將聯邦委員會定義為超越政治鬥爭的共同體。這也讓事情既無趣又可預測，至少直到二〇〇三年為止都是如此。在二〇〇三年之前，有一套「神奇公式」讓聯邦委員會整體上可表現四個主要政黨的主張，並反映不同區域的民意。再加上聯邦委員基本上都是老屁股，會一再連任直到退休、請辭，或去世，這讓國會頂多充當個橡皮圖章。但二〇〇三年的普選中，右翼的瑞士人民黨（Swiss People's Party，德語則是 Schweizerische Volkspartei，簡稱 SVP）成為最大黨。該黨動用其國會席次，逼退一位聯邦委員，拱自己的黨魁克里斯托夫・布勞赫（Christoph Blocher）上台。這樣的政變從一八七二年之後就不曾發生[14]，瑞士政治忽然又變得有趣了。

然而，最精采的還在後頭。二〇〇七年十月普選後（瑞士每四年選舉一次，都在十月，如時鐘般規律），左翼與中間派結合，想要在聯邦委員會選舉上演復仇記。結果布勞赫果真輸了，而且表現得一點風度也沒有，像失去玩具的小男孩一樣大發脾氣。瑞士人民黨一氣之下退出國會，成為瑞士幾十年來首次出現的反對黨，一個不入席聯邦委員會，但卻有權有勢的政黨。很明顯地，對於一個不習慣政黨可以操弄政治到這個程度的國家，人們嚇到了。歡迎來到真實世界！

結果政黨跟人民好像都不知道該怎麼面對這全新的抗衡式政治，叫嚷、反對都不是瑞士人的作風。而瑞士人民黨也發現當在野黨一點也不好玩，所以當國防（兼體育）部長在二〇〇八年辭職時，就由瑞士人民黨的人選接任。妥協式政治又回來了，全瑞士上下也都鬆了一口氣。

雖然以聯邦委員會形式存在的政府，基本上是由國會最大黨組成，但這不表示政府可以跳過立法程序。相反地，國會的法案能夠有效制衡政府。國會可以拒絕、修改立法，也可以自提法案，並擁有改選聯邦委員會的終極權力。不過國會也是妥協的產物，區分為左翼、右翼與中間派，但十三個政黨至少各有一席，因此彼此或合作或拆夥，變動無常。當然政黨政治是一大要素，但最根本的原因還是在於沒有一黨獨大，所以所有的立法都是經過辯論、讓步後的結果。若不這樣走一遭，那這項立法就有可能被人民用公投駁回。儘管有多黨政治與權力分散的特點，瑞士並沒有像義大利或以色列那樣政府換個不停。這個國家對於穩定以及共識（Konkordanz）的欲望，強過對於政黨以及制度的偏好。瑞士人絕不會讓國家的繁榮受到政治人物威脅。

等你了解過人民權力與委員制政府的複雜之處以後，你會很慶幸瑞士政治中最簡單的一環其實是國會。

✚ 兼職政治人物

就如同世界上許多國家的國會，瑞士聯邦組織是由兩個地位平等的院組成，兩者都是每四年由直接選舉選出。在聯邦院（Ständerat），除了六個半州僅各有一席，其餘每州各有兩席。這讓比較小的州能在四十六席次的議院中大聲説話，預防他們的意見被稀釋。國民院（Nationalrat）的兩百個席次也是依照州分配，但各州席次多寡卻是依人口數決定，有三十四席次的蘇黎世居冠，有六個州則僅有一席[15]。國會是承襲美國國會制度，但有兩大差異，在瑞士，聯邦委員會是由聯邦院與國民院共同選出（並選出其中一個委員擔任總統），而非人民直選。再者，瑞士政治界不是只有兩個政黨再加上一些獨立政治人物，瑞士國會的政黨組成是可以編出一首字母歌的。

除了前文提到的瑞士人民黨（SVP），還有CVP、FDP、BDP、EVP、EDU……等，而且這還只是德文。舉例來説，瑞士人民黨的法文是 UDC，縮寫自 Union Démocratique du Centre（右翼政黨擁有這樣的名字實在頗為可笑）。多政黨政治是一九一八年全國大罷工後，政府開始實施比例代表制的副產品。那場大罷工是瑞士在近代史中最接近瓦解的一頁，政府癱瘓，軍隊被動員來對抗自己的國民。然而，這裡畢竟不是蘇聯或德國，事情最後還是以非常瑞士的作風收場：讓所有的政黨發言，取得共識。此後九十年，瑞士少有罷工，卻出現了許多聯盟與數不清的政黨。像我這樣習慣了英國兩個半政黨政治的外人來說，實在難以理解。也許唯一能了解這個制度的方式，是去參觀國會。國會在休會期間提供免費的導覽服務，換句話說，一年當中大部分時候都有開放。

以首都的標準來看，伯恩算得上是最漂亮的。伯恩所在的位置，是一片由阿勒河（Aare）三面環繞，形狀有如舌頭般的狹長形土地，城市本身則坐落在高聳的懸崖上。一眼望去，這座鋪著人行地磚的老市鎮，唯一可見的現代化象徵是商店招牌與輕軌電車。二十一世紀消費主義的誘人陷阱全都藏身在大街的拱廊騎樓後。這些拱廊騎樓總長六公里，讓伯恩深受步行者喜愛。拱廊擋雨擋雪又遮陽，因此逛街人潮全擠在這裡，人群移動之慢，有如喪禮行列。伯恩在二〇〇七年獲選為全世界步行速度最慢的城市[16]，也就毫不令人意外。這裡沒有快速這回事，也許正因為如此，愛因斯坦才會在伯恩居住、工作時，發明了相對論，在這兒他有全世界最充足的時間去沉思光的速度。

在瑞士首都，政治在大多數時候以十分悠閒的步調進行。如果你看到聯邦委員在等公車，而且沒有隨扈在側，那也是很尋常的事。當然，前提是你能認出這位委員。相較其他國家，瑞士的政治人物相當低調，因為政策比政治人物本身更為重要。我有許多瑞士朋友無法講出七位委員的名字，而且因為總統每年換人，一般人也很難留意今年到底輪到誰。國會本身是兼差性質的工作，一年四次會期、一次三週，總共也才十二週而已。除了聯邦委員會以外，很少有政治人物是全職從政的，大部分人仍有其他工作，例如律師、老師、警察或醫生。國會議員是無給職，但會給予工作津貼。沒有祕書或助理的人事預算，不提供官邸，而官員的黑頭車大概是你在瑞士唯一看不到的交通工具。一切極為簡樸，與建築成為極端對比。伯恩自一八四八年成為首都之後，為了建造國會大樓，顯然所費不貲。

建築內部有幾面刻劃瑞士歷史的浮誇壁畫、新歌德式的水晶吊燈，以及大量的木雕，（以我英國人的眼光來看）非常具有維多利亞式風格。一座大石雕占據入口，訴說著洛特里的三位宣誓者的故事，雖然他們看起來有點像從《魔戒》中跑出來的角色。在他們頭上，彩繪玻璃圓頂呈現了瑞士十字，以及國會成立時各州的盾形紋章。這表示一九〇二年之後才成立的侏羅州，只有擠在邊緣的份兒，而這也反映了侏羅州在一般瑞士人心中的地位。這空間的整體氛圍，出奇地一點都不瑞士，反而表現出浮誇、好大喜功與國族主義傾向。但話又說回來，這棟建築正是建於國族主義蓬勃發展的時候，即便瑞士人也曾耽溺於膨脹自我所帶來的滿足感。畢竟他們也是凡人，不是神啊！

導遊向我們解說了一切遊客可能會好奇的事，包括每位國會議員有專屬桌椅，不像英國下議院成員還得搶座位。在國民院中，同政黨派別的議員坐一起，但在人數較少的聯邦院中，則是同州代表相鄰，很貼心吧。而國民院發言人是全國說話最有分量的人，總統確實只是負責握手罷了。

最詭異的是，導遊引導我們去參觀了某處的天花板壁畫。這幅壁畫描繪了十九世紀的瑞士觀光景象。壁畫中有三個天使，象徵三個主要觀光客母國，裝扮也完全表現該國的刻板印象：穿著皮褲的金髮男孩代表德國，穿著條紋上衣的黑髮男孩代表法國，還有穿著短褲的紅髮男孩代表英國。對許多瑞士人來說，這些刻板印象仍根深蒂固。導遊當時指著我和我的姊姊（她從英國來拜訪一陣子）說：「瑞士人總說英國人都有一頭紅髮，果然不假，就像大家看到我們這兩位英國朋友。」

大家聽完都覺得好笑，尤其是瑞士人。英國人往往視紅頭髮為凱爾特血統的表徵，但對瑞士人而言，紅髮就代表英國，沒人知道這根深蒂固的刻板印象是哪來的。瑞士人認為英國人都是能言善道的紅髮品茶人，會拍有趣的電影、寫好聽的音樂，但不太擅長做菜或處理雪。即使英國堅持奉行單一君主制，瑞士仍然自認與英國十分親近。瑞士大抵上是親英派國家，而且瑞士人提到英國女王時總是直稱「女王」(Die Queen)，彷彿全歐洲只有這麼一位女性君王似的。

相較於其他國家，瑞士人民更能信任自己的國會。二〇〇九年的調查顯示，人民最信任的機構中，國民院排名第五，僅次於警察單位與法庭，而遠超過政府[17]。相較之下，政黨在這份排名中敬陪末座(跟歐盟一起)，這說明了瑞士人清楚知道國會與政治的不同。作為兼職的政治人物，瑞士的國會議員過著平凡人的生活，不被自身職位的重要性沖昏頭。在瑞士人眼中，這是公職生活的核心特質，國會的服務對象是人民，不是公職人員。國家的利益是唯一重要的事，即使這表示必須犧牲少數人的權益。

+ 五分之一

政治通常意謂著稅收與開支，這點在選舉期間尤其明顯。當柯林頓高呼「笨蛋，問題在經濟」而當選，英國政黨則承諾降低稅收並擴大支出時，瑞士政治卻不來這一套。錢很重要，但既然稅收調整或支出計畫可能都得經過公投考驗，那就暫時先擺一邊吧。承諾通常淪為妥協，因此政黨很少真的提出什麼新政見，而只是等著為了妥協而做出犧牲。不過在某個議題上，瑞士的情況與其他民主國家十分類似，那就是移民與族群融合。

瑞士熱衷於數據，所有東西都要計算、製表、分析，然後發表。每個市鎮與州都設有一個滿是數據分析的網站，提供非常實用的資料，例如住宅自有總人數、阿爾巴尼語人口占比。在這個滿是數據的地方，最令人驚訝的一項數字是，竟有二十一%的人口非瑞士公民[18]，包括我本人也計算在內，共有一百六十萬人。實在難以相信一個國家有五分之一人口不是公民，將這比例套用在英國，則有一千兩百萬的非公民人口，大約是整個倫敦、西密德蘭郡再加上大曼徹斯特郡的總人口數。若套用在美國，則是加州與德州的人口數總和。總之有非常多的人。

擁有瑞士國籍被視為特權，而非權利，因此很難取得。在瑞士出生並不足以滿足條件（除非至少父母一方是瑞士人）。父母雙方都是移民的第二代稱為 Secondos，這樣的移民子女以及他們的下一代和下下代，仍會被視為外國人，而雙親皆為移民的子女占了一百六十萬非公民人口的四分之一[19]。也就是說，有四十萬人在瑞士出生、成長，卻不被視為瑞士人。但仍有許多這樣身分的人後來得以成為公民，就像二○○九年拿下 U17 世界盃足球賽冠軍的瑞士隊，有十三位隊友的雙親皆為移民。然而入籍瑞士是個冗長、昂貴的過程，涉及市鎮、州、聯邦不同層級的申請手續以及費用，居住超過十二年即可提出申請[20]（在英國是五年[21]），提出申請後，還可能要等上兩年，並繳交數千元瑞士法郎，才能成為瑞士公民。

幾乎所有的外國居民都是歐洲人，從「歐洲歌唱大賽」[A]的投票情形可以看出大家來自歐洲的何處。二○○八年（只以觀眾票選計分而無專業評審加權的最後一年）瑞士將最高分十二分投給了賽爾維亞，十分投給了葡萄牙，八分則給阿爾巴尼亞[22]。事實上，瑞士的兩大移民分別來自義大利與德國，不過既然義大利不再參與歐洲歌唱大賽，而在瑞士沒有人會支持德國，這兩個國家自然不會得到支持。諷刺的是，「歐洲歌唱大賽」是住在瑞士的外國人唯一可以投票的機會。但這算落實民主的範例嗎？瑞士人不讓這麼多居民參與政治是合理的嗎？誰知道呢。

可以確定的是，瑞士經濟高度依賴外國人，受薪者中有近四分之一不是瑞士人[23]，但除了他們以外，還有誰願意做瑞士人不願做的工作呢？就像在英國和美國，清潔房屋、採收水果、清掃街道、賣漢堡這些工作通常是移民做的。沒有他們，瑞士會變得既髒又飢餓，這是瑞士人不願意接受或面對的事實，但總有一天他們要面對的。

✚ 歐洲黑羊？

要了解移民議題在當代瑞士有多重要，只需要檢視兩場投票：二○○七年的普選，以及二○○九年的清真寺尖塔公投。在二○○七

A　自一九五六年起，由歐洲各國聯合舉辦的電視歌唱大賽，以國別競爭名次。參賽國派出一名歌手或團體演唱自選曲目，各國觀眾可透過電話、簡訊及網路投票，整合全國投票結果後，由最高票國獲得十二分，第二高票獲得十分，以此類推至第十高票獲得一分。總積分最高的國家獲得優勝。

年的選舉中，保守派的瑞士人民黨成功地把競選活動聚焦在政黨領導人及移民議題，此舉令其他陣營大感驚訝，也成功爭取到各國媒體的頭條報導。到處都是布勞赫的海報，即使他當時是聯邦委員會成員，理應超然於政黨政治之上，並須遠離選舉，不進行公開競選活動。但布勞赫打破了這些規定。

更驚人的是瑞士人民黨的另一張海報，以卡通風格畫出三隻白羊站在瑞士國旗上，並將一隻黑羊踢出旗子外。對某些人來說，這不只是種冒犯，紅、白、黑三色正是納粹旗幟的顏色。左派對此大加撻伐，右派卻捍衛擁護，這張海報導致伯恩街頭爆發暴力衝突，也引來聯合國譴責以及英國媒體的頭條報導[24]：「瑞士成了歐洲的黑暗核心嗎？」多數瑞士人早已習慣外界忽略他們的選情，因此對這次事件所引發的關注感到十分驚訝。遺憾的是，海報起了作用，瑞士人民黨贏得二十九%的選票[25]，這是瑞士採用比例代表制以來，政黨得票率最高的一次。後來布勞赫輸掉了聯邦委員會的席次，對其他政黨來說無異於黑暗中的曙光。由此可見，盈不可久這句話在瑞士也說得通。

這幅如今已臭名遠播的綿羊海報可以說帶有種族歧視，但卻奏效了，因為海報主題觸碰了普遍存在的排外主義。這不代表大部分瑞士人都將膚色黝黑的外國人視為問題，排外的對象包括一般外國人，但其中尤以前南斯拉夫的移民最為嚴重，他們在求職、申請公寓，甚至辦汽車保險時都受到歧視，只因為身為「南人」（Yugos）便遭回絕。前南斯拉夫移民中有許多是穆斯林，這是二〇〇九年瑞士舉辦清真寺尖塔公投案的重要原因。瑞士人民黨發動這場公投，目的是修改憲法，讓瑞士除了目前已有的四座華麗尖塔以外，不得再興建更多。

而該政黨又再一次透過另一張同樣配色的激烈海報達成目的，這次瑞士國旗上豎立了數座黑色尖塔，造型看起來就像大規模毀滅性武器。此外還繪有一個包著罩袍的女性，這與尖塔本身沒什麼關係，但卻大大催動了投票者的意願。這張海報表現了種族主義、排外與煽動心態，最終卻成功贏得了大多數人的認同，使這項禁令得以通過[26]。在這次案例中，極右派政黨操弄人民對宗教少數的恐懼心理，因而成功贏得了全國性公投。聽起來很熟悉嗎？諷刺的是，因為住在瑞士的穆斯林中僅有十二%擁有瑞士國籍[27]，所以絕大多數穆斯林無法參與這個影響他們至深的公投。

也許問題在於，多元文化在瑞士是個相對新穎的概念。不曾建立帝國，意謂著不曾有國民移居殖民地。幾乎每座英國城鎮都有一間印度或中國餐廳（或兩者兼有），但類似的例子在瑞士來說則是義大利餐廳。出了較為國際化的大城市，這類餐廳就變得充滿異國情調。傳統上，瑞士人不搬離家太遠，所以即便是聖加侖人，在伯恩也都會被視為外來者。要將不同語言、宗教或膚色融合在一起，也就變得更加困難。外來者，或稱 Ausländer，很可能一輩子都感覺自己格格不入，社會普遍視他們為國家的問題根源（雖然實際上由他們造成的問題可能不那麼多），也使得情況雪上加霜。聽聽右派人士的言論，你可能會以為瑞士人當中都沒有罪犯、騙子、飆車族、乞丐，犯下罪行的全都是外來者。

所幸，並非所有瑞士人都這麼想。瑞士人民黨或許「贏」了選舉，但得票率不到三成。若將投票率算入，實際上僅獲得約一成人口的支持[28]，雖然這一成是非常活躍、積極、具影響力的少數，他們利用直接民主制度占了便宜，但是沒有永遠的贏家。對於社會議題，這個國家在保守的形象下，隱藏著出人意表的自由主義姿態。例如藥物使用、加工自殺——瑞士並不主動提倡這兩件事，但同意者比其他國家（也許荷蘭除外）要多。別忘了瑞士是世界上第一個由人民而非國會，票選通過支持同志伴侶制的國家[29]。還有瑞士向來會庇護戰爭難民，如來自斯里蘭卡或科索沃的逃難者，提供援助直到他們找到安身之地。瑞士政治或可說掌握在人民手中，但也如同現代瑞士的其他面向一般充滿矛盾。

如同尖塔公投所示，長遠的問題其實在於族群融合，許多歐洲國家也面臨相同的挑戰，而瑞士不是唯一感到手足無措的國家。差別在於，瑞士所面對的障礙物比較高大，遊戲規則也比其他國家嚴苛。該說這是瑞士捍衛自我風格的合法手段？還是排外與種族主義的理性偽裝？看來瑞士人自己也無法確定，他們需要更多勞工，但又不想讓外人參與瑞士的政治。自由派極力主張幫助有需要者，保守派則要求加強控制，瑞士便困在這來回拉扯之間，一方面眷戀著理想化的過去，另一方面又對於多元文化的未來感到不安。這個國家以為自己開放、包容，卻不時做出相反的舉動。但有一件事是確定的：瑞士的未來走向仍由選民決定，但他們可能還要花上一些時間才能搞清楚自己想要什麼，以及怎麼做對國家最好。

+ + + + + + + + + +

層層分級以及複雜的權力分散，外來者看瑞士政治，可能會覺得太過複雜，但也可能有人覺得枯燥乏味，尤其是已經習慣兩黨抗衡的英美（或德法）政治。但或許瑞士應該成為標準而非例外。如果所有民主模式的共同本質就在於包容，那也許政治的焦點應該在於政策，而非個人。若選舉時能夠減少鬥爭，便可省下數十億的金錢，若能由人民決定何時要加入戰爭，也可省下上百萬條人命。不同的政治體制很可能造成如此大的差異。沒有任何體制是完美的，瑞士也不例外，但有些明顯比其他來得好。

了解瑞士獨特的政治體制，就能夠掌握瑞士以及瑞士人的特質。強調共識以及妥協的國家模式形塑了瑞士人的思維，也向下滲透到社會的各個層面。人們習慣從多方檢視事物，並公開辯論以追求多數人的同意。憑衝動行事不是瑞士人的特質，也就是說，未事先告知而臨時拜訪朋友，或未經討論即作出決定，不會是瑞士人的作為。幾乎所有事情都要經過計畫，而且細膩程度有如電車班次表——我指的是瑞士的電車，不是英國，更不是義大利的。瑞士的政治體制整體來說仍有缺陷，但可能是民主的最佳典範。當林肯說出：「民有、民治、民享之政府」[30] 時，他肯定腦中想著瑞士。

瑞士貼身小觀察 ❹ 一個 × 不夠用

在瑞士，沒有簡單的事，就算有也不會是投票。這事不但與身為訪客的你無緣，即便是永久居民也不見得有機會投票。只有瑞士公民有權投票，可能也因為只有他們才能搞懂這個機制吧（但我懷疑不是所有人都真正了解）。在其他國家投票，只要在選票欄位中劃個叉，或打個孔洞即可，但在瑞士這個擁有全世界最複雜比例代表制的國家，你幾乎要有拿到量子物理學學位的本事，才有可能搞懂怎麼投票。

最簡單的部分是聯邦院。如果你所屬的州有兩席，那你就有兩票，如果你的州是半州，那你就只有一票。得到絕對多數選票的候選人就能當選，如果當選席次不足，幾週後會有補選，屆時你不能投給相同的候選人。繼續讀下去你就會明白為什麼了。

國民院的選舉則相當複雜，你所屬的州有多少席次，你就有多少票。也就是說，蘇黎世州民每人有三十四票，但隔壁的楚格州民則僅有三票。每個黨會推出一份包含所有候選人的清單，或者兩種以上的候選人組合名單。因此瑞士人民黨提供的名單可能會列出男性候選人組合、女性候選人組合、青年候選人組合，以及國際候選人組合，如此一來贏面就成了四倍。你可以就某政黨推出的組合名單來投票，把你的選票全都投給這個黨。但這樣多無聊啊，修改名單是更有創意的做法，共有三種途徑：

- **刪去：**如果你不喜歡某位候選人，那就把名字刪掉。簡單一個舉動，他就失去你這票。刪去幾個名字都可以，名單上只要留有一個人名就行。

- **累積：**投兩票給你喜歡的候選人，他／她的當選機會就更大了。首先要把某人的名字刪掉，然後寫上你支持的候選人名字。政黨自己也可以這麼做，讓某位候選人的名字在清單上出現兩次。但以兩次為限，三次就太多了，不論選民或政黨，都不得給予同一位候選人三倍的機會，這樣太不公平了。

- **拆分：**你想投給 CVP，但你最好的朋友代表 FDP 出來競選嗎？沒問題，只要刪掉 CVP 清單上的某人，寫上你朋友的名字就可以了。更聰明的做法是，刪去兩個名字，把你朋友的名字寫兩遍。

如果這樣還不合你意，你甚至可以拿一張空白表格，擬一份自己的清單。你可以從現有的清單中挑選、組合候選人，而且一樣可以一個名字寫兩次，只要小心別寫過頭了，名單人數不可以超過席次數。在某些州，擬定名單不是件容易的事，例如二〇〇七年選舉時，有二十九份清單共八〇四位候選人爭取蘇黎世州的三十四個席次[31]。選項很多，不過你可以尋求協助。有一個獨立網站[32]能夠藉由詢問你對特定議題的觀點，為你列出推薦的候選人。幾個步驟你就能擁有一份個人名單，多麼符合二十一世紀的風格。

正因為有這麼多種做法，你可能會在投票箱前花上好幾個小時，忙著刪掉人名、設法清晰地謄寫名字，或寫錯了然後再索取另一張表格。有點像參加考試。為了防止選舉變成投票馬拉松，大部分瑞士人會很理智地選擇通訊投票。通常在主要的車站會設有投票站，只是不像英國這麼多。就像瑞士許多事物一樣，投票屬於個人隱私（當然了，內亞本塞州和格拉魯斯州除外）。

程序如此繁雜，難怪瑞士的投票率並不高，在最近幾次普選中，投票率都遊走在略低於五成的地方。不只是因為制度本身複雜，也因為有地方、州和全國層級的選舉，再加上大大小小的公投，頻繁的投票造成了選民的疲乏。也可能是因為普選很少能開創新局，幸運的話，新的聯邦委員會中也許有一個位置會換人坐，但大抵總是維持差不多的樣子。國會成員的汰換比較明顯，如前述瑞士人民黨事件的例子，但瑞士國會的權力比起其他國家小很多，所以影響也有限。

公投的投票率普遍更低，大約四成。如果考慮到公投的實質影響力比普選高得多，而且每一票都至關重要，那投票率還這麼低，似乎並不合理。也許太過頻繁地詢問人民意見，會影響人民參與的程度。但也更有可能是因為多數選民安於現狀，傾向不涉入或者不願改變。但值得注意的是，當極度重要的事務付諸投票時，投票率就會顯著增加。一九八九年有關廢止軍隊的公投，擁有六成九的投票率，一九九二年關於加入歐洲經濟區的公投則有七成八的投票率[33]。

雖然投票率低，但直接民主制度還是能廣納人民意見並促使他們參與政治。一九七一年到二〇〇八年之間，有九十一項法律與國會決議訴諸選擇性公投。同一時期，有一一六項公民提案進入投票程序。這背後是數量龐大的委員會籌組、連署簽名，還有數不清的宣傳活動與演說。儘管前者最後只有二十九項通過複決，後者只有九項提案通過[34]，但人們並不介意。這樣的政治參與在其他民主制度中可謂前所未聞。最重要的，這能提醒當選的政治人物，人民永遠都在，隨時等著考驗他們。

第五章

財富、健康，與智慧？

WEALTHY,
HEALTHY
AND
WISE?

蘇黎世雖然不是首都，但這座豐富、緊湊、快速、國際化且充滿刺激的城市在許多人心中代表了瑞士的都會樣貌，尤其你如果住在亞本塞鄉村地區，感受會更強烈。蘇黎世具備了瑞士城市的所有條件：位於湖畔、有阿爾卑斯山做背景、有輕軌電車駛過、天際線中包含尖塔、乾淨零汙染，空氣中甚至飄著一股微弱但明確的巧克力香。難怪蘇黎世總是獲選為全球最宜居城市。

不過在英語世界，蘇黎世會讓人聯想到另一種事物：身穿灰西裝的銀行家。二戰結束時，英鎊貶值，一鎊僅值二十先令，當年擔任英國內閣財政大臣的哈洛德·威爾遜（Harold Wilson）痛斥瑞士的銀行家是「蘇黎世小矮人」（gnomes of Zürich），這個詞後來成了大家的慣用語。威爾遜所指的，不是英國花園裡常見的那種有著一臉大鬍子、酷似迷你版聖誕老公公的小矮人雕塑，他指的是躲藏在地底下，囤積大量黃金的貪婪矮人，這些矮人操弄著世界經濟，而無辜的英鎊深受其害。這個負面印象如今已深入人心，現在你上網搜尋這個詞，仍能在頭幾筆搜尋結果中看到探討瑞士銀行業的文章。甚至《哈利波特》的作者也下意識地把這個刻板印象寫進故事裡。小說中掌管「古靈閣銀行」的醜陋矮妖精就是小矮人的表親，這些矮妖精在童話故事中往往扮演壞人的角色。如今，銀行家的形象更加不堪。在威爾遜的年代，至少在英國，銀行家仍像是情境喜劇《老爸上戰場》（*Dad's Army*）裡的梅因沃林上尉（Captain Mainwaring），為人誠實可靠。當時的銀行家值得你信賴，經濟不景氣時你可以託付重要傳家寶給他們，現在的銀行家卻會賣掉你的資產，並引發金融危機。世道真是變了啊！

你在蘇黎世唯一可以看到的小矮人，就是花園裡常見的那種。這些雕塑擺在蘇黎世種子行的櫥窗裡，穿著鮮豔衣服，戴尖頂帽，一臉高興雀躍的模樣。在瑞士兩大銀行的所在地——閱兵廣場（Paradeplatz），常可以看到一群西裝筆挺、神情嚴肅的男人。他們大多是中等身材，不留落腮鬍而是八字鬍。瑞士男人正流行起蓄八字鬍，這現象滿令人憂心的。其中或有一、兩位戴著圓頂禮帽的，那不是為了展現地位，而是在表現自己的時尚品味。瑞士銀行家與一般瑞士人有何不同之處嗎？其實沒有，你絕不能拿他們跟倫敦那群自成一脈的商業銀行家相比。

在瑞士，人們並不禮遇銀行家，但也不會像對待過街老鼠般唾棄他們。銀行家與其他專業人士沒什麼不同，同樣一周工作四十二小時，同樣為國家貢獻心力。事實上，許多人還會因為他們的服裝，這麼一個簡單的原因，替他們感到難過。因為瑞士人以「正式休閒」（smart casual）的穿著風格為尚，所以平常得穿著正式西裝的只有銀行家、律師和政治人物（而且後兩者也不見得全都這麼穿）。瑞士的派對邀請卡上從不要求賓客服裝，因為那不符合瑞士精神：一來透露了你不信任賓客，二來侵犯了他人隱私。在瑞士，特別是跟銀行業務有關的時候，信任與隱私比什麼都重要。

+ 相信我，我是瑞士人

俗語說百聞不如一見，但有時一句話卻能道出最真實的風景。拿瑞士來說，即便有再多張媲美風景明信片的小屋、山巒、火車照片，也都不比「信任」二字更能彰顯這個國家的核心特質。若要以一個詞精準闡述瑞士、瑞士人，以及他們對生活的態度，那就是「信任」。瑞士人因信任而緊密相連，需要做出正確決定時，他們相信彼此的判斷，而不依賴政治人物。由於相信每個人都誠實守法，所以店家將商品展示於門外而不加戒備，街上幾乎見不到監視器，餐廳顧客把外套掛在門口，而不是自己的椅背上。當然還是存在偷拐搶騙與逃漏稅這些行為，但很少見，不然就是隱瞞得很好。不過話說回來，像這樣以信任為基礎的社會中，有個問題比欺瞞更嚴重。那就是，人們甚少提出疑問，而且預設每個人都誠實正直。

瑞士人甚少提出疑問，不只是出於信任，也因為那涉及他們最重視的隱私。只有在某人明顯踰越界線時，你才會主動干涉，否則你不會多管鄰居的事，因為你知道對方也明白要遵守規定，不該打破規則。只要對方保證自己光明正大，你就不會對他的行事多加懷疑。假使每個人都表裡如一，這套做法就沒有問題，但真實世界並非這麼一回事。瑞士人面對謊言與欺瞞時，會用一種有點可愛的方式起疑，同時又天真到令人擔心，可能是想假裝配合對方，所以跟著胡扯，如此一來他就能對眼前的謊言睜一隻眼閉一隻眼。尤其當瑞士的銀行也這樣做時，許多事情的真偽就更難判斷了。

銀行業可能是瑞士的眾多刻板印象中，最鮮明的一個。在許多人云亦云的描述中，有一點屬實：瑞士確實有很多家銀行，除了最大的兩家（瑞士聯合銀行及瑞士信貸銀行）以外，還有其他三百二十六家，所有分行加起來超過三千四百間，員工人數十三萬六千[1]。銀行業在瑞士經濟中占有相當大比例，但其中絕大多數銀行都不是你在頭條或快報會讀到的，而瑞士人大多把錢存在這樣的銀行。瑞士人經常存錢，平均一位瑞士人會有三個存款帳戶[2]。如果你從小說《達文西密碼》或 007 電影認識瑞士的銀行，你大概會以為這些銀行的帳戶裡都是贓款，保險箱中盡是失蹤許久的奇珍異寶。瑞士的銀行在小說與電影中的形象往往千篇一律，以至於外界總以為他們以保密至上，事實上對瑞士人來說，重點在於隱私。聽起來沒什麼差別，但在瑞士人眼中卻不盡相同。許多方面來看，瑞士的銀行正反映了整個瑞士社會的觀念：信任他人，預設人們不會做非法勾當，因此也不會出現任何侵犯隱私的舉動，或懷疑他人的念頭。

瑞士人視銀行為社群的一部分，是安全的庇護所，能夠抵禦風險、保障生活穩定。早在瑞士的銀行保密制度受到法規保障以前，外國人就已趨之若鶩，相較之下，英、美的銀行業本質早在長久之前就已變調，成為賺錢、投機，造福銀行家與經濟的行業。這非常不瑞士，但瑞士兩大銀行先前捲入這場金錢漩渦[A]中，現在正為此付出代價。目睹瑞士聯合銀行垮台，不只使瑞士人為自己的國家感到羞愧，也讓銀行體制失信於人民。錢很快就能賺回來，但要重拾信任，卻得花上不少時間。

✚ 繳稅季節

瑞士社會因信任而穩固，諷刺的是，也因信任而造成與其他國家的衝突。這全拜稅所賜。瑞士的稅收制度就像在鄉村隨處可見的無人菜攤，由顧客自取自付，誠信至上。瑞士沒有預扣所得稅（PAYE）制度[3]，因為那等於讓政府侵犯人民隱私。實際上也因為聯邦政府能收取的稅金極低，而使這項做法難以執行。由於每個區域的稅率都不同，所以除了收入多寡以外，居住地也會決定你要繳多少所得稅。假使你的工作不變，只是搬到另一個城鎮居住，即使仍在同一州，稅率也將有所調整。對於住在低稅率地方的人來說，這樣很棒，但對通勤者來此地工作的城市就很吃虧，通勤者每天使用這座城市的電車、街道，卻把稅繳給居住地的政府。

瑞士不預扣所得稅，但每個人都必須報稅。不論你的收入有多微薄，稅金從你賺到第一分錢就開始累計。不只是收入要報稅，資產也要，所以假使你擁有土地，即便失業也仍須繳稅。好處是，減稅的理由五花八門，貸款、房屋粉刷、搭電車通勤、慈善捐款、大筆醫療開銷，都可以抵稅。其中最棒的，大概就是連吃午餐也可以減稅。只要是就業中的人，就可以申報每日十五瑞士法郎的外食午餐費。這個金

A　指二〇〇七年由美國次級房貸引起的全球金融危機。

額根本就是稅務人員吃一頓晚餐的預算。

瑞士的稅收與銀行體制得以運作，前提就在於政府相信納稅人會誠實以報。先假設你不是撒謊（撒謊屬詐欺罪），你可能忽略某個銀行帳戶而少報稅（這構成漏稅，但在瑞士漏稅不算犯罪），然後因此收到罰單。然而罰金與稅金一比，可能繳交前者還比較划算，因此罰單這種做法，在大部分國家是行不通的。對瑞士人來說，銀行保密與報稅制度的重點都在於不侵犯個人隱私。當我們問一位瑞士銀行家（暨政治人物，這兩種身分常常重疊），如果不是想逃漏稅，為什麼有人要向政府隱瞞自己的財產呢？他會給你一個相當瑞士的答覆：政府沒有道理不相信人民，所以沒有理由調查個人財務[4]。瑞士這種看待世界的方式，正是造成問題不斷的主因。

過去幾年，瑞士都將大部分時間耗在稅務糾紛。與美國處理瑞士聯合銀行顧客清單的糾紛，與德國討論避稅問題，回應法國人要求的公開透明，與歐盟商討企業稅賦優惠……此外還有一籮筐的問題。二〇〇九年，所有爭議浮上檯面，國際間興起一股壓力，要求瑞士在稅務上妥協合作。最後瑞士同意協助偵查逃稅案，不僅承認未納稅者的詐欺行為，也修訂並簽署了與他國的雙重課稅協定。瑞士的銀行保密制度是否就此宣告瓦解？不見得，雖然瑞士的銀行確實得調整某些交易的做法。反正匿名帳戶、裝滿現金的手提箱早已不復見，因此同意妥協所帶來的問題，比較在於瑞士銀行怎麼挽救形象、把自己漂得更白，怎麼包裝行銷而不重蹈瑞士聯合銀行的覆轍，避免在美國營造出逃稅天堂的形象。但同意打擊逃漏稅並不等於棄守隱私權，這中間有極大差異。

問題不在於個資保密，或說，不應該也不需要談這個，因為任何國家、銀行都很重視個資保密，你不能平白無故走進英國銀行，調閱我的帳戶資料。而且，幾乎每個國家都有稅務人員無法清查的角落，那裡是權貴藏匿財產的所在，在英國，這角落是海峽群島，法國是摩納哥，美國則是蓋曼群島（或德拉瓦州）。此處的問題在於互助合作，瑞士自家人互助合作已有好幾世紀，照理說他們應該很擅長這件事才對，但問題出在，瑞士人討厭別人告訴他們該怎麼做，還有該怎麼治理國家。這是因為他們把「屬州意識」放大到國家等級，瑞士不願意加入歐盟主要也是因為這樣的心理，某種程度來說，讓布魯塞爾管瑞士的事，等於侵犯了瑞士的隱私。當小國被大國欺凌，小國通常會越挫越勇，瑞士如果不這麼固執的話，早就失去自我了。

✚ 有錢的人說話小聲

無論如何，千萬別提到錢。大家喜歡錢，但卻不敢大剌剌地談，就像在談話中提到戰爭也不是好主意。瑞士人有錢，而且許多人荷包頗深，只是他們不聊這件事。在一場合宜的談話中，不會出現有關財富的話題，也就是說，不討論房價、不比較誰撿到便宜、不聊生活開銷。金錢無所不在，但是在背後運作，你看得到，但不會聽到有人討論。有時你甚至看不到，在瑞士，如果你有錢，建議你藏起來，炫富不是瑞士人會做的事。急於炫示財力的人在蘇黎士最多，但是這裡的俄國觀光客人數和滿身名牌但品味庸俗的蘇黎世人一樣多，他們喜歡穿皮草，把自己打扮得金光閃閃。至於彩券行這麼粗俗的店，在瑞士大街上是看不到的，一來因為瑞士人不需要賭博致富，二來如果真要這麼做，他們也不會希望左鄰右舍知道。賭博最好私下在家或在賭場，瑞士全國一共有二十間合法賭場[5]。

同理，徵才訊息上不會提到薪資，因為那等於公開你的收入，這可萬萬不行。因此求職者要事先了解所應徵工作的合理薪資，並明白自己的條件，在求職面試的最後一個階段，雙方會開始討論薪水。對不習慣瑞士制度的人，這場景相當難以想像，首先你要喊價，然後對方會回應你一個數字，最後雙方會達成共識。求職者與面試者心中都了解，瑞士公司一年會支付員工十三個月的薪水，而非十二個月，第十三份月薪是用來繳稅的。聽起來不像工作面試，反而像上菜市場買菜，以我們對瑞士人不喜談論金錢的認知來看，這事顯得莫名其妙，但其實不然，因為主題雖然是錢，但談論方式仍非常瑞士，透過溝通、妥協達成共識，雙方皆大歡喜。

瑞士人不談論錢，可能是因為他們並不是一直都很富有。這個天然資源稀少的內陸島國不曾孕育出帝國，在過去無法與歐洲強權對抗，直到十九世紀末，由於先進的鐵路技術以及觀光業的發展，一切都改變了。不過遠在改變發生之前，瑞士銀行家就聲譽卓著，雖然以國家來說，當時的瑞士並不富有，但瑞士人值得信賴，將財富交付他們管理會讓你感到安心。銀行保密制度在一九三四年才成為瑞士法規的一部分，所以這與保密制度無關，而是穩定、誠信，與安全保障。說穿了，關鍵就在於信任。

+ 不曾發生的戰爭

在瑞士，談論戰爭比談論金錢更不可取。雖說瑞士不會直接涉入戰爭，但他們絕口不提的態度，就好像戰爭從來不曾發生似的。在討論德國與近代瑞士歷史時，戰爭被刻意忽略，沒有與戰爭相關的玩笑，日常生活中也不會見到任何相關的符號，例如不會有人把交通警察稱作「小希特勒」，電視情境喜劇也不提二戰的法國抵抗運動，人物海報更不會被畫上希特勒的小鬍子。即便瑞士不曾在第三帝國轄下，但卻跟德國同樣禁止使用納粹符號，並將希特勒的自傳《我的奮鬥》列為禁書。為什麼呢？因為他們對過去充滿罪惡感，對過去的所作所為，或說無所為，感到羞愧。他們寧願不要討論，也不要陷入尷尬的窘境，這多麼的瑞士啊！

另一個原因是瑞士與北方大國鄰居之間的愛恨情仇——通常是恨大於愛。大家常半開玩笑地說德國是瑞士的「大州」，而近來成千上萬的德國人湧入瑞士[6]，使兩者的關係更加惡化，得不到改善。要讓瑞士感到自卑並不容易，德國似乎是唯一有這個能耐的國家。部分原因在於語言，遷入的德國人說的是正統德語（High-German），與瑞士德語相比，前者既直接又簡潔，後者則顯得傲慢無禮，至少瑞士人自己這麼覺得。瑞士人的德語有時會遭受尖酸刻薄的諷刺與嘲笑，甚至連學過正統德語的英國人都可能對瑞士德語嗤之以鼻。不過因為官方語言是正統德語，而非瑞士德語，因此大部分瑞士人（儘管有少數例外）都心甘情願改說正統德語。

由於瑞士與歐盟間一系列的雙邊協議，造成從德國移入的人數增加。在連續幾次公投後，瑞士政府無法如願加入歐盟，取而代之的是，瑞士政府為自己談到一個幾乎等同會員國的特殊位置。雙邊協議的內容都經過公投認可，其中牽涉的議題包羅萬象，但主要是雙邊貿易與勞動關係，這讓瑞士得以在不被歐盟整合的情況下，仍然享有會員國的許多好處，但也包括壞處。結果是，瑞士加入申根區，因此國界不需管控。雙方也簽署人員自由移動協議，意謂著歐盟會員國公民[7]能自由移居瑞士，取得工作，反之亦然。瑞士原先擔心波蘭水電工[B]會大批湧入，不過這並沒有發生，反而是數千名德國醫護人員與教師大舉遷入。瑞士曾在一九四〇年代成功阻卻德軍侵襲，卻抵擋不住本世紀第一個十年的這波進襲。

除了語言與移民之外，瑞德兩國的糾葛也包含歷史因素，特別是二戰時期，當時為了生存，瑞士別無選擇。瑞士的所作所為不值得拿來說嘴，但同盟國也並非道德完人，況且許多瑞士人也曾試著幫助同盟國。然而，現在讓他們感到羞愧的，主要是戰後的作為。簡單地說就是四個字：納粹黃金，這四個字可指涉許多事，但主要是指納粹運到瑞士的黃金，以及戰後凍結在瑞士銀行多年，無人認領的猶太資產。前者的問題出在瑞士從不過問黃金的來源——因為信任和隱私云云，於是價值數百萬瑞士法郎的贓物便使瑞士成了納粹的共犯。俗話說人性本善，但終究不能盡信，因為信到某種程度，就會淪為投機者的方便之門。當時瑞士就是這個投機者。在瑞士，有句話這麼說：「錢不臭。」（Geld stinkt nicht.）說白一點，就是沒有不義之財。納粹黃金是這句俗諺的最佳例證。

瑞士十分幸運，同盟國獲勝後急需資金來重建歐洲，並協助美國抵抗蘇聯威脅，瑞士人以捍衛民主之名，堅持獨自為這批黃金估價後再將等值金額歸還同盟國，過程中掉下的餅乾屑（價值四億多美元[8]）都被瑞士掃進自家地毯下。結果這批黃金去哪兒了？沒有人知道。在這件事上，瑞士逃過一劫，無人追究，然後他們又刻意忽略銀行中凍結的猶太資產，而且也未引起注意。然而，五十年後東窗事發，正中瑞士的痛處。一九九五年，世界猶太人大會在美國國會議員的支持下提起告訴，要求償還所有凍結帳戶中的無主資產。瑞士的回應則錯得離譜，堪稱他們犯過最嚴重的錯誤。他們不僅不願意結清帳戶，銀行還撇清責任，提出繁複的行政程序，讓瑞士銀行的形象變得更差。他們甚至要求對方提出集中營受難者的死亡證明。噢，我的老天！

最後，瑞士與世界猶太人大會取得協議，繳回超過十二億美元。從頭到尾，瑞士政府都不干涉，但設置了專門委員會，調查瑞士在戰爭期間的所作所為。關鍵的調查結果「伯杰爾報告」(Bergier Report) 不是每個瑞士人都讀得來的，但至少這次經驗迫使他們討論戰爭，以及他們在戰爭中的角色。瑞士人並非主動自省，但至少當他們開始自我檢討時，也秉持了一貫的透澈作風。

+ 攸關生死

要求提供集中營受難者的死亡證明是個令人驚異的舉動，奇怪的是，許多瑞士人卻不覺得荒謬。這無關道德，而是因為瑞士是個既民主又官僚的國家。瑞士繁複的行政程序讓人惱怒，他們獨鍾紙本文件與證明，在他們心中，紙本紀錄代表確實的存在。求職不僅需要履歷和推薦信，還需要所有相關能力證明與工作證明。舉凡訓練課程、考試、學習、任職，所有經歷都會開出一紙證明。要辦理任何程序，無論是申請、註冊、請求許可，你都必須影印無數的紙本文件，包括學校報告、學位證書、報稅單、護照、簽證、內腿長度量測紀錄、牙醫紀錄等等。以上不全是開玩笑的。

有時你甚至需要附上未婚證明、無交通罰單證明以及居住證明，而且得是蓋有官方印記的那種，不能只是影本。當然，要從居住地的

B　泛指來自中歐的廉價勞工。

公所取得這些文件並不難（要付手續費），因為每個人都必須向居住地的相關當局註冊，你不能不向政府打個照面就擅自住在你想住的地方。這幾乎是警察國家了，雖然是本性良善的、愛管閒事，但並不粗暴的警察。以一個極度重視隱私的國家來說，人民甘願接受這樣的控制實在很奇怪。據傳作家索忍尼辛曾抱怨瑞士的官僚程度更勝俄國[9]。官僚制度的觸手確實無所不在，瑞士人從一出生、收到出生證明起，就與這個制度共存，這對他們來說，沒什麼好大驚小怪的。

保單是瑞士人需要備妥的文件中，最重要的一種，從保險也可見到瑞士人的偏執。瑞士的稅率雖然很低，但省下來的錢都拿去支付保費了，平均家庭支出中有二十二%用在保費[10]。在瑞士，萬事皆可保，這不僅創造更多文件，也確保大家為任何可能的事做好準備。準備完善，而且有文件證明，這兩點堪稱瑞士精神。瑞士的強制保險，有點像英國的全包式國家保險，包含了老年、傷殘、意外、失業。另外還有接近強制投保性質的個人責任險，以防哪一天，比如說，有人因你打破窗戶而提出告訴。但最花錢的是健康保險，保費極高，還不斷漲價，這或許也是瑞士人開始討論起金錢的原因。在個人健康支出上勝過瑞士的國家只有美國與挪威[11]，瑞士的健康保險就是這麼貴。

瑞士沒有國家衛生制度，但每個國民有義務自行投保基本的健康保險，低收入者則有國家協助投保。所有保險公司都必須提供最低限度的保險範圍，而且不得拒絕任何基本保單。但就算是法律所要求的最低限度，各家保費卻可能天差地遠。舉例來說，在伯恩，我有兩百種以上基本保單可以選擇，年保費從二二五〇瑞士法郎到五四五〇瑞士法郎[12]不等（大約是一〇三〇到三〇一〇歐元）。如果我支付額外保費，還可以使用別州的醫院。在瑞士，醫療服務屬各州事務，因此每一州的醫療費不同，價差可高達一倍。假使你住在亞本塞州，即便上醫院時你臉上也掛著微笑。假使你住在巴塞爾，你的血在流乾之前就會先被保險公司吸乾。

不幸的是，這麼高的保費，卻無法讓醫療服務變得便宜一些。看診是以分鐘計費，藥品雖然是本地原產，卻賣得比進口貨貴。超市不賣成藥，連止痛藥也沒有，你一定要透過醫生或藥劑師才買得到藥。不意外地，瑞士有很多藥劑師。在我通勤的十分鐘路程裡就會經過七間藥局，而且還不是在市中心。上瑞士藥局令人懊喪氣餒，所有藥品都擺放在櫃檯後的抽屜和櫥櫃，任何一點小事都得問過穿著白袍的助理。當你領到七顆頭痛藥，並得知要價七瑞士法郎後，還得盡量撐住不被價錢嚇暈。光想到上藥局就足以讓人偏頭痛發作。

美國醫療保健制度的不健全，總能成為新聞媒體的熱門話題，但大家卻對瑞士的醫療制度興趣缺缺，只有一件事除外——加工自殺。在瑞士，只要不是醫生，並且不受益於結果，你就可以協助他人自殺而不犯法[13]。所以殺掉赫德嘉姑婆以取得遺產是不可以的，但主動幫助去意已堅的陌生人自殺則無問題。「出口」(Exit)與「尊嚴」(Dignitas)這兩個瑞士組織如此解釋這條法律（也可說是鑽法律漏洞），並從一九八〇年代開始提供加工自殺服務。出口只服務瑞士公民，尊嚴則不限國籍。尊嚴的做法在海外引發了一點爭議，後來也延燒到瑞士國內。

目前已有超過一百位英國人與更多的德國人，支付約一萬瑞士法郎的成本費給非營利的「尊嚴」[14]，然後前往蘇黎世，吞下致死劑量的巴比妥類藥物。「死亡觀光業」所引起的爭議，特別是針對未患絕症但身體癱瘓的病患，在在促使瑞士政府提出法案修正。二〇〇九年十月，政府公布兩項修法提案，其一是完全禁止此舉，另一個則是針對病患的病情，設下更嚴格的條件限制。與此同時，在英國境內要求改變的聲浪越來越高，檢察長也重新頒布了加工自殺罪的定義。兩國的舉動，是各自邁向改變的第一步。

有趣的是，爭論這項議題時，英國人很情緒化，瑞士人則冷靜許多。在瑞士的報紙社論上，你不太會看到某些熱愛寵物遠勝過垂死親友的民眾投書，也決不會有人說出「命由天定，而非人為」這樣的論調。雖然在許多層面，瑞士是很虔誠的國家，但教會不碰政治。在瑞士，加工自殺的討論重點在於：第一，確認人民能夠正確遵循法律行事，這點非常瑞士；第二，加工自殺不該成為賺錢途徑，這點則非常不瑞士。究竟哪一國的辯論會帶來更多具建設性的意見，且讓我們拭目以待。

＋ 單一貨幣

所有瑞士人都以瑞士法郎為傲，這點恐怕不會有人反對。在一八五〇年之前，瑞士的貨幣市場一片混亂，約有八千種合法貨幣。除了各州自訂的貨幣，市場上同時還可見到來自舊赫爾維蒂共和國（Helvectic Republic）、修道院、義大利城邦，以及一大堆其他國家的貨幣。後來有人提出一個明智的建議，就是為新的聯邦體制打造單一貨幣，於是瑞士法郎就此誕生。不幸的是，各州的鑄幣廠無法承擔需求，因此第一批瑞士硬幣是在巴黎和史特拉斯堡鑄造的。瑞士法郎從不為這樣的出身感傷，它是目前世上最強勢貨幣之一，深受瑞士人喜愛，愛不釋手。

瑞士人大多用傳統方式交易，也就是支付現金，或許正是因此，才會有面額這麼大的鈔票。在瑞士，提款機提供的鈔票面額從一百瑞士法郎起跳，而假使你會為了使用兩百法郎大鈔支付飲料錢而向收銀員道歉，那就表示你是觀光客。對其他人來說，這樣一張鈔票就等於一筆小鉅款，但瑞士人卻習以為常。收銀員就算一次收到三、四張大鈔也處之泰然，不會高舉鈔票檢視防偽識別，也不會請經理出面。即便收到一千瑞士法郎，大部分商店也會毫不遲疑地收下——想想看，那張紫色小紙的價值可是超過五百歐元啊！

我永遠記得某年的十二月，我在伯恩的某間銀行等候時，目睹前方有個老太太提領了現金一萬七千瑞士法郎，我試著保持鎮定。只見行員手腳俐落地點了十七張鈔票放進信封袋，然後就這樣交給她。老太太領了錢，放進包包，說她要去採買聖誕節用品。這種事，只會發生在瑞士。

相較之下，幾年前我還在英國，要從戶頭提錢出來支付瑞士公寓的訂金時，銀行的人要求我給他們二十四小時的作業時間，並提供雙證件。這不單只是安全起見，也因為銀行無法應付那麼大量的現金支領。我得帶著這筆錢去房屋建築協會，但銀行交給我的，卻是一疊疊的十元、二十元紙鈔，而且又舊又亂。當我把一整袋鈔票交給房屋建築協會的行員時，對方的輕微心臟病發作了。這讓我覺得自己好像英國知名逃犯朗尼·畢格斯（Ronnie Biggs）。

瑞士鈔票很少破破舊舊的，人們很少把鈔票亂塞在口袋，而是小心翼翼對摺再對摺，或謹慎地放入皮夾。鈔票維持明亮的黃、紅、綠或藍色，從不褪色或變髒，彷彿有專人在某處清洗這些錢。瑞士鈔票的迷人之處在於表面塞了大量訊息，包括：名人肖像（法律規定不得放國家元首）、瑞士十字、四種語言版本的設計者和印刷者姓名。除此之外還有銀行名、標示面額的文字，以及法律保護聲明。此外還有十五道安全防偽識別，因此瑞士鈔票是全世界保護最完善的貨幣之一。除了流水號、浮水印，以及金屬安全線這些基本項目，光是區別面額的方法就有八種，包括顏色、微墨點、金屬，以及紫外線等等。鈔票的一側有個突起記號（十瑞士法郎則是 0 中間的小點），方便視障者分辨。

我最喜歡的防偽識別，是肉眼看不到的。紙鈔上除了畫有名人，還會用四種語言介紹他的生平，但字體很小，小到只有透過高倍顯微鏡，或在瑞士國家銀行網站上才看得到。我不確定公開提起這件事是否有助於打擊偽鈔，或者只是洩了瑞士鈔票的底，不過實際上如果沒有實驗室的話，根本無法用這點來辨識偽鈔。十元瑞士法郎上印的是瑞士建築師科比意，他的生平介紹裡有這麼一段話：「身為建築師、城市居民、畫家與理論家，科比意是城市規劃與建築的奠基與開拓者。」[15]，只是這些字也被印得小小的。

✚ 貨幣的更新

鈔票上有這麼多防偽識別，瑞士人即使遇到金融危機也不需要印製新的貨幣了。政府曾經保留一組祕密設計的鈔票，用意是在偽鈔出現時，國家銀行可以回收所有流通的鈔票，立刻更新。這是個大動作，完全顯露出他們對瑞士法郎的執著。瑞士法郎的價格持續穩定，是瑞士最看重的事。可能也因為如此，他們不喜歡政治環境有太大幅度的動盪。確切地說，瑞士法郎之所以強勢，正因為它是「瑞士」法郎，這貨幣和瑞士本身一樣堅固、穩定、可靠。最大的不同在於，瑞士法郎常常更新，每二十年就更換設計，重新印製與流通。最後一次更新發生在一九九五年到一九九八年，當時甚至變更了尺寸。瑞士人竟能接受這麼極端的做法，實在令人驚訝。

瑞士法郎像英鎊和歐元一樣，面額越大，鈔票尺寸也越大。但這樣很難用機器點鈔，偏偏瑞士人很愛點鈔，沒辦法，誰叫他們這麼常用鈔票。最實際的解決之道，就是讓鈔票等寬[16]，只有長度隨面額增加。瑞士人在此也展現了注重細節的一貫作風，面額每增加一級，長度就多十一公釐，因此一千瑞士法郎鈔票足足有一八一公釐長[17]，不過至少這樣一定會有空間寫上所有的〇。鈔票等寬，也就能整齊地收進皮夾，不會搞得皺巴巴的。鈔票的設計、生產和管理都由瑞士國家銀行負責，為了彰顯瑞士人多麼重視這件事，瑞士國家銀行擁有全國最重要的地址：伯恩州聯邦廣場一號。國會則屈居在後，拿到三號。

鈔票每二十年一次的頻繁更新，或許是為了與硬幣的設計變更週期達成平衡，瑞士硬幣最大一次調整設計是在一八七四年，之後就幾乎沒有變動過。瑞士硬幣上的瑞士女神赫爾維蒂（Helvetia，在瑞士的地位好比不列塔尼亞〔Britannia〕之於英國）向來保持坐姿，不過自一八七四年以後就站了起來[18]。一百年後，因為侏羅州獨立，所以二元的瑞士法郎硬幣上，象徵州的那圈星星勢必得調整位置，挪出空間給新增加的星星。硬幣的更動就只有這些。我所出身的英國每隔幾年就要更換硬幣樣式，因此對我來說，使用比我還年長的硬幣，感覺實在相當奇怪。我偶爾會拿到一九四〇年代生產的硬幣，這時我總是會怔一下，然後沉思起這枚硬幣自鑄造完工以來，曾有成千上萬隻手像我這樣握著它。當我回過神，通常會去洗手。

不過，儘管設計不變，但硬幣本身隨著時代更換過若干次。原本是銀幣，自一九六七年開始改用其他材質，因為銀價高漲，銀幣不是被囤積，就是被走私到其他國家，而即便是小小的改變，瑞士人也絕不輕忽怠慢。但如今連一分（rappen）與兩分[19]硬幣也都廢止不用了，這表示再也不會有「.99」元這樣的價格，非常明智。

硬幣是如此穩定，所以每次更動總會引發爭議，尤其是一八九五年頒布的新款二十瑞士法郎金幣。硬幣上刻有一片山景，前方是一位繫了雪絨花圍巾的瑞士女性。你可能以為這沒什麼好起爭議的，但某些男士可不這麼想。有人說，這個女性的頭髮在額前飄動，「給人一種輕佻感」，有違男士心中理想的瑞士形象[20]，然而這位人稱弗雷內利（Vreneli）的女性廣受大眾喜愛，顯然大家並不在意她飄揚的頭髮。弗雷內利象徵了典型的瑞士女士，相對地，厚厚的五瑞士法郎硬幣上則刻著代表瑞士男性形象的牧羊人，只不過一般人常誤以為那是威廉．泰爾[21]。

✚ 對負債敬而遠之

信用卡在其他國家已經成了一種生活方式，但在這裡，充其量只是一種支付手段。在這高山共和國中，現金才是王道。五分之二的消費者沒有信用卡，五分之二有一張信用卡[22]，但很少使用。瑞士人以謹慎聞名，只有在存款負擔得起的時候，才會消費。在瑞士人的思維中，如果你財務狀況穩定且有能力以現金付款，選擇用信用卡支付就很不合邏輯。如果現在付不出這筆錢，那就別買。在瑞士很少看到廣告主打先享受後付款，或是申辦信用卡免利息，因為在瑞士人的字典裡，沒有負債這個字，國家同樣也對此字敬而遠之。瑞士人不喜歡背負直接負債，水電瓦斯帳單也不是非用信用卡繳不可，關鍵在於控制權，讓別人從你帳戶中自動把錢拿走，對許多瑞士人來說，不是個好主意。

因為大家不喜歡負債，所以零售商即便未收到訂金，也未取得顧客的信用卡號碼，還是照樣送貨，因為他們知道顧客只會在負擔得起的情況下訂貨，當他們請款時顧客絕對有能力結清。舉例來說，在我工作的書店，書會連同帳單一起寄出，顧客收到後，有一個月的期限付款。感覺有點像回到一九七〇年代。大筆金額交易也採用同樣的原則，我購買冰箱時並未事先支付任何費用或保證金，店家便將冰箱送達並安裝完成，帳單則在幾天後送到。整段過程充滿信賴，雖說假使我賴帳了，他們也知道上哪裡找我。

國家也避免負債，多虧有精密儀器、藥品和化學製品帶來的醫療貿易盈餘，國家財政通常沒有赤字。整體而言，瑞士國內生產毛額（GDP）每年約五千億美元[23]，其中金融服務業占了十一%，比其他國家高出許多[24]。瑞士是全球第二十一大經濟體，這關鍵的名次代表瑞士未能受邀加入二十國集團（G20），瑞士仍然很在意這點。

諷刺的是，近日的金融危機對瑞士造成的影響，遠低於二十國集團的會員國，主要是因為瑞士的房市跟瑞士法郎一樣穩定。大部分的人只租屋而不購屋，所以房市穩定，不容易起伏。瑞士房屋自有率僅三十五%，伯恩甚至只有十一%[25]，幾乎與英國房市完全相反。某種程度上，這可以說是文化使然——擁有房產不是瑞士人的畢生目標。不過實際上，他們也付不出兩成的頭期款現金，有些人終生住在同一間出租公寓，瑞士人不認為這是浪費金錢，而是把這看做零風險的合理選擇。

大家都租屋有自有其好處，沒有人炒房致富，也就沒有價格崩盤的危機，瑞士人對負資產這個概念很陌生。這裡沒有滿街跑的房屋仲介，報紙不會滿是房屋廣告，電視也不會充斥房屋裝潢翻新整修的節目，這類節目在德國電視台才看得到。瑞士人時常在買與不買之間猶豫，但一提到買房子，他們就興趣缺缺。

最棒的是，路上不會出現成排的房屋廣告。但你倒是可以看到一片片空地中央插四支巨大的木製或鐵製腳架，活像柱狀的外星太空船。這些腳架標示出此地即將興建的建築體積，而且新建築的高度與位置將完全符合當初的提案內容。瑞士政府規定所有建案都得用鷹架標示將來的建物高度，即便是高樓大廈也不例外，因此後者必須使用以金屬線連接的特殊鷹架，外型看起來有點像麥卡諾（Meccano）金屬建購玩具。看起來可能很奇怪，但大家會比較容易想像這棟建築未來的樣子，如果有人反對，也能儘早提出。蓋房子不是只要委員會點頭就可以了，還需要得到大家的同意才行。

+ + + + + + + + + +

大家都說瑞士物價高昂，這話大部分屬實，但有些東西在瑞士是不用錢的。瑞士人愛說一句話：生活中沒有免費的東西，但生命中某些最美好的事物卻是無償的。例如幾乎在所有城鎮都可以看到公眾飲水機，出水口湧出的高山泉水如水晶般剔透。許多飲水機頂部裝飾著彩色的中世紀風格雕像，如盲眼的正義女神像，或是吃小孩的妖怪。禮物包裝服務也是免費的。若要問瑞士最棒的購物體驗是什麼，不是多樣的手錶款式選擇，很抱歉，也不是服務品質，而是包裝服務。就算是買氣洶湧的聖誕節，禮品包裝區的隊伍已經排到比結帳隊伍還長，這項服務也照樣不收費。瑞士人並不在意自己收到的禮物包裝是免費的，也許就是因為懂得替自己也替別人省下小錢，他們才有辦法像現在這樣富有。

自過去以來，如果某人想在瑞士多待一段時間，而不只是過個短暫的滑雪假期，那背後的原因多半是為了追求健康與財富。住在瑞士能夠躲避死神與稅務員的魔掌，既養你的病也養你的錢。十九世紀時，瑞士療養院的服務品質無人能敵。達佛斯在成為世界經濟論壇的舉辦場地以前，是個巨大的療養之家，羅伯特·路易斯·史蒂文森撰寫《金銀島》最後一章時，正是在這裡休養。這個小鎮後來也在湯瑪斯·曼的歷史小說《魔山》中登場。雖然現在大家習慣改口稱療養院為養生飯店或 SPA 度假飯店，不過概念是一樣的：來瑞士，保健康。我也是為了這個原因造訪此地。但現在瑞士的銀行正面臨法規調整，可能未來稅務員會趕在死神之前找到你。

瑞士是世界上最健康且最富裕的國家之一，人民富足而且長壽，平均預期壽命是八十一·九歲，僅次於日本[26]，國內生產毛額平均每人六萬八千美元，居全球第四[27]。然而，如同本章談到的，瑞士人並非每次都能做出最明智的決定，有時是勢不得已，有時則是貪心，但通常是因為他們相信對方會誠實。這樣看來，該說他們不切實際還是利他？是天真或是充滿算計？也許都是，所以瑞士就這點而言與多數國家並無不同，只是他們包裝得比較精美而已。

瑞士貼身小觀察 ❺ 學數一、二、三比想像中更難

用外語數數應該不是什麼難事，即使沒有語言天分，你大概都可以依稀想起法語課學過 un、deux、trois，如果你在西班牙伊維薩島點過啤酒，或許現在也還能擠出 uno、dos、tres，甚至可以從你看過的無數戰爭片中湊出 eins、 zwei、drei。但在瑞士，學數一、二、三，就和學 ABC 一樣難（詳見下一章）。

難不是難在瑞士有多種官方語言，除非你玩多語賓果遊戲，否則數數時不需要用每種語言各複誦一次。數字菜鳥所遭遇的真正困難，來自瑞士人使用數字的方式。以英語念誦數字，例如電話號碼 021-364-7958（瑞士的電話號碼包括手機，都是十碼），我們會說「〇二一，三六四，七九五八」，通常是一個數字一個數字分開來說，並以三—三—四的方式斷句。瑞士人則會把這組數字拆解成「〇，二十一；三，六十四；七十九，五十八」。這似乎不算太難，可是在德語中，數字要從個數反過來念，所以會變成「〇，一與二十；三，四與六十；九與七十，五與八十」。試著聽寫這組號碼，你很難不出錯。你必須先寫個 0，留個空格，然後先寫 1，回頭填上 2。接著在 1 的後面寫下 3，然後重複先前的動作，先留空，寫下 4 後再回頭填上 6，以此類推。這種跳來跳去的做法，或許是為了截短德文的數字，否則三百六十四就會寫成「三百，四與六十」(dreihundertvierundsechzig)，念起來也非常拗口。

瑞士人念誦電話號碼的方式或許很奇怪，至少合乎語言邏輯。但緊急電話號碼的設計就不是這麼回事了。這個強調精準、有序的國家，竟然沒有為所有緊急服務機構統設立統一的電話號碼？這是過度強調聯邦制所造成的荒謬現象。找警察必須打 117，找消防隊要打 118，救護車則是 114。

如果打錯了怎麼辦？如果同時需要警察與消防員呢，難道要打兩通？不要太嚴肅看待的話，想想其實滿好笑的。而且查號台是 1818，所以如果消防隊時常接到查詢披薩店號碼的來電，也沒什麼好奇怪的。

除了電話號碼，地址也有同樣問題。用瑞士的講法，英國首相住在「唐寧街 10 號」，數字擺在街道名後（度假小屋除外，瑞士人也很少為房子命名，因為這樣對屋子和主人來說都太強調個人了）。不過郵遞區號卻擺在市鎮之前，所以我工作的史陶發克書店（Stauffacher Bookshop）地址要寫成「諾依巷（Neuengasse）25-37 號，3001 伯恩」，相當符合瑞士邏輯。

改用手指比劃數字不會比較容易，因為瑞士人用大拇指表示一，而不是用食指。所以如果要比四，你得伸出大拇指加上前三根手指，而不是彎下拇指，伸直其餘四指。拇指還有其他的意思。當我第一次看到朋友向我伸出拇指緊握在四指內的拳頭時，我不知道該怎麼回應。以他的年紀不像是要跟我擊拳，如果是挑釁，這動作又顯得太有禮貌。原來他只是要祝我好運，瑞士人祝人好運時不會交叉手指，而是握住拇指。

各地的數字使用習慣稍有不同，這又讓數數變得更複雜了。來到瑞士之後，我才發現原來我無法用法語和德語數數。瑞士為了證明自己不是法國的一省，所以在羅曼德為數字七十到九十九發展出一套獨特的念誦方法。法語的八十八（quatre-vingt-huit，其實是四乘二十加八）在瑞士直接念做八十八（huitante-huit），一旦掌握原則後就很簡單。身為外國人，我常被瑞士德語的數字搞到尷尬不堪。曾有個新朋友要念他的手機號碼給我，他用伯恩口音耐心地念出每個數字，而最後三碼 896 的發音類似「achty-noony-sechsy」，可是我聽到的卻是「午後的性事」（afternoon sex）。我站在食品合作社的蔬果區，瞬間手足無措，臉漲紅得有如身後的番茄。這件事除了讓我瞬間臉紅以外，也讓我確定自己得盡快學好瑞士數字才行。還有一個讓我覺得有趣的是數字五。德語的五發音本來就很怪異，而伯恩人的發音竟然會讓我聯想到白色鬈毛狗。

然而，較大的數字則可能引起更大的問題。瑞士人和其他歐洲人一樣用逗號標示小數點，因此本書的售價就是 29,90 瑞士法郎。複雜的是，歐洲人用逗號的地方瑞士人卻用撇號，所以這本書可能會賣出 1’000’000 本，把這數字乘以一千倍就變成十億（一後面加上九個〇），瑞士人稱這個數字為「milliard」。而英文的十億「billion」在瑞士指的是萬億（一加上十二個〇），因此翻譯時很容易出錯。而且這也表示，在瑞士要成為「billionaire」級富翁的門檻高多了。

時間的表示方式也相當容易令人誤會。假設我的朋友約我在「半七」（halb sieben）碰面，我很可能會簡單地理解為七點半（half seven），於是我就會遲到一小時。顯然我對德語的數字還不夠熟悉，能力甚至不及幼稚園小朋友，所以第二次我會用英語和德語做雙重確認，然後再次遭遇同樣的事。如果喜劇《不可兒戲》中的布瑞克奈女士（Lady Bracknell）是瑞士人，她可能會這麼說：「遲到一小時，第一次是意外，第二次就是粗心大意了。」然而這都是時間用法在翻譯上造成的混淆。我用英語語法把「半七」簡單地解讀為七點半，但事實上應該是六點半，真是有夠笨的。只要照字面翻譯後再減一就好了，很簡單，不是嗎？

問題在於英文的半七，是七點過後半小時（half-past seven）的縮寫，而德文的半七則是再半小時後七點，也就是六點半，整整早一小時。有時我和其他英語使用者溝通，他們也可能誤用瑞士語法來解讀我的英文。在這裡住久了，思維就會受到影響。所以我的解決方式，是用三十分取代半，或者乾脆把約會安排在整點，更萬無一失。約七點，這樣就沒有問題了，是吧？然而大多數瑞士人習慣使用二十四小時制（這一定是讀電車時刻表養成的習慣），甚至口語也是如此，所以約下午七點我得說十九點，才不會讓對方遲到十二個小時。用這種方式說話，讓我覺得自己好像軍人，或者該說——好像瑞士人。

第六章

戰爭與和平

WAR

AND

PEACE

瑞士每年總會舉辦一次全國普查，請國人選出三個最能與自己國家聯想在一起的概念，而前兩名的答案歷年來都沒有變過，就是和平／安全，和中立[1]。在瑞士人心中，這兩者如唇齒相依。在這亂世中，唯一能讓瑞士保持孤島綠洲狀態的，就是他們的中立。如果瑞士是輛單車，這兩者就是前後輪，少了一個，另一個也無法運作。順帶一提，第三名每年都在改變，民主、秩序、自由和風景都曾經搶到這個位置，但沒有任何一個概念可以像「中立」這般深植人心，無論是國人的自我認同，或是外界對瑞士的認識中，「中立」都是瑞士不可撼動的神聖象徵。這點也許要歸功於瑞士人不斷強化他們中立的角色，但或許也和成立已久的紅十字會有密切的關係。表面上紅十字會是獨立的存在，但對許多人來說，紅十字會就像瑞士刀和乳酪，都屬於瑞士的知名產物。然而紅十字會的成立應完全歸功於一個人，一個應該享有超高知名度，卻極少人認識的瑞士人。總之，這個人賦予了這個世界良心，並且讓瑞士在世界上扮演一席重要角色。

假如亨利·杜南（Henry Dunant）未曾出生，實在很難想像這個世界會變成怎樣。沒有紅十字會，也就沒有人道救援；沒有日內瓦公約，戰爭也就沒有任何規則約束；沒有 YMCA，也就沒有村民樂團（Village People）Ⓐ。沒有他，也許世界真的會變得更糟。如果這麼說過分頌揚了他對世界的貢獻，那麼他對現代瑞士的創建有何功勞呢？假使杜南和紅十字會不存在，瑞士在國際社會中會占有怎樣的地位？或者該問，世人會怎麼看待瑞士？

行文至此，我們應該來好好了解這個最瑞士的國際組織，還有組織的創辦者。事實上，這也能讓我們回頭去認識全瑞士最國際化的城市：日內瓦。

+ 世界村

日內瓦雖然不大，但卻真正體現了瑞士最珍視的國際視野和中立精神。這裡不僅是紅十字會總部所在地，也是聯合國在歐洲的根據地，部分聯合國組織，像是聯合國兒童基金會和世界衛生組織，也都在此地設有分部。過去數十年間，各式各樣的國際組織如雨後春筍般在日內瓦出現，讓日內瓦真正成為了世界之都。其中最知名者包括世界貿易組織，但也有一些是你可能從來沒聽過的。聽過國際道路聯盟（International Road Federation）嗎？或是國際紡織品及成衣局（International Textiles and Clothing Bureau）？再來一個，聽過國際標準化組織（International Organisation for Standardisation）這個彷彿出自歐威爾筆下的組織嗎？或是植物新品種保護國際聯盟（International Union for the Protection of New Varieties of Plants）？我猜這個組織應該不會很忙。在日內瓦，有二十三個國際組織總部，以及兩百五十個非政府組織分部，雇用超過四萬兩千人[2]，這就像是英國索爾茲伯里市（Salisbury）的所有人口都為這些機關服務。無數的外交人士、國際公僕及隨行人員造訪此地，無怪乎日內瓦有四十三％人口不是瑞士公民，這個數字是瑞士國內之最[3]。或許也是因為這樣，瑞士也在日內瓦設立了一個外交機關，用來聯繫聯合國和其他國家。

多數組織都位在日內瓦的國際區，環繞著萬國宮。萬國宮是在兩次大戰間由命運多舛的國際聯盟所建，隨後成為聯合國歐洲總部。而值得一提的是，瑞士在二〇〇二年才透過一場正反方票數非常接近的公投加入了聯合國，成為第一百九十個會員國。當時有五十四％的人投下贊成票[4]，從這場險勝可看出瑞士的變化，同樣題目的公投在一九八六年只有二十四％的贊成票[5]。這十六年間發生了冷戰終結、九一一等國際大事，這些事件讓許多人願意就瑞士的中立姿態稍加退讓，妥協成為聯合國組織的一分子。讓國民決定外交政策對許多國家來說可能是極不可思議的事，但對瑞士而言卻再正常不過。

國際區位於日內瓦的郊區，是這個城市的掌上明珠。這裡有著一棟又一棟整齊明亮的別墅，還有乾淨的花園，但這也讓聯合國大廈這個被旗海環繞，設計拘謹、甚至有點史達林風格的建築顯得有點笨拙。但怎樣都比不上紅十字博物館的慘白水泥建築，這棟建物在此地

A　演唱歌曲《Y.M.C.A.》而聞名的樂團。

顯得非常特異而尷尬。也許這一九八〇年代式的醜陋是刻意而為，意圖提醒人們這世界有多少紛爭。在一旁的俄國大使館就是個明證，其建物外牆上至今依舊繞著一圈圈的倒刺鐵絲網。歡迎來到這個社區。

✚ 來到紅十字會

紅十字會出現在瑞士電視新聞中的頻率高得有點令人擔憂，新聞大多以德文縮寫 IKRK 稱呼他們，很少稱其全名。對瑞士觀眾解釋這個縮寫好像有點瞧不起人，就好像英國新聞寫出國家健保局（NHS）的全名，或是美國新聞寫出聯邦調查局（FBI）全稱。但對於非瑞士人的觀眾來說，IKRK 好像有點不知所謂，一開始我還以為這是中東的某個分離主義運動（因為這名稱常出現在伊拉克戰爭的報導中），或是三 K 黨的別派（在美國卡崔納風災報導中也會看到這名字）。更離譜的是，我竟曾經異想天開地以為這是報導 IKEA 在各地出資協助重建的新聞。就算偶爾有記者或主播訪問紅十字會成員的片段，畫面也只會打上「IKRK 的某某某」這樣的字卡。瑞士的新聞頻道特別愛用字卡，尤其是在訪問的時候。他們會把灰色的大麥克風塞到受訪者臉前（這樣的舉動英國人早在二十年前就不做了），訪問中每當輪到受訪者說話，字卡又會跳出來，提醒觀眾說話的人是誰。這不是因為瑞士人的記憶力只有草履蟲等級，而是因為觀眾有可能在報導中途才切換到這個頻道，所以需要知道是誰在說話，而時進時出的字卡也讓新聞報導看起來生動多了。

言歸正傳，原諒我擺出一副白人優越主義家具商的姿態。IKRK 的全稱是「Internationales Komitee vom Roten Kreuz」，國際紅十字會，這就是組織的官方名稱。然而在他們的官方網站上卻很少出現 IKRK，連英文縮寫 ICRC（International Committee of the Red Cross）都只有偶爾使用而已。這英文縮寫確實也從未出現在英國新聞中，非正式稱呼「紅十字」（Red Cross）還比較常用，畢竟後者講起來比較不容易吃螺絲。如果一段報導中反覆出現 ICRC，大概連老牌播報員崔佛．麥當勞（Trevor McDonald）也會笑場吧[B]。當然，瑞士人選用 ICRC 這個冗長的縮寫自有他們的道理。不少國家都有紅十字分會（或是紅新月會），也因此我們會在電視上看到「美國紅十字會捐贈」的大糧食袋（雖然我覺得這也是美國人性好炫耀的行為表現）。負責監督各個紅十字分會的就是 ICRC，這個由十八個成員組成的委員會[6]就各項事務討論出共識後下達決策。這非常符合瑞士作風，其實委員也都是瑞士人，這樣才能避免不同國籍的會員影響組織中立。舉例來說，俄國籍委員該怎麼回應來自車臣或是蘇丹共和國達佛地區的人道請託呢？保持客觀是非常困難的，ICRC 必須像溜冰比賽或是歐洲歌唱大賽的裁判一樣公正。因此，我們這些懶惰的英語系國家稱他們紅十字會而非 ICRC，嚴格來說是不準確的，而瑞士卻是最不能接受不準確的國家，想想他們的手錶就知道了。

所以，讓我們尊重一下瑞士精神，跟著我複誦一次這座博物館的全名：國際紅十字與紅新月博物館（the International Red Cross and Red Crescent Museum），然後繼續用比較簡單的方式稱呼他們。紅十字會博物館是瑞士相當不錯的博物館，他們努力使參觀者認識非人道行為，刺激參觀者思考，而且不擺出高高在上的姿態。重點是，這裡能夠觸動人心。當我看見一面長達半公里的牆，而牆上掛滿了代表一次世界大戰戰俘的七百萬張索引卡時，我無法不去思考其中每個人，甚至是二戰期間

B　ICRC 在英語中與「擺臉色」諧音。

四千五百萬個戰俘身上所發生的事，所幸代表後者的索引卡並未展示出來，否則我會更難以承受。

另有一個其實毫不起眼的展示品，卻也讓我看得目不轉睛。那是一個紙盒，裡面裝著一公升蔬菜油、三公斤長米、三公斤通心麵、一百克酵母、一公斤白糖、五百克鹽、八公斤麵粉和兩公斤的乾白豆或是五罐各四百二十五克重的雞肉，看起來像是一道不太美味的食譜，但這其實是標準的紅十字食物包內容，可提供一個成人一個月所需的基本營養。此外還有同樣重要的衛生包，內容物包括三公斤洗衣粉、四卷衛生紙、兩百克肥皂、七十五毫升的牙膏、兩百五十毫升的洗髮乳，也可提供一個成人一個月所需。這些物件在展示櫃中看起來不太多，但卻救過無數人的性命，我經常在電視上看到這樣的包裹被投送到災區、難民營等，卻從來沒有想過裡面裝著什麼。就在此時，我才理解到我們所習慣的日常生活究竟有多珍貴。我們或許常常抱怨生活的辛苦，但這和生存的代價相比，實在是天差地遠了。

✚ 生於戰亂

博物館的歷史區介紹了杜南先生和他希望改變國家的戰時行為而做的傳單。一八五九年，時年三十一歲的杜南是個銀行家，蓄著落腮鬍，英姿煥發，偏愛白色西裝。杜南試圖與拿破崙三世會面以請求商業特許，雖然拿破崙三世正忙著在北義與奧地利作戰，杜南還是決定去戰場尋求會面機會。他千里迢迢前往義大利倫巴第的蘇法利諾，在一場最血腥的戰役後抵達。

這場戰爭造就將近四萬名死者和垂死士兵，他們塞滿了蘇法利諾的戰場，無法得到任何援助。杜南見狀立刻採取行動，在三天內組織地方人士、購買物資並照顧交戰雙方的傷者。這場血腥、慘烈的戰爭改變了他的一生，也改變了這個世界。他決定要做出更大的改變，於是寫了一本小書《索爾費里諾回憶錄》(*Un Souvenir de Solferino*)，書中記錄了這場戰役及其後果，還有組織協會的想法，協會的目的是在戰時提供合格志工以照護傷者。用今天的說法，杜南自費印了一千六百份精美的手冊，並寄送給歐洲各地的社會名流和要角（以及皇室和政客）。這項做法馬上就奏效了。

除了得到作家查爾斯．狄更斯、維克多．雨果，還有普魯士皇后和俄國女皇等名人的支持，杜南也取得了一些實際的初步成果。在一八六三年，他和四位來自日內瓦的男士（其中包括那位無處不在的杜富爾將軍）[7] 共同創立了傷兵國際委員會（International Committee for the Relief of the Wounded），這就是 ICRC 的前身。在這之後，他召開了一場國際會議，與會各國簽署了初版的日內瓦公約，這份文件如今展示在博物館中。這份公約在一八六四年八月二十二日，由十二個國家於日內瓦飯店共同簽訂，公約中只有十項條文，包括在戰場上如何對待受傷士兵，更重要的是，認定醫療相關人員、車輛和建築屬中立身分，不得攻擊。公約第七條寫道：「要提供一個清晰且統一的旗幟……一個紅色的十字，搭配白色的底色。」[8] 這個象徵希望和信賴的標誌就此誕生。而更讓人驚訝的是，在那期間其實簽訂了四份日內瓦公約，另外三份則與受傷的水手、戰犯和戰時平民有關，此外還有一份協定書，旨在保護武裝衝突的傷者，而且不限於國際衝突。

雖然說這些年來紅十字會致力付出，但也不表示他們把所有事情都處理得很好。不是所有國家都願意接受這個「中立而公平」的概念，雖然成立這協會是瑞士人的想法，但瑞士一直到傷兵國際委員會改名為紅十字會前兩年才正式加入，不過這對他們來說算快了，別忘了這個國家花了五十七年才決定加入聯合國。而美國更糟了，他們一直游移不定，到一八八一年才正式加入。另外，追求政治正確和對宗教過分敏感可不是二十一世紀才有的事，穆斯林國家在當時斷然拒絕了十字標記，所以在一八七七年出現了紅新月這個替代方案，但這個標誌也等了五十年才被正式接受。當然，這也代表有猶太人的紅星標誌，還有印度教徒、佛教徒 、錫克教徒和非信仰者的紅菱標誌。這些作為其實有點不適宜，因為這弱化了這個組織得以成功運作的重要特質：立即識別。

✚ 戰爭期間的和平

紅十字最大的挑戰，以及最大的挫敗，是第二次世界大戰。當時的三個日內瓦公約（第四個是在一九四九年簽訂）中，沒有一個是為保護平民不受大規模拘禁或屠殺而擬定，因此紅十字會沒有任何條約可因應集中營事件。另外一個問題是紅十字會和瑞士的關係，由於兩者都保持中立，因此前者擔心任何干預德國的行動都會被視為選邊站，而這樣的行為可能危害到母國的聲譽，並影響組織的其他作為，雖然當時的紅十字會所做的事也很有限。委員會中包含一個來自瑞士政府的成員應該也是原因之一。當時的紅十字會或獨力或與其他機關在各地提供援助，卻未對集中營提出任何譴責，而日後證明，當時的紅十字會的確知悉集中營內的實際狀況。

瑞士在當時做得比紅十字會好些。即便在承平時期，保持中立都不是件容易的事，更何況是在慘烈的戰爭期間受到軸心國包圍的狀態下。但瑞士並未被入侵，他們的高山掩體與無數訓練精良的狙擊手阻止了所有入侵者，「瑞士堡壘」的傳奇稱號就此誕生。當時的瑞士人把戰爭視為他們最光輝的時刻（而且許多人至今依舊如此），因為他們並未對德國屈服。不過，也許希特勒真的被山林裡神出鬼沒的狙擊手擋下了一陣子，但實際的狀況應該是他的心思都放在進攻俄國和援助戰況危急的義大利，讓瑞士保有中立地位對希特勒來說並沒有任何傷害，他依舊可以使用瑞士以高超工程技術打造的阿爾卑斯山驛道來運輸非軍事物資，同時也可以把他的黃金藏在瑞士的銀行裡。瑞士沒什麼選擇，只能妥協。雖說瑞士的合作程度已經超過中立國所需做到的最低限度，但你很難在交戰的雙方之間保持完全中立，特別是一方遠在千里之外，而一方則掌控著你的對外通道與物資補給。

中立國總是會遭遇兩難處境，如俗諺所說，要麼葬身海底，要麼與惡魔交易，而瑞士作為內陸孤島，只能選擇後者。在戰爭期間這麼做其實不會遇到太多問題，真正的麻煩出現在戰後，同盟國把瑞士視為道德的懦夫，或更嚴厲地指責他們和惡魔合作。假如這是指責他們拒絕接納猶太難民，那英國或美國的作為其實也差不多，只是瑞士地緣位置更為接近。如果是指瑞士政府要求紅十字會保持沉默，這也是因為他們不願意給德國任何入侵的藉口。如果是指他們和「敵人」交易（其實對瑞士來說，無論軸心國或同盟國都算敵人），那也是為了生存。瑞士所有的作為和不作為，都有兩種面向的詮釋空間，端看你期望得到什麼結論。西方世界對於瑞士戰時行徑的指控從未消失，其中不外乎是站在後見之明以及戰勝者立場所發出的評論，但這些指控中也只有一小部分堪稱合理。如我們所見，「納粹黃金」這個名詞自戰後至今，依舊如幽靈般緊隨瑞士。

紅十字會最後終於和母國分道揚鑣，成了國際法人。這可不是當紅主持人脫離所屬節目這麼簡單的事情而已，而是紅十字會擁有了和聯合國一樣的法律地位。紅十字會總部至今依舊在瑞士，但其建築物就像各國大使館一樣屬於國際領土。也許是因為看到瑞士被迫面對戰時行徑的窘境，紅十字會選擇承認他們面對二戰大屠殺的方式有錯：「在今天，ICRC 為過去的錯誤和疏忽感到後悔。這些錯誤本組織將銘記在心，深深刻在記憶中。」[9] 說得好極了！

今天的紅十字會已經是個國際組織，但組織的創辦人卻未能享有與組織相同的地位。杜南在非常短的時間內由巨富變成赤貧，甚至在他的母國也沒有太多人能說出他的生平。瑞士人真的是非常謙遜的族群，他們不喜歡自我本位，也不鼓勵自我推銷。但即使以這樣的標準來看，杜南都理應得到更多的認可。就讓我們來看看，杜南在創辦紅十字會之後發生了什麼事。

✚ 路途終點

杜南的一生由兩座湖泊連結，他生於瑞士西南的日內瓦湖畔，逝世於東北方的康士坦茲湖（Lake Constance）。這兩座湖泊像是巨大的書擋夾著瑞士，而且有不少相似之處。兩者都連接著一條巨大的河流，日內瓦湖是隆河，康士坦茲湖則連接著萊茵河。這兩座湖都不完全屬於瑞士，而且都另有一個截然不同的命名，分別來自該地的母語。在法國，日內瓦湖稱為「萊芒湖」（Lac Léman），字面上看是直接沿用拉丁文的「Lacus Lemannus」，但更有可能是因為法國人無法接受他們的最大湖竟是以瑞士城市命名，因此才取了這個法文名。而康士坦茲湖則非常符合以所在地命名的邏輯，湖所比鄰的德國城市康士坦茲，在十六世紀試圖加入瑞士聯邦，但並未成功。這座湖在德國稱為「地板湖」(Bodensee)，只要看看地圖就會明白看這個名字的由來，因為這湖就位在德國領土的最底部。有時你也會聽到奧地利和瑞士人這樣稱呼這座湖，但就當沒聽見吧，因為這完全沒有道理可言（請參見第二九四頁的東瑞士地圖）。

英國的旅遊頻道、書籍或度假手冊不太提到康士坦茲湖，似乎都把重心放在義大利或是瑞士的湖泊。也許是因為這座湖的德國背景吧，德國的老城、雄偉城堡和香腸口味一向不受英國人青睞。但對德國人來說，這座湖卻是度假首選，就算在夏天人潮最擁擠的時刻來到此地，光是坐在湖邊人行道上吃冰淇淋，也還是能給人魔幻般的美好感受。總之這裡非常不德國。相反地，在瑞士那一側的湖畔則是無聊透頂，沉悶的小鎮裡沒有任何能夠打動訪客的事物，無怪乎德國那一側總是充斥著來自瑞士的一日遊客，雖然說應該有很多人是貪圖便宜來的。當你走進康士坦茲的大賣場，看到的大概都是瑞士人，大家都在採買半年份的香水、清潔用品和藥品。我之所以知道這些，是因為我也是其中之一。

瑞士人不習慣在湖邊建造宏偉的城鎮，他們喜歡把城鎮藏起來，就像保守祕密一樣。但這當然沒那麼容易成功，觀光客絕不會放過聖加侖奢華的巴洛克教堂或是外亞本塞州美輪美奐的古城區，但是杜南生命最後二十三年所居住的不是這些地方，而是海登(Heiden)，一座位於外亞本塞半州的小鎮。在當時，此處由於清新的空氣和便利的鐵路，成為調養身體的首選之地。清新的空氣有利於養生，便利的鐵路則讓德國各大城市的居民無須轉車便能直達此地。從湖畔到海登的火車路線，是瑞士境內唯一使用標準軸距的齒軌鐵路，如果你和我一樣不懂這是什麼意思，簡單地說就是多數的登山鐵路採用比較窄的軸距以克服斜坡，而一般的火車則軸距較寬。話說回來，也許你只需要知道這段鐵路是在一八七五年興建完成，而海登也從此時開始快速發展，直到一次世界大戰為止。而這段光榮時光，正是杜南在此居住並過世的期間。

即便過去的榮光在鎮上依舊依稀可見，但都已經是過往雲煙了。這裡最大的建築市政廳是一棟蒼白的三層樓建築，帶著簡單、對稱的優雅風格，在我這個英國人的眼中，彷彿看到喬治亞國王時期的風格再現。環顧一眼空蕩的廣場，你就會發現這裡的建築有多麼整齊。所有建築都有些肖似市政廳，看起來應該是同一個時間蓋的，不但風格相同，甚至顏色也相同，最多只是用了不同層次的白色而已。這裡像是一口氣從頭打造起來的新城市，街角的旅遊資訊布告欄解釋了原因：海登在一八三八年一場焚風助長的大火中盡付祝融，災後採用傳統的畢德麥雅式（Biedermeier）風格重建，這風格出現的時間與英國的喬治亞風格大致相同。

海登位於連綿起伏的瑞士高原邊界上，海拔高度比康士坦茲湖這個西歐第四大湖高了四百公尺。即使在陽光普照的日子，湖面也總是覆著一層蔚藍水氣，讓天空和湖水在遠方融為一體，從海登望向湖面時，有一種望向世界盡頭的感覺。事實上，這的確是瑞士的盡頭：康士坦茲湖中間某一點正是瑞士和德國與奧地利的邊界。這裡是如此寧靜，想來杜南或許也在每天例行的散步中享受此等風景吧。在一個占據了最美湖景的角落裡，還有一座小公園以他命名，公園裡有一座巨大的杜南像，雖說這座雕像所散發的一九五〇年代風格與杜南本人以及這座小鎮的風格有點不搭調就是。若要進一步認識這位海登最有名的居民，就得造訪老醫院。那是一棟灰色的石牆建築，和鎮上的市政廳相似但還要大上一些，杜南從一八八七年起，到一九一〇年十月三十日去世為止，都住在這棟醫院的某個房間，而這醫院也已經改建成了杜南博物館。

+ 一個男人，與他的博物館

我在星期天造訪此地，而即使以瑞士的標準來說，海登也是一派寧靜。也許正因如此，這裡才這麼適合養生，但事實上除了休息之外，這裡真的沒別的事情好做。走過荒蕪的街道和空蕩的廣場，我有點懷疑這個小鎮是不是被人遺棄了，直到走進博物館，我才遇到第一個活人。幸運的是，這個今天唯一與我發生互動的人，非常友善（或許她也同樣慶幸看到人類吧），並且願意為我播放英文版的簡介影片，只為我一個人。當我們穿過走廊進到影視廳時，我注意到她穿著紅鞋，這點也讓我心情變得非常好：我在海登只遇到一個人，但這個人非常瑞士！

這間博物館深入淺出而且全面地介紹了杜南的一生，我沒有遇過幾間比這裡更棒的小型博物館。館內總共有四個展示空間，清楚描繪了這個人和他做過的事，當你參觀過一輪，就能獲得非常完整而清晰的理解。杜南在十九世紀受到無數貴族推崇，他的著作也被認定為十九世紀最有影響力的書籍。不幸的是，他的故事並不美好，在所有超乎常人的良善事蹟和人道事業之後，他面對的是極度哀傷、酸苦而孤單的人生終點，而這個世界也將他遺忘。

亨利．杜南生於一八二八年五月八日，是家中五名兄弟姊妹中的長子，杜南家恪遵喀爾文教義。他在年輕時就設立了YMCA的日內瓦分會，並且成為這個組織走向全球化的幕後重要推手，沒有他，這個組織很可能仍只是英國區域型的慈善組織。但紅十字會才是他生命中真正的高峰，透過紅十字會，他的理想成真，創建了國際法並且播下了國際合作的種子。然而讓人難過的是，他之後的人生卻是一場災難。杜南在一八六七年宣告破產，所經營的銀行也告倒閉。在日內瓦，無論過去或現在，最嚴重的罪行大概就是讓銀行倒閉。於是他被迫辭去在紅十字會的職位，也被YMCA辭退，並流亡到了巴黎。自此，他再也沒有回到故鄉。杜南在歐洲各地流浪，常常居無定所而且總是飢腸轆轆，直到他帶著蒼白的鬍子和破舊的大衣抵達海登，終老一生。

博物館從杜南所遺留下來的物件中選出一件文件，小心翼翼地放在牆上最顯眼的地方。那張文件看起來像是學校證書，上面有著杜南的名字和手寫的「01」年分字樣。這張紙成為了證據，證明這個世界終究有人記得他的貢獻。在一九〇一年十二月十日，杜南成為第一屆諾貝爾和平獎的得主，雖然是和法國和平協會的創辦人弗雷德里克．帕西（Frédéric Passy）共享這個榮耀，但我知道是哪個人、哪個組織對這世界產生更大的影響。至於獎金，杜南始終把錢存在挪威的銀行帳戶，從未過手，直到他過世九年後，這筆錢才依照他的遺願拿來從事公益。他的遺囑也包括捐贈給海登醫院一個免費的病床，供無法負擔費用的窮人使用，杜南直到人生終點都是個人道主義者。

他的一生是個貨真價實，從雲端到谷底的故事，不只是財富，還包括他的名譽和家族。歷史上應該沒有多少人既曾與國王一起用膳，也曾在巴黎街頭的垃圾桶裡翻找剩菜，創立營運預算以百萬計的國際組織，卻成為破產的銀行家，救人無數卻孤零零地死在醫院裡。他最重要的遺產紅十字會在全世界各地雇用了一萬四千名員工，每年收到超過十億瑞士法郎的免稅善款[10]，幾乎等於蒲隆地一年的 GDP[11]。我希望他在九泉之下也能微笑了。

紅十字會清楚地體現了中立和人道精神，也因此讓瑞士在世人心中的形象變得更為鮮明。瑞士與紅十字會之間最大的區別就在於，紅十字會處理的是上一次戰爭的後果，瑞士則為下一場戰爭預作準備，兩者是一體兩面，旗幟設計也正好相反。中立精神與瑞士風格的內涵不僅在於公正，也包括了預作充足的準備，堪稱嚴絲不漏的準備。

✚ 軍事訓練

搭電車從日內瓦前往伯恩這段路程給人的感受和瑞士其他區域很不一樣。從地圖上看，日內瓦湖像是倒過來放的可頌，兩個尖端朝著下方，日內瓦就在左邊那個尖端，這或可說明這座城市看待生活的方式。當電車經過洛桑，你就到了日內瓦湖北面的曲線頂點，正可遠眺左右兩側的弧線。你會見到金黃色的日光在蔚藍湖水上閃耀，一路延伸到視線彼端，湖對岸（就是法國）可見一座座岩山突出湖畔，兩側的村莊依偎著鐵路兩邊的陡峭山坡。但如果是下雨天而你又坐錯邊的話，那很抱歉，你只會看見潮濕的灰色石頭。然而，如果你坐對位置，會覺得自己像是正對著一片小小的海洋，彷彿瑞士並非完全受陸地封閉圍繞。湖儘管迷人，但終究不是海，然而這裡除了美麗的湖景以外，還有一種在瑞士其他地方無法感受到的開闊與平坦。只要你別看對岸的高山與法國味十足的斜頂建築和金屬陽台，幾乎就像身處於英吉利海峽一般。

暫時別過絢麗的遠景，專注在眼前的細節，你可能無法相信這裡竟是瑞士。這裡到處都是葡萄樹，甚至鐵軌邊也種了三排，長長的藤蔓穿入住家，然後整齊地延伸到水岸邊。幾乎每個角落都可以看見茂盛的藤蔓，讓人過一會兒才注意到底下其實是被綠意包圍纏繞的村莊。這面長達三十公里的南向斜坡，事實上是一片巨大的葡萄園，地名是拉沃（Lavaux），這裡的歷史可以追溯到十一世紀之久。瑞士也許不像鄰居那樣以葡萄酒出名（這句話不包括奧地利），但瑞士人對本地產葡萄酒的喜愛程度完全不遜於進口酒，一瓶上好的瑞士葡萄酒，絕對是致贈謝禮的好選擇。

這裡乍看之下很不瑞士，葡萄太多而牛隻、綠地太少，不過細看還是能從中發現瑞士風格，這裡的一切都非常整齊、井然有序，而且某種程度上來說還是滿漂亮的。人與自然互利共生，讓這片風景洋溢著完美的和諧感。

雖然有葡萄和葡萄酒，這趟火車旅程還是有些地方和瑞士其他區域非常相像。我指的不是多語廣播，也不是彬彬有禮的列車長，而是你很有可能和一群士兵共乘一個車廂。當觀光客在大眾運輸工具上看到喝著啤酒、身攜步槍的士兵，心裡往往覺得不太舒服，這幅景象通常是大家來到瑞士這個全世界最和平的國家時，最感驚訝的事。雖然瑞士是中立國，但不表示就是和平主義者。瑞士其實是個高度軍事化的國家，人們經常在小鎮或是火車上看見身著制服的士兵。你甚至會產生一種錯覺，就是這國家每周末都還在為第一次世界大戰發布動員令，然而瑞士人對此則習以為常，這就是每個瑞士男性生活的一部分。

瑞士男性自年滿二十歲起，就必須服完兩百六十天的兵役[12]，你可以選擇一次服完，或是在滿三十四歲前分次進行。在服完兵役後，仍然需要保持十年的後備軍人身分，並且要時常做射擊訓練。過去拒服兵役者往往得坐牢，但相關法令在一九九〇年後終於修正，國民可以改服社會役，但役期較長，有三百九十天[13]。女性可以自願從軍，但毫不意外地人數並不多，二〇〇八年只有一百二十四人[14]。瑞士擁有超過二十萬人的可徵召兵員，隨時可為保衛國家而戰，但最大的問題是：抵抗誰？

擁有一支正常運作的軍隊並不便宜，瑞士每年的國防預算高達四十億瑞士法郎，占國家預算的八%，甚至高過農業預算[15]。對一個超過兩百年未曾被入侵的國家來說，這是一件滿了不起的事。瑞士政府會為服役中的國民負擔八十%的薪水[16]。只要想到一年有六百五十萬天的總服役天數[17]，你就知道這對納稅人來說是多大的負擔。不只如此，每個士兵家中都備有一支步槍和兩件制服，只要一聲令下就能立刻換裝，隨時準備上場殺敵。法律規定步槍必須鎖在看不見的地方，但瑞士一年仍會發生超過三百起軍用武器造成的死亡案件[18]。全國有兩百四十萬支槍（七十五%是軍事用途）存放在一般瑞士人家中[19]，因此毫不意外地，瑞士的二十四歲以下男性使用槍枝自殺比率是全歐洲最高[20]。

如果說全副武裝還不夠看，瑞士還做好了被拋入任何東西的準備。每個瑞士居民都有一個指定的核彈避難所，因為你不知道炸彈何時會從天而降。我的指定避難所是街角的小學，但多數人的都是自家公寓或大樓的地下室，幾乎每棟瑞士建築都有這樣的設施。在瑞士，洗衣機並不是住家的基本配備，因此同一棟樓的住戶往往會共用一台洗衣機，洗衣機通常就放在地窖裡。有些地方會制定使用規則，像是為所有住戶分配使用時間的輪班表。想像一下，你一個月只有兩天（而且不是禁止洗衣的星期天）可以洗衣服，這簡直太不文明了。但至少，也許哪天輪到你洗衣服時，正好遇上核戰爆發，那你就是少數的倖存者了。

接著是警報。沒有人告訴過我這件事，所以當我第一次聽到警報聲時，我真的以為瑞士爆發戰爭了。正當我考慮要不要去核彈避難所時，我以眼角餘光瞄到窗外的行人都神色自若地走動。要不是瑞士人處變不驚，不然就是他們知道一些我不知道的事。是的，每年二月第一個星期三，下午一點三十分是年度的警報測試[21]。這個警報除了警告突發的軍事攻擊（天知道是誰要攻擊瑞士），也能夠警示水災、雪崩和其他自然災害。

事實上，瑞士的軍事精神所帶來的最糟糕產物是軍火出口貿易，而且規模極大。這個強調和平與中立的國家，竟然可以出口軍火到多達七十二個國家，而第一名的買主是巴基斯坦[22]，這簡直完全顛覆了我的邏輯。以人均值來說，瑞士是世界第六大軍火輸出國，這個數字甚至超過英國或美國[23]。軍事中立國若為了自衛而武裝仍屬情有可原，但出口致命武器就另當別論了。如果你在衝突下保持中立甚至介入調停，同時卻又賣軍火給其中一方，你就顯得非常虛偽而可笑，然而瑞士避開這種矛盾的方式卻是同時賣軍火給雙方。賺錢重要還是道德重要？某種意義上來說，戰爭是生意的延伸，如果兵學家克勞塞維茨是瑞士人，大概也會這樣宣稱吧。瑞士一路走來始終如一，從過去的輸出傭兵，到不問來源就接受黃金，至今也依舊持續從他國戰爭中得利。二〇〇九年十一月舉辦了一場關於出口軍火的公投，結果是支持繼續出口的人占多數，很明顯地，瑞士人是不會把到口的肥肉送出去的。

+ 瑞士要塞

在東西兩端的湖泊探尋和平的歷史之後，我來到位於中心地帶的湖泊觀察戰爭，或者更準確地說，觀察這個國家如何在戰爭中存活。在陸森（見第四十四頁地圖）寧靜的湖畔有一個古老的軍事掩體，這座軍事設施深藏在山中，因此從外部幾乎看不見。這是一九四二年啟用的佛利根要塞（Festung Fürigen），屬於瑞士抵抗德國的地下網路。部隊在這個地方一直駐紮到一九八七年（顯然沒人告訴他們戰爭結束了），之後這個掩體改建成了博物館，而且是很陰森的那種。我穿上軍用大衣（裡面溫度約攝氏十度左右），在閃爍搖曳的光線中走下一條長而潮濕的穿廊，兩側滿布開鑿的痕跡。此處存放的成列步槍、射程達十二公里的巨大槍砲、緊急開刀房和原子塵過濾器（一九五〇年代增添的設備），都說明了這座設施不是為了和平而存在。狹窄的地道和房間，以及可容納百人的淋浴間，更說明了這裡的設計並不以舒適為優先。這裡是曾經阻卻希特勒的「瑞士要塞」的一部分，在德國試圖入侵時，居民將從城市撤離，軍隊則會進入山中掩體並抵抗至最後一兵一卒。這個空間是瑞士的武裝中立概念最極端，或許也是最成功的具體實現。這裡不但會讓所有來訪者看得目不轉睛，也完全展現了瑞士人有備無患的心理。

世上沒有國家能做到瑞士這樣的中立，他們保持這樣的姿態將近五百年，因此深深了解不介入、不選邊站，不偏向任何一方所需的代價。但真是如此嗎？瑞士的軍火出口量高於中國，而且也是世界上擁槍率第四高的國家，軍事預算更高過農業預算。武裝中立是瑞士的核心概念，也是他們定義國家以及國家如何與外界連結的方式。瑞士的主流民意依舊支持這個概念，連續數次公投結果顯示瑞士人認為擁有軍隊和保持中立同屬必要，前者是少數能夠駕馭這輛多頭馬車的韁繩之一，後者則是瑞士國家認同的重要根本。

在二〇〇八年，烏里．矛爾（Ueli Maurer）成為國防部長後宣示要讓瑞士軍隊成為全世界最精良的軍隊[24]（同樣作為體育部長，他卻從來沒有對瑞士國家足球隊做出類似的承諾），許多瑞士人對此表達贊同，儘管他們說不出這件事有何必要。但這個國家還是有人反對這類事情，在一九八九年所舉辦的廢止軍隊公投中，有三分之一的投票者投下贊成票[25]。整體情況也以瑞士的速度緩慢改變中。從二〇〇八年開始，士兵必須把軍械存放在軍火庫而非家中[26]。雖說把槍枝存放在櫥櫃裡是有些奇怪，但由於瑞士人仍視槍枝為男子氣概的象徵，加上這個國家信任每個國民，因此改變勢必不會來得太快。

+ + + + + + + + + +

就算你的歷史和國際法知識都是看電影學來的，至少你也會知道日內瓦公約是個好東西，能夠保護戰俘並約束戰爭行為。如果你看過史提夫·麥昆在電影《第三集中營》中騎摩托車飛越邊境的橋段，或是《真善美》中崔普一家人徒步越過山丘的情節，你可能會認為瑞士是戰爭時期最安全的地方。但世界並不總如好萊塢電影這般單純，戰爭與和平也不是非黑即白這麼清楚的區別，瑞士的德文是 Schweiz，這個字正好結合了德文的黑（schwarz）與白（weiss），不覺得非常合適嗎？這個國家活在武裝中立的灰色地帶，努力求取和平，卻也始終為戰爭做好準備。這看似自我矛盾的姿態，也許正是瑞士得以存活數個世紀的原因。

然而，如果你知道比利時在兩次世界大戰中的遭遇，大概也會明白武裝中立並不保證任何事。瑞士之所以能夠存活，或許也是因為他們位處高山峻嶺以及歐洲的中心位置。無論如何，瑞士享有成功的中立地位。且不論他們黑暗的一面，例如不斷假想國土遭受入侵（儘管從未發生）的偏執，這個國家不只創造了紅十字會，同時也為所有國民帶來了和平，這點從每座小鎮中都看得出蛛絲馬跡。

如果你有機會拜訪瑞士的小鎮和村莊，有一件事很可能讓你印象深刻。我說的不是帶你走進時光隧道的噴泉雕像，不是雕梁畫棟的建築，也不是雄偉的教堂和潔淨的墓園，而是你在一些村莊或市鎮的中心不會看到任何一座十字造型的石雕，也不會見到刻滿戰死者姓名的紀念碑。我花了一些時間才注意到，這個在英國和法國隨處可見的風景，在瑞士卻幾乎不存在。這個國家在文化和地理上是如此貼近法國，對於過去一百年卻擁有截然不同的集體記憶，這是多麼奇妙的事！兩次世界大戰也給瑞士帶來了影響，但不是讓所有家庭破碎的那種。在瑞士，沒有國殤紀念日，因為瑞士不需要刻意緬懷什麼，所以每到十一月[c]，不會出現紅色罌粟花，沒有兩分鐘的默哀，也沒有樂

c　國殤紀念日是十一月十一日。

手演奏軍樂《最後崗位》(*Last Post*)。瑞士的武裝中立儘管帶有缺點和矛盾，至少讓幾個世代的國民免於傷痛，這是多麼幸運的事啊！

瑞士貼身小觀察 6 學習 ABC

當我得知 IKRK 的涵義時，我也了解到一項在德語區生活的重要事實，那就是我活在一座字母大觀園裡。即便在一般的日常生活中也得面對數不清的大寫字，除了所有名詞都要以大寫開頭外，幾乎任何事物都擁有縮寫。而這造成我對許多事情的理解困難，困難的部分原因在於縮寫後面通常不會跟著完整的全名，因為縮寫的意涵對多數人來說再明顯不過。因此儘管你聽到 BH 時心中可能有一百種聯想，但對德語母語者而言，BH 就是胸罩（Büstenhalter）。

瑞士的外交部辦公室簡稱為 EDA，全名則是 das Eidgenössische Departement für auswärtige Angelegenheiten，若按字面翻譯則為聯邦外交事務部。AHV 相當於瑞士人的退休金，全名 die Alters- und Hinterlassenenversicherung（字面意思為老年人／存活者的保險），要念出這個詞恐怕會讓你咬到舌頭。就算是日常使用的交通工具中，也隱藏著令人困擾的字母迷宮，LKW 是大貨車（Lastkraftwagen）的縮寫，而汽車的縮寫則是 PKW，來自「私人交通車」（Personenkraftwagen）一字。幸好另一個指稱汽車的字「Auto」也通用。

電車系統的情況則更複雜。瑞士聯邦鐵路公司的名稱是 SBB（德文 Schweizerische Bundesbahnen 的縮寫），但因為瑞士是多語言國家，所以也有法語和義大利語名稱。法語稱為 Chemins de fer fédéraux suisses，義大利語則稱為 Ferrovie federali svizzere，而這兩種名字也構成縮寫的一部分。因此你會在他們的公司識別、時刻表、商品及車票上看到「SBB CFF FFS」這樣的縮寫，實在不是很好記。

但把詞彙縮減成幾個字母，可以有效解決兩個問題。首先，瑞士人對任何事情都要求精確，因此他們才會使用 IKRK，而非紅十字（Rotes Kreuz），只要能找到最適當的名稱，瑞士人就不會考慮其他的。第二個問題則是德語中充滿長得不可思議又饒舌的詞彙，一如馬克・吐溫在《浪跡海外》（*A Tramp Abroad*）中所說的，像「Unabhängigkeitserklärungen」這樣的詞「不是詞，而是字母的列隊組合」（順帶一提，這個字的意思是獨立宣言）。將辭彙縮減成首字母是非常務實的做法，能夠節省版面空間、時間還有大腦容量。當然英語中也有首字母縮寫，像是 BBC、OBE、MRSA 之類的，但跟瑞士人比真的是小巫見大巫。

在縮寫迷宮中，你會遇到一個意想不到的問題，那就是字母。你先別笑，這是真的。雖然德文不像俄文那樣把 S 寫作 C，而 R 寫作 P，但問題在於德文的字母和英文相同，發音卻大相逕庭。你不但得面對一大堆首字母縮寫，而且也要能拼出你自己的名字，在這樣的情況下，德文字母確實是危機四伏的雷區。

先說好消息，德文大概有一半的字母念法和英文一樣，但帶著一點德文腔，像是「ess」、「ix」、「eff」和「zett」（S、X、F 和 Z），這類字母問題都不大。至於「kuu」、「kaa」、「ooh」和「haa」（Q、K、U 和 H）口音就重了一點。至於以下六個字母的念法則稍有變化，母音必須由英文的「-ee」改成 「-ay」：B、C、D、G、P 和 T。其中唯一可能造成誤會的是 G，因為子音會從軟音變成硬音，原本的「gee」就得改念成「gay」。每次我在伯恩聽到別人提起 G 線列車時都會在心底偷笑，這大概是世上唯一的同志列車吧。此外還有 G 點……算了，別扯太遠。

簡單的部分到此結束。接著，當我說「ay」時，我想表達的是 A，但瑞士人會聽到 E，而我念英文的 E 時，德語母語者聽到的卻是 I。很困惑吧？這真的困擾了我很久。而德文的 A 念做「aah」，聽起來像是英語的

R，於是拼音便成了我的夢魘。現在只要對方大聲地念出拼字，而且那個人的德語和英語都說得很好的話，我就能分出那是德語還是英語字母。但就算是外語流利的人，拼音的時候也很可能不慎使用母語發音，回頭使用最早學習的語言似乎是本能使然，因此很難改掉。

最後是特別案例，德語中的 Y 和 J 字母分別念作「oop-see-lohn」和「yot」，但是在發音中 J 則會發 Y 的音。舉例來說，「美洲豹」(jaguar) 和「森林」(jungle) 的德文對英語母語者來說就頗為容易混淆，「美洲豹」的德文拼字同於英文，但念成「yaguar」，而「森林」的英語和德語發音很接近，但德文拼成「Dschungel」。接著，是對所有學說德語的人來說最困難的兩個字母，W 和 V。我已經數不清自己曾聽錯或說錯多少 W 開頭的字，而當某個說德語的朋友試著告訴我她的阿姨住在溫哥華 (Vancouver) 時，還真是不容易理解。這個字的發音對德語母語者來說似乎很不自然，因為德語最奇怪的一點是 V 要發 F 的音，（像 Vater 就是英文的 father〔父親〕），而 W 則發 V 的音（如 Wasser 是水的意思）。當瑞士人說英語的時候，就算搞錯發音，照理來說也應該是誤把 V 發成 F，但他們卻會把 V 和 W 的發音顛倒過來，這是我認為最沒有邏輯（也最不像瑞士）的一件事，如果他們把「village」念成「fillage」，或把「vegetable」念成「fegetable」我還能理解，但他們卻會念成「willage」和「wegetable」。我問過一些瑞士朋友，他們說自己聽不出「veal」（小牛肉）和「wheal」（車輪）的差別，但我確定只要上了餐桌他們一定搞得清楚。奇妙的是，瑞士的德語母語者說起法語時，可從來沒把「Voulez-Vous」（想要嗎？）說成「Woulez-Wous」過。

根據前面提到的 B、C、D、G、P、T 規則，字母 V 也應該念成「vay」，但是「vay」在德文是 W，當你說「vay-vay-vay」，就是網址的 www。現在你知道 W 和 V 是怎麼混淆的了，是嗎？而 V 的發音則是「fow」（注意，是 -au 而不是 -ou）。以人人耳熟能詳的福斯汽車為例，「Volkswagen」這個舉世皆知的品牌縮寫為 VW，你得念「fow-vay」，而不是英語發音的「V-W」。

當你自覺已經走出字母迷宮，要坐在電腦前打一些字時，卻會發現自己打出「lovelz piyya」這個莫名其妙的詞彙。原因很簡單，因為 Z 在德文和法文中的使用頻率遠勝過英文，所以瑞士鍵盤上 Y 和 Z 的位置與英文鍵盤正好相反。其餘二十四個字母的位置相同，但是標點符號的位置卻不同，因為需要留位置給六個變音母音，分別是德文的「ä、ö、ü」和法文的「à、é、è」。假如你打字不看鍵盤，就會打出各式各樣亂七八糟的符號加上變音母音。

第七章

瑞士製造

MADE
IN
SWITZERLAND

瑞士不產煤炭或鐵，耕地面積不足以自給自足，也沒有殖民地無止境地提供原料，所以他們得和周遭國家貿易才能存活。對一個在資源上捉襟見肘的國家來說，唯一的生存方式就是想辦法找到互通有無的生財之道。而瑞士擁有所有歐洲國家都仰賴的驛道，因此這就成了他們最大的王牌。瑞士人十分懂得善用有限資源，並能透過頻繁的進出口貿易填補國內的物資需求。他們進口所需物資，用以製造商品，然後出口獲取利潤，讓瑞士經濟體成為世界的成功典範。

成功的部分理由來自於不斷的創新。瑞士刀和手錶也許是最知名的瑞士產物，不過在這個章節中，我們會看到更多由瑞士人發明的日常用品，像是多力鴨潔廁劑和玻璃紙。瑞士往往在發明某個舉世聞名的產品後卻毫不聲張，保持一貫謙遜。有點諷刺的是，這是個質疑改變的保守國家。「堅守你已知的事物」是多數人的生活守則，但幸運地，瑞士人的發明天分並不受限於維持現狀的傳統思維。對此，世上所有的廚師和清潔工都應該心存感激。瑞士的社會革新速度或許堪比冰河流動，但科技革新卻是一日千里，物質利益永遠是最好的動力。

當創造力結合瑞士舉世聞名的品質管理能力，便能創造出舉世聞名的產品，而且不會只有一種。瑞士產品中最普及也最多人模仿的，大概就是內斂的瑞士刀了，世人對「瑞士製造」一詞的良好印象也大多來自這項產品。

✚ 刀子從何而來

瑞士彷彿有種專屬於男性的通過儀式，經歷儀式的人才能成為社會的一分子。我指的不是吹奏阿爾卑斯長號或是擊發人生中第一發子彈之類的事，而是從頭打造一把專屬於自己的瑞士刀。不過，事實上很少有瑞士人有機會做這件事，組裝這堪稱瑞士經典象徵的小刀，並不是一般凡夫俗子想做就隨時可以做的。瑞士刀工廠並不對外開放，但多虧某個暫時的展覽，還有一個消息靈通且手腳迅速的朋友相助，我才能得到這個搶手的機會，得以造訪工廠一窺究竟。於是在九月一個灰濛濛的星期六，馬可仕和我終於深入瑞士的核心，親手打造瑞士男性的終極象徵。

我們的目的地是施維茨，這裡是瑞士命名的由來，也是洛特里盟約的締約地所在。在一八八四年，卡爾．艾森納（Karl Elsener）開始了他的刀具事業，接著創造出使他聲名遠播的瑞士刀。前往施維茨的交通看似簡單，但直到我們在施維茨車站下車之後，才知道和我們想像的有點出入。瑞士聯邦鐵路公司一定上過愛爾蘭航空公司的地理課[A]，施維茨車站竟然不在施維茨，而是在一個叫做塞文（Seewen）的小鎮，或者更準確地說：塞文—施維茨，需轉乘公車才能前往該地。而在我們搞清楚狀況之後，公車當然已經離開了，而且是在其他轉乘的乘客上車後馬上就發車了。這是我第一次遇到瑞士的大眾交通工具未能表現得盡善盡美，不過我也相當能釋懷，因為這才比較像人。我們沒有選擇，只好用走的，二十分鐘之後我們就到施維茨了，也準備好迎接我們人生的瑞士刀時刻。

「維氏小刀」（Victorinox）對你來說可能有點陌生，但「瑞士刀」應該大多數人都聽過，尤其是看過馬蓋先影集的人應該都不會忘記這樣東西。馬蓋先彷彿可以用這把小刀解決所有問題。瑞士刀最早開始蔚為流行，是因為美軍在二戰之後帶了大量的瑞士刀回到國內，如果沒有他們，瑞士刀應該至今還是籍籍無名吧！而堅固耐用的品質也使瑞士刀成為瑞士設計和工藝的象徵。有趣的是，這把我們都熟悉也愛用的刀子，並不是瑞士軍人常用的配備。最早的瑞士刀是在一八九一年發表，顏色是黑色，而且只有四種工具，沒有螺旋錐，因為這工具與求生無關。政府配發給所有役男的最新版軍刀是綠色的，體積比一般瑞士刀大，而且也還是沒有螺旋錐。在全世界打開知名度的瑞士刀款其實是「瑞士軍官刀」系列，這款刀在一八九七年六月十二日取得專利，並且也不是由政府配發，而是要自行購買。當時的軍官（其實現在也是）自然會需要開瓶用的螺旋錐，因此刀款的原始設計從一開始就包含這項工具。

A 愛爾蘭航空公司是廉價航空，因此總是飛往郊區機場，往往距離目的地相當遠。

瑞士刀不是世上第一把摺疊刀，但艾森納改變了摺疊方式，因此能夠在相同的體積裡放進更多組刀片。第一把軍官刀誕生後便成為日後所有產品的模板，在往後數十年裡不斷加進新東西。所有你想得到的工具都可以放進瑞士刀裡，包括指甲刀、剝線鉗、放大鏡、高度計，而今天則有 USB 記憶卡。當然也不是所有東西都放得進去，而我今天所參觀的展覽最棒的一點，就是可以看到一些沒有被送上生產線的原型，有一款附有小叉子和梳子的，令人莞爾，而附有削皮器的則令人捧腹大笑，但和附有削鉛筆功能的款式比起來，又是小巫見大巫了。削鉛筆器除了破壞整體設計外（那把刀看起來像是懷孕了一樣），也給人畫蛇添足之感，畢竟刀組裡原本已經有兩把刀子了。

兩位友善的維式員工，丹尼拉和喬，細心指導我們製作瑞士刀。在一個訂製的工作臺上，丹尼拉耐心地引導我一片片組裝起這把瑞士刀。一開始，把三個小小的銅製螺絲和三個更小的環放在預先設計好的基座上，接著是放進彈簧片和前三個工具（開瓶器、開罐器和鉸刀），接著合上油壓平台固定；然後放上中間的金屬片，用腳踩一個踏板，就可以壓合所有的東西，接下來組裝第二個彈簧和其餘三種工具（小刀、大刀和螺旋錐）。再次拉下油壓台，放上最後一塊金屬片，踩下踏板，你就完成一把無裝飾物的瑞士刀了。

這個基本的組裝流程大概花了我五分鐘的時間，但有經驗的工人可以在四十五秒之內完成。下一個階段就比較沒有什麼技術需求了，把過長的螺絲剪掉，蓋上紅色的塑膠片，用老虎鉗夾緊，刀片上油，在頂端放進一把牙籤和鑷子，接著裝上鑰匙環，我的瑞士刀就完成了。一把維式斯巴達瑞士刀（標準版），長九．一公分，重六十克並且有十二種功能，拿著這把刀，讓我覺得自己幾乎成了瑞士人。

一個小時之後我們造訪工廠的商店，才了解到維式瑞士刀家族的枝葉有多繁茂。我的「斯巴達」標準版延伸出不少分支，包括「運動家」，不知為何附有指甲刀，還有「經理」，是少數有筆的版本，「釣魚客」則附有可測量魚身長度的尺，但這把尺只有七公分，顯然是為了測量�仔魚而設計。此外還有「露營者」、「探險者」、「遊騎兵」以及其他族繁不及備載的款式，但我不知道「護衛隊」這個只有兩種工具的款式算不算在內。店裡最驚人的款式就是「瑞士冠軍」，有二十二種工具以及三十三種功能，包含五種不同的螺絲起子，擁有這樣一把刀，夫復何求？事實上，維式擁有超過一百種款式的瑞士刀，每天平均生產兩萬八千把（一年六百萬把）[1]，聽起來很多，但當你知道家用和廚師刀具產量是這個數字的兩倍時，才真的會嚇一跳。

對我來說，維式家族中最怪的成員就是為孩童設計的款式。在世上其他地方，孩子會收到人生第一部單車、第一台索尼或是第一匹小馬，瑞士人則送給孩子第一把瑞士刀。顏色可選藍或紅，有兩種工具，包括一把大刀和一個多功能工具，可用來開瓶、開罐、剝線和鎖螺絲。當然刀子前端是圓的而不是尖的，但看著包裝上兩個身體健壯的孩子展示這把潛在的致命武器，還是讓人有點不安。不過，就如同瑞士的一切人事物，他們的小孩肯定也非常理智，不會用這把刀做蠢事的。

我的朋友馬可仕似乎不覺得這是問題，但他大概也屬於由瑞士刀而非鈴鼓陪伴長大的人吧。順帶一題，瑞士德文稱瑞士刀為「Sackmesser」，但我認為這字拼錯了，應該是結合了「Swiss Army Knife」簡稱的「SAK-messer」才對。馬可仕曾經擔任軍官，而且至今還留有制服，但他總是克制不住去買最新的士兵用刀款。對瑞士男人來說，沒有什麼比一把全新的瑞士刀更教人興奮，拆封後的第一次使用總會讓他們感受到滿滿的愛。每個瑞士男性通常都會有一把，而且隨身攜帶，但如果你給他們看一把新的瑞士刀，讓他們把玩各種刀片，你一定會感受到他們臉上的光芒。每個瑞士男人心中都住著一個小童子軍。

+ 十件你不知道來自瑞士的發明

除了牛奶巧克力，瑞士刀大概是瑞士最知名的發明品。我沒有算進手錶，因為這節的主題是發明，但瑞士以製造手錶而非發明手錶聞名。鮮紅的瑞士刀並不是瑞士唯一的傲人產品，還有很多其他發明。瑞士人從來不會自吹自擂（大概是忙著吹阿爾卑斯長號吧），因此世人大多不知道有許多發明是出自他們之手。以下舉出十件你可能不知道來自瑞士的發明。

■ 維可牢

正確的稱呼應該是「尼龍搭扣」，俗稱魔鬼氈。維可牢（或寫成「維可牢 ®」，因為這名字同時也是註冊商標）大概是所有瑞士發明品中最實用的。維可牢是是佛德州人喬治．德．麥斯楚（Georges de Mestral）的心血結晶 。他在一次遛狗後，把衣服上沾滿的芒刺放到顯微鏡下觀察， 決定要發明出人造的版本，這個改變世界的發明因此問世。這是貨真價實的天才，從平凡的日常中提煉出偉大的想法。雖然他沒有非常認真投入這項發明工作，但也沒有放棄，就像其他發明者一樣。在一九五五年的時候，他發表了「維可牢」（Velcro），這個名字結合了法文中的「鵝絨」(Velours) 和「鉤針」(Crochet)[2]。維可牢真的非常好用，而且用途廣泛，但可惜他沒有順便發明能夠把上面的灰塵毛髮都清乾淨的工具。

■ 苦艾酒

苦艾酒，又稱為綠色仙女(Green Fairy)，世上大概沒有多少酒像苦艾酒這樣毀譽參半。這種高酒精濃度（最高可達七十二%）的飲料是使用苦艾和綠茴香釀造，在十九世紀文化領域中扮演了重要角色，尤其在紅磨坊中可謂舉足輕重。這種酒的起源據說是在一七九二年於紐沙特州，一位名為皮爾．奧迪奈(Pierre Ordinaire)的醫生創造了出這種酒，並宣稱這是療效超群的萬用藥[3]。但唯一可以確定的是，自從保樂．菲爾斯(Pernod Fils)這間法國公司開始大量生產後，苦艾酒就成了知名的酒種，一直到被禁用為止。瑞士在一九〇八年修改憲法以禁用苦艾酒[4]，法國和美國也相繼採取類似措施，但苦艾酒在英國從未成為禁酒。瑞士在二〇〇五年取消禁令，於是苦艾酒終於又能在發明地飲用[5]。

■ 除號

兩點一劃，這是非常日常的符號，每天有無數人在計算機上按下這個按鍵，實在很難想像這符號是某人發明出來的。除號「÷」最早是由約翰．海利希．蘭恩(Johann Heinrich Rahn)在一六五九年於蘇黎世發表的《代數》(*Teutsche Algebra*)一書中首次使用[6]。不過，有趣的是你在鍵盤上找不到除號，得用「/」代替。蘭恩也發明了「∴」這個符號，在代數中表示「因此」。

■ LSD

一九三八年十一月，亞伯特．霍夫曼在山德士實驗室（Sandoz Laboratories）工作，他來自巴塞爾，是個個性溫和的化學家。他正在研究如何從黑麥黴中尋找偏頭痛的解方，卻因此意外發明了 LSD。但霍夫曼直到五年後才發現這種藥物的精神效果。LSD 迅速成為嬉皮世代的重要藥物，後來被列為非法藥物。這種藥物的全稱是「D- 麥角酸二乙胺」（Lysergic acid diethylamide），LSD 一名則是德文「Lysergsäurediäthylamid」的縮寫（延續瑞士傳統）。這名字就和藥物本身的化學式一樣拗口：$C_{20}H_{25}N_{30}$，不過看到這麼多 C 和 H，就給人非常瑞士的感覺對吧？霍夫曼於二〇〇八年去世時高齡一〇二歲[7]，看來享受迷幻世界沒有對他造成傷害。

■ 高湯塊

職業廚師即使厭惡高湯塊，也多少會用上一些，更遑論其他人如我們了。因此我們得感謝朱利亞斯．馬奇（Julius Maggi），這位高湯塊發明者有一半瑞士和一半義大利血統，來自弗勞恩費爾德。今天你可以買到魚或牛肝蕈等各種口味的高湯塊，但最早的高湯塊是牛肉的。「瑞士馬奇塊」（The Swiss Maggi Cube，一九〇八年產）[8]比英國的 OXO（一九一〇年）[9]和德國的 Knorr（一九一二年）[10]還要早上市。馬奇現在隸屬雀巢旗下，也是歐洲最大的品牌，該公司產品中最知名的湯粉也是他們的發明。

■ 玻璃紙

如果你以為塑膠食品包裝是現代產物的話，那就錯了。這項發明可以追溯到一九〇八年，蘇黎世的雅克．布蘭登堡博士（Dr. Jacques Brandenberger）發表了這種由纖維素合成的透明材質[11]，並於一九一二年改良製作流程和產物本身。玻璃紙最早在一次世界大戰時用於製作防毒面具的眼罩[12]，後來才有人意識到這其實是最完美的食品包裝材料，如今在世界各地的超市都可以看到這種材質的包裝。玻璃紙最理想之處在於原料是纖維素，所以是百分之百可生物分解[13]。而瑞士好像不滿足於只發明一種食品包裝材料，於是兩年後又發明了另一種：

■ 鋁箔紙

英文稱為錫箔紙（tin foil），是因為這項物品的確曾經用錫生產，接著一間瑞士公司 Dr. Lauber, Neher & Cie., Emmishofen[14] 研究出了怎麼用鋁製造，並且在一九一〇年於康士坦茲斯附近的克羅伊茨林根（Kreuzlingen）開啟了第一條鋁箔紙生產線。從此之後，巧克力棒和廚餘在外觀上終於有了分別。我個人至今依舊十分懷念舊款 KitKat 包裝，用手指劃破巧克力棒之間的鋁箔紙所帶來的快感，幾乎不下於享用巧克力。然而諷刺的是，在買下生產 KitKat 巧克力的能得利公司（Rowntree Macintosh）後，用塑膠取代鋁箔包裝的，也正是雀巢這間瑞士公司。

■ 電動牙刷

瑞士人熱衷於牙齒保健，多數人都會為牙齒花不少錢，所以世界第一枝電動牙刷來自日內瓦應該也不會太讓人驚訝。這項發明可以回溯到一九五四年，飛利浦—蓋．伍格博士（Dr Philippe-Guy Woog）創造出馬達驅動、會自行擺動的牙刷[15]。這個產品的名字叫做「布洛塞登」（Broxodent），面世後立刻成為暢銷商品，不過當時的電力來源不是電池，必須插上插頭才能使用。除了電動牙刷，瑞士人還發明了另一項清潔用品，只是你應該不會想把兩者放在一起用：

■ 多力鴨潔廁劑

打掃廁所不是什麼輕鬆的工作，但至少在多力鴨潔廁劑發明以後變得簡單多了。一九八〇年六月十八日，華特・杜靈（Walter Düring）在自家工廠（位於德利孔〔Dallikon〕，靠近蘇黎世[16]）發明了第一個「廁所鴨」（WC-Ente，這是德文）。杜靈的家族事業在當時便以名為「多爾戈」（Durgol）的產品聞名瑞士，這是杜靈的母親所發明的除水垢劑，而杜靈的發明則讓這間家族企業成為世界品牌。相信任何人需要洗便斗的時候，都會由衷感激杜靈，尤其如果有人因為另一種與鴨子有關的瑞士發明而嘔吐在便斗裡的話：

■ 小雞舞曲

小雞舞曲（The Birdie Song）最早稱為鴨子舞（Der Ententanz，或是英文的 duck dance），這種帶著滑稽動作的舞曲是在一九六三年由瑞士籍服務生華納・湯瑪斯（Werner Thomas）[17]所作，曲式有點類似快節奏的波卡舞曲，由手風琴伴奏，在達佛斯一間滑雪客常造訪的酒吧裡大受歡迎，並且流傳開來。小雞舞曲風潮的高點是一九八〇年代早期，《跳舞小鴨》（*la danse des canards*）這首曲子在法國荒謬地掀起流行，英國則有《小雞舞曲》長踞暢銷榜。這種舞曲在當時紅遍四十二國，擁有三百七十種版本，賣出了一共四千萬張唱片[18]。雖然我敢肯定若邱吉爾在世，絕不會在舞池裡夾著手臂學雞拍打翅膀，但他很可能也會讚賞瑞士人是了不起的小鴨，欽佩這不凡的舞稻。小雞舞曲在二〇〇〇年被票選為史上最惱人歌曲，打敗了天線寶寶主題曲和水叮噹樂團的《芭比女孩》[19]，不過我的票投給第四名的《阿嘎嘟》（*Agadoo*）。

好，讓我們暫時忘掉小雞舞曲吧，我知道你要問我，這份偉大發明品清單中為什麼沒有布穀鳥鐘。是的，來到瑞士任何一間紀念品商店，你都會看到牆上展示著一整排木雕的壁鐘，也難怪你會誤會這是瑞士的發明。事實上這只是生財工具，而瑞士從來不會拒絕任何觀光客的錢。顧客永遠是對的，就算他們想要的東西是從南德來的也沒關係。只要造訪黑森林地區一個叫富特旺根（Furtwangen）的小鎮，你就能完整地認識布穀鳥鐘的起源。或許奧森．威爾斯也該造訪一下當地，這麼一來他就不會在電影《黑獄亡魂》中即興加入這句台詞：「瑞士擁有五百年的民主與和平，最後只創造出了布穀鳥鐘而已。」

除了這個特例之外，瑞士當然以鐘錶和守時最廣為人知。世上最守時的人和最佳鐘錶製造業都在同一個國家，是巧合嗎？我想不是。

✚ 鐘錶王國

在瑞士，時間至關緊要。有許多描述瑞士人準時以及整個國家運行猶如時鐘般精準的老掉牙說法，也都是真的。當然，我也遇過常常遲到的瑞士朋友，火車不會總是分秒不差地到站，也不是每個瑞士人都會戴錶，但即便在這個視遲到為死罪、店家開門從不延遲的國家，也總是會有例外。幾乎所有瑞士人都有手機，但是他們也得要經歷一番努力才能準時赴約，無論是會議、約會或是出遊。但瑞士人如何定義「準時」呢？對許多人來說，「準時」意味著稍微提早，因為要做到分秒不差對瑞士人來說也是不容易的。對許多人來說，準時的意思是比約定時間提早五分鐘[20]。而多數人不會等他人赴約超過十五分鐘，看樣子最好不要遲到。

至於時間表，在瑞士只要是排定時間表的事都會如遵守軍事紀律般地準確進行，包含電影。所有電影幾乎都是整點或半點開始，有些時候會是十五分，但絕對不會出現五十五分或是二十分這種惱人的時間。同時，多數電影也都還是有中場休息，而且是真正的中場，不管電影是否剛好演到重要情節或是人物正在對話。也許在時間上很精準，但以觀眾角度來說，通常都是非常差的時間點。然而，瑞士人似乎滿享受這個中斷，會利用這時間上廁所，順便買昂貴的爆米花、甜點和飲料，讓這個中場休息為電影院創造更多價值。就如同其他地方，在瑞士，時間就是金錢。

由於大家都默認這些潛在的共同規則，所以要讓瑞士人困惑，最簡單的方式就是用模稜兩可的方式描述時間。典型的英國人邀請人共進晚餐時，正式的說法是「約六點半，七點開始」，不正式的則說七點多，這讓瑞士人無法理解，因為不夠明確。若以正式說法邀約，他們會在六點三十四分敲門，而非正式說法則會是七點零二分，也許多幾秒。講到與時間有關的事，瑞士人往往沒有彈性可言。

想像一下：今天是國定假日，每個人都放假。連太陽曬不到的地方溫度都高達攝氏三十四度，而你人在伯恩市的日光浴場，這裡就好比英國的布萊頓海灘，人人摩肩擦踵，幾乎每一寸草地上都鋪著浴巾。漫漫夏夜即將來臨，人人都樂意買點飲料和食物，對小吃店來說可是大好商機。但猜猜接下來發生什麼事？六點一到，所有人都被趕出去了，因為今天是假日，打烊時間比平常早。不管還有多少人在，或者今天可能是一年中最熱的一天，又或者老闆就是斤斤計較，總之打烊時間就是不會變。會喃喃抱怨的只有外國人，所有的瑞士人都沒說半句話就走了，因為對他們來說，既然清楚規定六點打烊，那他們就該六點離開。這也讓我明白了一件事，在瑞士，有一件事情比金錢更重要，那就是時間。而將這兩者合而為一，就是瑞士的精萃所在，也就是大家所熟悉的製錶業。

✚ 盯著大鐘

若要說有什麼東西集合了瑞士的高品質和精準之大成，你大概第一個想到的就是手錶。製錶業是最具瑞士風格的產業，也是這個國家的成功故事之一。雖然製錶公司大多是中小型企業，但手錶卻是一門大生意。二〇〇八年，瑞士出口了兩千六百一十萬件鐘錶，這和中國一年五億五千萬件的出口數量看似無法相比[21]，但瑞士重質不重量。中國出口的鐘錶每件平均價格是二美元，瑞士則是五六三美元，因此瑞士鐘錶業的年出口額高達一百五十八億，並不是件令人意外的事[22]。

而這一切都得算到喀爾文頭上。在逐步把日內瓦改變為清教徒城市的過程中，他在一五四一年禁止穿戴珠寶，使得珠寶工匠紛紛投入一個新興行業：製錶[23]。這些工匠轉行十分成功，六十年後日內瓦成立了世界第一個製錶業者公會[24]。一個世紀後，製錶業已經壯大到日內瓦不足以容納他們，開始遷往侏羅山山腰上開業。一些世界知名的錶商都位於這個接近法國邊界的區域：歐米茄（Omega）和斯沃琪（Swatch）在比爾／比恩（Biel/Bienne），豪雅（Tag Heuer）則在拉紹德封（La Chaux-de-Fonds），真力時（Zenith）和天梭（Tissot）則在力洛克（Le Locle）。怪不得這些小鎮和這個產業的關係這麼緊密，甚至有了「錶谷」（Watch

Valley）這樣的合稱。如果你想來一趟極致的鐘錶之旅，這裡就是完美的去處，你可以從瑞士製錶業的靈魂所在，拉紹德封開始。

拉紹德封離法國邊境僅有幾公里遠，此地早在十九世紀就以工匠技藝和手錶聞名，也鞏固了瑞士在工藝方面的名聲。拉紹德封也是「現代」都市規劃的先驅案例，在一七九四年一場大火中，整座城市付之一炬，重建時便採取棋盤格式設計，其中包括數排設計相同的四層樓建築，是根據製錶業者的需求打造。雖然人口數只有三萬八千，但這裡是瑞士第三大法語城市，也是全國最高的城市之一，位在海拔一千公尺左右。

我對這趟造訪抱持很高的期望，但拉紹德封卻讓我失望了，這裡的街景很醜。瑞士的許多城市都保留了中世紀建築和牛奶盒般的房舍，讓我對城市景觀的要求不知不覺變高了，但就算用一般的標準，這裡也稱不上引人入勝。這裡像是被忽略的法國小鎮，同時也像是俄國沙皇時代建設的遺留，「荒涼」應該是最適合的形容詞。或許這裡在夏天看起來會好些，但我還是很難想像這裡有太多街坊生活，而在一月到訪更讓我產生一種被送到西伯利亞勞改的錯覺。雖然說這座城市和力洛克一起在二〇〇九年獲選為聯合國世界遺產，但獲選原因是產業歷史和城市規劃，而非城市景觀，這裡應該很難拿到「最佳風景城市」之類的獎項吧，這兩座城市被形容為「單一產業城鎮得以完整保存並活躍至今的傑出案例」[25]。也不意外馬克斯在《資本論》中用「大型工業城」[26]來形容這裡，我想他應該認為這是一種正面評價，只是我懷疑他從來沒造訪過這座堪稱瑞士最無趣的城市。

然而，砂礫中也能揀到珍珠。在這裡，最知名的兩個人物分別是原名查爾斯－艾多瓦．尚奈瑞特－格里斯（Charles-Edouard Jeanneret-

Gris）的建築師科比意，和雪佛蘭汽車的創辦人路易斯．雪佛蘭（Louis Chevrolet）。我基本上比較屬意前者，因為至少在這裡還看得到他的作品，同時建築也比車子有趣多了，而且在大雪紛飛的冬天裡，房子也比車子帶給人更多溫暖。你也會明白，原來瑞士的房舍不是只有小木屋，這裡的建築可說領先時代潮流，簡潔的線條和開放的空間設計像是一九三〇年代而非一九一二年的產物。城鎮另一頭則是科比意第二項早期重要成就，「土耳其宮」（Villa Turque）。這棟夢幻之屋至今依舊受到人們喜愛，這是他為當地一個鐘錶巨匠所建，現在則屬於一間我沒聽過的鐘錶公司「玉寶」（Ebel）。土耳其宮擁有兩層樓高的大廳與巨大的凸窗，我想大概也只有鐘錶公司有這等財力，能夠設址在這樣的華廈裡。

如果不算房子的話，在拉紹德封幾乎感覺不到科比意（當然還有雪佛蘭）的存在。這是真正的瑞士風格，不紀念城鎮中的名人，避免變成迎合名流人士，但也可能只是見不得人好，因為這兩人都在離開此地之後才成名。這座城市真正的重點在手錶上，起碼這些受造物沒有這麼強烈的自我。

不過拉紹德封有間專屬鐘錶的博物館，而且足可角逐「鎮上最醜建築」之冠，儘管競爭十分激烈。但要感謝老天，這座國際鐘錶博物館的設計是將絕大多數建築體埋在地底下，這棟建築在一九七七年獲得了「普力克斯．別登獎」（Prix Béton prize，Béton是法文和瑞士德文的混凝土），基本上這不是什麼了不得的獎，真要說的話，大概就是個偏好灰色與粗糙風格的獎項吧。這棟建築唯一的優點應該是能夠以單調的牆面將館藏襯托得更加燦爛，無論那是華麗的懷錶、優雅的擺鐘、為一戰士兵設計的早期腕錶，還有看似不帶機械裝置的神祕時鐘。然而館內最引人注意的，是近乎全然無聲的寂靜，只有滴答聲響及偶爾的嗶聲和報時能夠打破空間中的靜默。館內因此帶有幾分肅穆，有點像是寺廟，也有點像是圖書館所散發的氣息。

儘管我不是手錶迷，還是深受展品的精緻細節和工匠技藝吸引。博物館呈現了鐘錶業如何發展出我們現在習以為常的腕錶，例如何時製作出第一條彈簧、第一組自動發條、第一顆電池、第一支石英錶等等，這些故事都令我看得目不轉睛。在這些瑞士的製錶公司裡，我最喜歡的大概是芝柏錶（Girard-Perregaux），一個本地製造商。這家公司的手錶和其他家沒有太大差異，我喜歡的是該公司的格言：「自一七九一年起，為少數人製錶。」毫不掩飾他們的驚人高價和菁英風格。我還是會繼續用我信賴的斯沃琪，據我所知後者的組裝流程只有十道，有點像是飛機模型。這也是斯沃琪成功的祕訣。他們成功地把零組件縮減到五十一件，減低了生產成本與售價。斯沃琪錶在一九八三年問世，幫助瑞士錶業撐過了亞洲石英錶革命期間的低潮。如果沒有斯沃琪，也許瑞士的錶業只會剩下芝柏錶，成為有錢人的奢靡玩物。

＋ 名字背後

一如斯沃琪、勞力士、歐米茄和芝柏錶所展現的，瑞士的製錶業完全奠基在品牌之上。品牌意謂可靠的品質，就算你在大眾市場籍籍無名，但你是誰和你做了什麼同等重要。瑞士錶業公會的官方網站上有二〇六個品牌[27]，清單上的多數品牌我懷疑在瑞士也沒甚麼人知道。舉例而言：尊皇（Juvenia）、冠星（Glycine）和瓦爾坎（Vulcain）存在多年，但我想應該沒有讀者聽過，這些品牌聽起來比較像是面霜或科幻小說的人物名字。也許是怪異的品牌名讓他們不那麼流行（又或者是售價），但其中有一個非常英國的名字，叫西方手錶公司（West End Watch Co.），一個創立於一八八六年但對我來說就像新公司的品牌。不用懷疑，這也是瑞士人創立的品牌，只是名字看起來不像而已。

瑞士人熱愛手錶，至少我常看到鐘錶店，幾乎每座小鎮都有一間，雖然說大多是為觀光客而開的。在瑞士，典型的城市中心會有三種常見的商店：鞋店、麵包店和鐘錶店。走幾步你就會遇到這些店家，如果你想要買法國麵包或是紅鞋，這是滿方便的沒錯。但鐘錶店和另外兩者有很大的不同，鐘錶店的產品價格範圍非常的廣，從四十瑞士法郎到四萬瑞士法郎都有。在販售奢華品牌的鐘錶店，一只手錶索價一般人半年薪水也不是什麼稀奇的事。而更怪的是，除了蘇黎世外，沒什麼城市大到足以擁有精品街，所以說鐘錶店經常夾雜在一些消費很不相稱的小店之間。

舉例來說，在伯恩，如果要找到一間叫「古波林」(Gübelin) 的時髦錶店，你得走過奇克朵「夜總會」酒吧（Chikito 'cabaret' bar）、一間土耳其烤肉店和便宜又熱鬧的其波酒吧 (Tchibo)。看著古波林展示櫃中的昂貴精品，你會覺得自己身處在龐德街 (Bond Street) 或是第五大道，身邊不該有這些擺腰扭臀的舞者。展示櫃裡最貴的錶是百達翡麗 (Patek Philippe)，標籤上的價格會讓人嚇到下巴脫臼：三萬八千五百瑞士法郎。標籤上也寫著「精細的手錶」，這也許是他們為百達翡麗手錶竟出現此種天價所找的藉口吧，相較之下勞力士要價五千瑞士法郎竟變得合情合理似的。古波林在瑞士有六間分店[28]，這點也讓我非常吃驚，這七間店鋪的所在城市沒有一個大過英國的布里斯托 (Bristol)。這些一只錶要賣三萬八千法郎的店究竟是怎麼生存下來的？更大的疑問是，到底誰買這些錶？

我最喜歡的錶店是克利斯（Christ），店內商品售價比古波林親切多了，走進店內所感受到的壓力也小多了。這裡的商品售價大都還算正常，多數都在一千瑞士法郎以下，所以你不用擔心是否要出示你的白金卡，店門才會打開。除了價格之外，我喜歡克利斯就只是因為這名字。在伯恩的電話簿上你可以找到十三個克里斯，這還不包含四間手錶分店或是「克利斯國際家具運送」公司，但真正讓我會心一笑的，是這間店招牌上寫的「Schmuck Christ Uhren」，這說明了店內販售珠寶和手錶。Uhren 是德文的手錶，這沒問題，然而 Schmuck 在德文是珠寶，在英文卻是笨蛋的意思。如果是某個來自美國中西部正統派教區的觀光客看到招牌，誤以為上帝被形容成笨蛋，天知道這人會作何感想。更糟的是，我在字典中讀到「schmuck 」這個字是從「Shmok 」演變而來，這是意第緒語（Yiddish）中的「陰莖」，是羞辱人的字眼。當然，還好德語的母語發音天差地遠，所以口頭上不會產生這樣的誤會。英語的 schmuck 發的音是「-luck」，但德語的 Schmuck 則是接近「-look」。你也許覺得就只是母音的小小不同，但對德語來說，這卻有根本上的差異。

✚ 生來就是瑞士人

用基督的名字命名以榮耀上帝，並不是瑞士人會做的事情。雖然說有一半的人信仰天主教，但這裡並不是西班牙。就算是，克利斯家族也不會為孩子取名為「荷蘇」(Jesus)。他們大概會選擇「提姆」(Tim),這是瑞士德語區最常見的男孩名字。如果這個男孩生在提契諾,那他會被命名為亞勒山卓(Alessandro),在法語區則會是南森(Nathan)[29]。瑞士由於語言因素,各區域的命名差異比其他國家更為鮮明。以上三個名字分別是三個語言區最常見的名字,其中任一個名字在另外兩區則甚少出現。提姆在瑞士絕對屬於德文名字,還有姚納斯(Jonas)、尼爾斯(Nils)和里昂(Leon)也是。而法語區的名字則以洛克(Loïc)、馬克希姆(Masime)居多,提契諾區的孩子大多叫做里歐納多(Leonardo)或是艾力亞(Elia)。

但瑞士有個奇妙的現象是,可能有人在蘇黎世出生、說瑞士德語,卻有個義大利名字。電視新聞和報紙上充斥著馬提歐(Matteos)、法比歐(Fabios)和尼可斯(Nicos),而這些人大概都沒去過義大利。另外,有些名字則是跨越語言分界的,如大衛(David)和諾亞(Noah)就是遍及三個區域的名字,而全國最普遍的名字則是「路卡」(Luca)。

瑞士的女孩名就稍微比較相似。當然還是有一些宗教上的區隔,像是法語區的克洛伊(Chloé)或是阿內絲(Anaïs),提契諾區的喬莉亞(Giulia)或是瓦倫提娲(Valentina),以及德語區的萊奧妮(Leonie)或是露安納(Luana)。但是當然也有遍及全國的名字,前三名分別是勞拉(Lara)、莎拉(Sara)和蘿拉(Laura)[30]。然而,如果你研究一下二〇〇八年官方統計的姓名排名,你也許會好奇為什麼有五十一個女生命名為歐希納(Océane)[B],也許她們的父母親對遠離海洋感到惆悵,或是心懷不滿但無法明說吧。

姓名,就像其他瑞士製造的事物一樣,受到認真對待。你為子女命的名必須在註冊公民身分時得到官方許可。如果這個名字可能對孩

B 音同海洋。

子的言行造成影響，或是傷害第三者，那就不能使用。基本上限制並不多，但像驚世駭俗的、具羞辱性質的、引人發笑的名字都是禁止的[31]。宗教節日如「Merry Christmas」是不能成為姓名的。你也不能為男孩取女孩名，姓氏也不能作為名字。聖經中的該隱（Cain）和猶大（Judas）則暗示了負面的人格。你也得避開地名，像是「布魯克林」或是「巴黎」，還有「百事」或「亞曼尼」等品牌名[32]。如果你想要憑空創造一個悅耳的名字，那對瑞士人來說則太自由、太有創意了。不要忘了，瑞士並不推崇鶴立雞群。你最好當個多莉斯（Doris）或是穆勒（Müller），而不是全村唯一的蓋納（Gaynor）。

✚ 永恆的品牌

在鐘錶世界裡，名字有辨識度最重要。少數的品牌做到了這點，表現也十分突出，歐米茄就是其中之一。歐米茄曾是奧運、美國航太總署和詹姆士・龐德的指定用錶，也常被視為瑞士手錶的代名詞。而對我來說更實際的事情是，歐米茄擁有自家的免費博物館。雖然免費，但還是需要預約，你不能未知會一聲就突然造訪，這樣太不瑞士了，是吧！我盡了最大的努力，試圖說服任何一家製錶公司讓我參觀，但都遭到拒絕，理由大多是擔心商業機密外洩之類的。最後我只能選擇位在比爾（Biel）的歐米茄博物館，並且乖乖地先打電話預約。

我原本認為拉紹德封是瑞士最醜的城市，但當我來到了比爾，而我的朋友馬可仕形容這裡是瑞士的「斯勞」（Slough）Ⓒ小鎮之後，就有點動搖了。比爾，或者更精確地說「比爾／比恩」（Biel/Bienne），是瑞士境內最大的雙語城市[33]，這裡所有的事物都是法語和德語並行，所以路標、時刻表和廣告都比別的地方大上許多。好吧，我必須對前面所下的惡評負起責任，提出精確的解釋，這座城市不討喜的僅限於戰後所興建的空間。比爾／比恩擁有兩件英國斯勞鎮作夢也不敢想的寶物：一座湖（比爾湖／比恩湖，Bielersee/Lac de Bienne），還有一個隱藏在所有平庸建築之間，屬於這座老城鎮的珍珠，那就是這座城市的祕密都心，這裡遍布赭紅色的高牆、雕花噴泉和滿是藤蔓的小酒館，彷彿出自小說情節。

歐米茄和其他公司搬遷到這裡並不是為了湖景，而是為了交通，精確來說，是為了鐵路。鐵路讓比恩（我們還是用一個名字就好了）比拉紹德封這座山丘上的小鎮更容易到達。從一八八〇年起，歐米茄就將店面設置在一座老工廠裡，至今未曾搬遷，此處距離市中心只有五分鐘巴士車程。歐米茄的博物館雖然專注於介紹自家公司，從早期精細複雜的懷錶細數到現代生產、可抵抗水面下一千公尺壓力的高科技手錶（雖然我不知道為什麼手錶要防水到這種程度，我的手錶只要能安然度過游泳和洗澡我就很開心了），其實也正好展現了整個製錶產業的縮影。在這裡，你可以看到由路易斯·布蘭德（Louis Brandt）在一八四八年創設的同名公司，最後如何更名為更具國際感的歐米茄（一八九四年），也因此催生了一九〇八年的第一個仿冒品牌「歐你茄」（Onega）。你也可以看到許多細微的設計變更歷程，像是腕錶的發條從左邊改到右邊，並在一九四〇年以後新增專屬左撇子的錶款。

但歐米茄真正大放異彩的還是現代，除此以外沒有其他年代的展區可以讓你同時看到甘迺迪總統就職典禮和太空人登陸月球所配戴的腕錶。順帶一提，太空人的錶是穿戴在太空裝之外，用巨大的魔鬼氈固定，這兩者都是瑞士的驕傲。而我從導覽中聽到最重要的資訊，就是為什麼所有的鐘錶，無論是在博物館或是鐘錶店裡，都將時間設定在十點十分，這是為了盡可能清楚呈現鐘錶的日期視窗等諸多細節，當然，更重要的是，手錶的名字不能被遮住。名字比一切都重要。

+ + + + + + + + + +

手錶和瑞士刀，還有乳酪與巧克力，都是最有名的瑞士產品。這些產品的成功有部分要歸功於「瑞士製造」這個標籤，這標籤象徵著可靠的品質，而且對瑞士人來說也是如此。儘管在瑞士生產意謂著價格較高，但也因為國產貨受瑞士人青睞，這些商品依舊能享有良好的內銷量，而這應該也是天然資源稀少的瑞士可以撐起製造業的主因吧。某些瑞士公司，像是賣滑鼠的羅技（Logitech）和賣水壺的西格（Sigg），也許享譽世界，但有更多品牌只在國內享有名氣而已。你也許從來沒聽過 Freitag、瑞康（Kuhn Rikon）或是雷波薩（Riposa），但所有瑞士人都認得出這些分別是背包、廚房用品和床墊的品牌名稱。

根據二〇〇九年一項針對瑞士境內的品牌調查顯示，瑞士最流行的二十個品牌中有十三個是本土廠牌[34]，其中包括非瑞士人絕對不會知道的拉古薩（Ragusa）、湯米（Thomy）和茨維佛（Zweifel），這三者都是食品公司。值得一提的是，名單中除了斯沃琪和三角巧克力（Toblerone）之外，你以為可能名列前茅的雀巢、歐米茄和維氏都不在其中，勞力士更是不在話下，然而勞力士卻是英國前二十大知名品牌。英國的品牌知名度調查結果和瑞士截然不同，前二十名的品牌裡只有八個本土品牌[35]，也許在購物時，英國人的愛國心遠比不上瑞士吧。

許多瑞士品牌之所以能夠征服世界，也許不是因為產業實力，而是技術力。瑞士雖然小，卻對研究和發展懷抱著無比雄心。瑞士擁有二十五位諾貝爾獎得主，主要都是科學和醫學領域，以人口比例來說，許多國家遠不能及。瑞士人之間若發生爭辯，可能到了蓋上棺材都還無法論定，所有真正的改變也都緩如牛步，但只要涉及實質利益，瑞士人通常都能一馬當先。也許是穩定的社會和經濟環境賦予瑞士人充足的動力，讓他們在不同領域嘗試創新，也讓這個平靜而且循規蹈矩的國家，能夠更公平地分配所有發明的成果。

瑞士製造所代表的尖端工藝，是全世界的模仿對象。世上任何一個角落，甚至包括瑞士，都可見到仿冒的勞力士、三角巧克力和瑞士刀。但正牌產品總能維持穩定的品質和外觀，不斷追求品質和完美，絕不妥協，就像我所認識的瑞士人一般。

瑞士貼身小觀察 ⑦ 瑞士生活的一年

每個國家都以自己的節奏來度過一年，這會決定當地的生活樣貌。我指的不只是四季變化，也包含該國的節日、慶典、習俗和傳統，這些細節決定了一年的樣貌，也凝聚人民對國家的認同。在瑞士，慶典大都以區域為層級舉行，節日不只是日曆上的注腳，更是日常的一部分。大家共襄盛舉，且善加規劃，讓人很難錯過這些節日（當然，我這樣說並不是暗示我想逃避），而每個城鎮似乎都有各自的活動。

舉例來說，蘇黎世在四月的「迎春節」（Sechseläuten）會燒掉巨大的紙紮雪人，慶祝冬天結束。伯恩在十一月底有洋蔥市集（Zibelemärit），大家會竭盡所能地賣出洋蔥，並且在街上打糖果仗。在十二月，日內瓦慶祝「登城節」（L' Escalade），紀念薩瓦人（Savoyard）在一六〇二年入侵失敗，日內瓦人會列隊高舉火炬，喝蔬菜湯（背後有個很長的故事）。你也會看到「乳酪分享節」、「鬥牛節」、「鳴鐘節」和「拋火節」等等，隨意舉出幾個就能看出這些節日的形式有多廣泛，彷彿區域精神正仰賴這些節日維繫。除了區域的聚會，在一年中整個國家也有著相似的節奏。

瑞士稱新年為「西爾維斯特」（Sylvester），因為十二月三十一日是聖西爾維斯特日（St Sylvester' s Day）。 瑞士人不用喧鬧的爆竹開啟新的一年，只放少許煙火，午夜不鳴鐘，也沒有像時代廣場那樣的跨年倒數活動，事實上有，但很少。瑞士的電視台大多忽略國內的倒數活動，轉播國外的慶典，或是乏味的機智問答節目。對習慣狂歡的人來說，瑞士新年是巨大的反高潮。

多數瑞士節日都有特定的節慶食物。首先是一月六日的主顯節（Epiphany，德文稱 Dreikönigstag），這天所有麵包店都會賣一種甜麵包。麵包造型像是孩童所畫的花，由七個圓形的小麵包組成，包含六片花瓣和中間的花心，其中一個小麵包藏有塑膠製的國王人偶，吃到人偶的人就是那天的國王（或女王），而我還沒吃到過。

最盛大的節日應該是嘉年華（德語稱 Fasnacht）。一年中僅此一天，瑞士人會放下矜持，穿上滑稽的衣服，喝到酩酊大醉，變得比較像歐洲其他國家的人。城鎮不分天主教或新教，都會舉辦華服遊行、邀請行軍樂隊表演、撒糖果雨、提紙燈籠，並擺設小吃攤。嘉年華通常在二月（或是三月，端看復活節日期而定），但這裡畢竟是瑞士而非里約，所以人們的身體都還是包得緊緊的，不會有什麼銀絲綴飾的比基尼或是金黃色人體彩繪。巴塞爾非常認真看待嘉年華，通常會從聖灰星期三（Ash Wednesday）之後的星期一早上四點就開始慶祝，請來鼓手和吹笛手奏樂，為接下來三天將席捲全城的熱鬧嘉年華拉開序幕。

狂歡過後便是一陣子的寧靜，這時人人忙著吃乳酪火鍋、周末滑雪，並等待春天到來。在瑞士，判斷冬天何時結束最好的方法是觀察報攤。從十月開始，架上的明信片就清一色是冬季度假勝地風景照和雪地歌舞表演的照片。當你在架上看不到雪景時，那就是春天到來了。來到瑞士之前，我從來沒看過季節明信片，但對瑞士人而言，明信片隨著鮮明的四季更迭是很自然的事。另一個捎來春天訊息的則是超市貨架。這時架上會擺滿各種尺寸、用玻璃紙包起來的巧克力兔子。瑞士的復活節彩蛋通常會有半邊鋪滿核桃糖，兔子則多是中空的，各種尺寸和形狀都很常見。恐怖的是，這些兔子雖然美味，但是當上百隻巧克力兔子的眼睛盯著你看時，不免感到一股陰森的氣息，所以我總是第一口就先咬掉頭。

五月時，牛群開始到高處的草地放牧，超市擺滿蘆筍，每家都把冬天的大衣和靴子收到地窖去。勞動節（May Day）時在蘇黎世和伯恩等大城市都有勞工示威運動，這事已成傳統，但最近幾年總是以攻擊麥當勞並與警方衝突作結。這和我們過去對瑞士的印象有些出入，但近年來在這追求個人利益的國家裡，反資本主義、反全球化、反美國化，事實上一切反對情緒都在迅速高漲。

瑞士的夏天可以視為漫長的走路和烤肉季節，好像每個人都把所有空閒的時間花在山上或是湖畔，並且不可避免地要辦些戶外聚餐。將竹籤插入香腸後放在火上烤，夾入麵包、塗上芥末醬，再配上一罐啤酒，這就是瑞士人最愛的事。他們或在樹林裡，或在自家後院、陽台烤肉。烤香腸的高峰期是七月，也就是學校和國家都在放假的日子。即使是這觀光旺季，在遊客眾多的城市（像是伯恩），還是會有商店和餐廳選擇在這個時候放年假。然而在瑞士，夏天最大的享受還是游泳，不是去海邊，而是在湖邊或河裡，當氣溫超過攝氏三十度，沒什麼比跳到清涼的水裡更令人感到愉快的。而且這不只是鄉間的活動，在蘇黎世、陸森和日內瓦這些大城市，人們一樣會到湖邊避暑。巴塞爾有萊茵河，伯恩則有清澈無比的阿勒河(Aare)，你甚至不需要費力游泳，只要隨著河水流動就可以，河流就好比液態的自動步道。

八月一日是瑞士的國慶日，全國會集體進入「走路、烤肉、游泳」的慶典狀態，最後以煙火作結。結束之後就是開學，街上會貼滿海報，提醒汽車駕駛小心學童。瑞士的學童大多走路上學，而且通常沒有家長陪同。而當牛群離開高海拔牧場，最後一場長達一天的暴風雨也結束時，那夏天就真的結束了。

秋天是最美味的季節。瑞士人熱愛南瓜、鹿肉和栗子。特別是栗子，在十一月，每座鎮上都會有人在小木屋烘烤、販售熱呼呼的烤栗子。裝烤栗子的袋子通常會設計一個小空間放栗子殼，這點也非常瑞士。當冬天到來時，風雪和雲霧也一起歸來，且往往籠罩山谷長達數日。唯一的躲避方式就是乘坐纜車，穿過雲霧後端坐在某個陽光普照的山頂。在十一月十一日的十一點十一分，當整個歐洲都在悼念過去時，瑞士人則搬出銅管樂器和華服，這是嘉年華季的起點，直到下個春天的大型嘉年華為這季節畫上句點為止。

就各個層面而言，基督降臨節（Advent）的慶祝活動都比聖誕節來得盛大。到處都是插著四根蠟燭的降臨節皇冠（Advent crowns），節日市集也遍布全國各地，接連兩個星期天都可以上街購物，每個孩子都會收到一份降臨節日曆。這件禮物可能是一張閃閃發亮的紙板，但通常是二十四個小紙盒或袋子，裝有各種不同的禮物。在降臨節期間，瑞士人的廚房裡會變得十分熱鬧，人們烤小餅乾作為待客點心或贈禮。聖誕節來臨時，多數人會待在聖誕樹旁，點著蠟燭，享受安靜的時光。是的，沒有絢爛的光影，而是樸實的手持燭台。健康和安穩是聖誕節的主軸，沒有傳統大餐，沒有連串的電視節目，沒有酩酊大醉，也沒有拉炮（許多瑞士人根本沒玩過這東西）。當然，也沒有為期十天的假期，因為雖然是聖誕節，但大家隔天都還要上班。

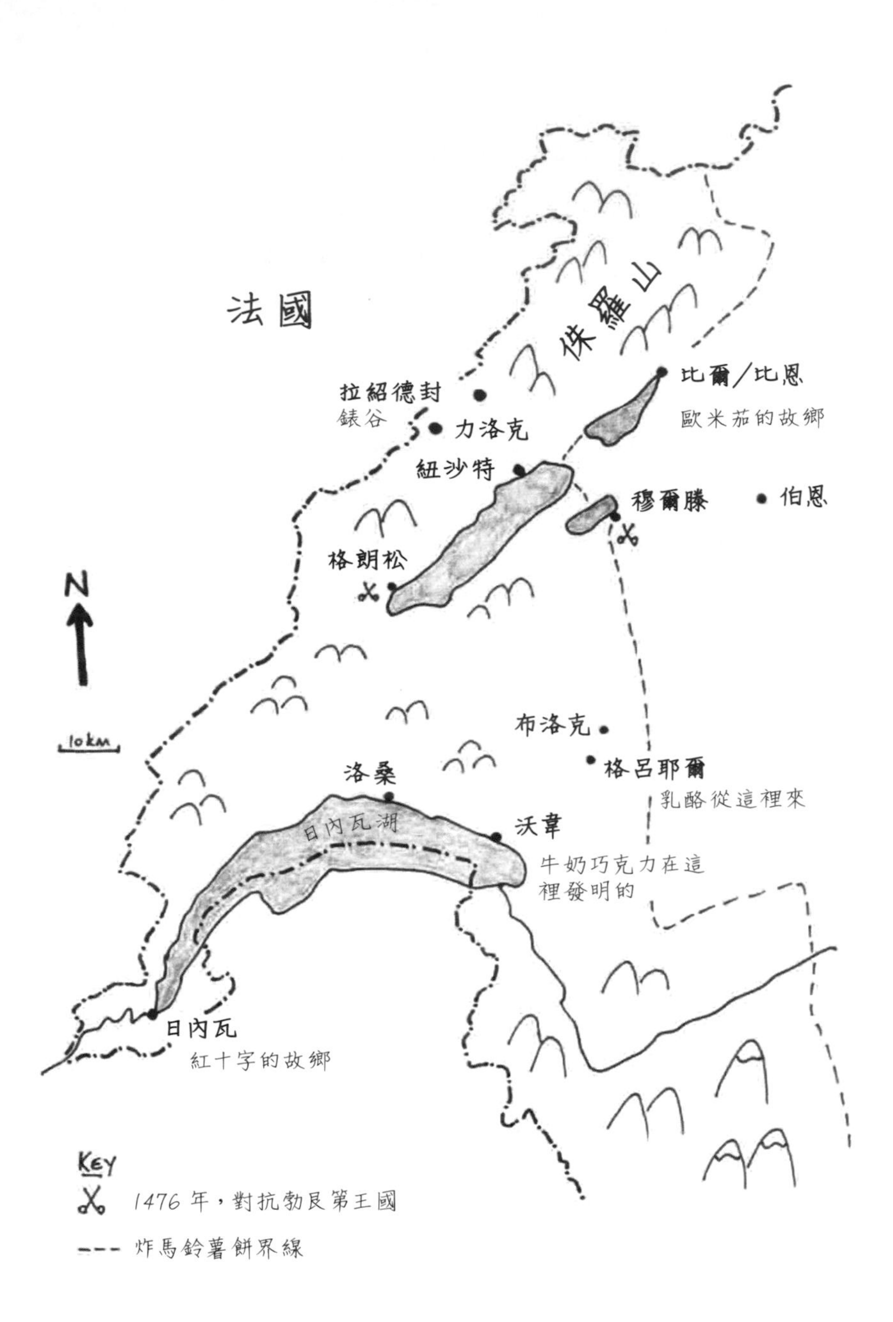
法國
侏羅山
比爾／比恩
歐米茄的故鄉
拉紹德封
錶谷
力洛克
紐沙特
穆爾滕
伯恩
格朗松
N
10km
布洛克
格呂耶爾
乳酪從這裡來
洛桑
日內瓦湖
沃韋
牛奶巧克力在這
裡發明的
日內瓦
紅十字的故鄉
KEY
1476 年，對抗勃艮第王國
炸馬鈴薯餅界線

第八章

洞見真理

THE
HOLE
TRUTH

在瑞士生活看似十分現代，有精密儀器和精準的電車班次，但其實不然。在這裡，傳統與科技同等重要，而瑞士人熱衷於結合這兩者，你可以下載約德爾山歌（Yodelling）到 MP3 隨身聽，用瑞士德語傳簡訊給朋友（不過按理說瑞士德語純屬口說語言），上網發表對公投案的意見。瑞士最傳統的產品承載了幾個世紀留傳下來的製作技術，並運用現代的生產設備，這產品就是乳酪，堪稱傳統與科技結合的最佳典範。

提到瑞士乳酪，你或許會想到一大塊狀似黃色橡膠，上面有一個個孔洞的乳酪，就是傑利鼠為了躲避湯姆貓而鑽進去的那種。正確地說，這種乳酪叫愛曼塔（Emmental），「瑞士乳酪」（Swiss cheese）則是北美地區所使用的無趣泛稱。這種帶孔洞的乳酪是瑞士的代表象徵物，口感頗像塑膠外包裝。但愛曼塔乳酪真的是瑞士最具代表性的產品嗎？絕對有比這種帶孔洞的乳酪更好吃的種類。是時候探索瑞士乳酪的真相了，要洞見真理，最好就從體積最大的乳酪——愛曼塔乳酪開始。

＋ 心口如一

除了芭比貝爾（Baby Bel）和臭主教（Stinky Bishop）這些著名的例子以外，大多數乳酪都是以發源地命名，如洛克福（Roquefort）、切達（Cheddar）、艾登（Edam）、戈根索拉（Gorgonzola）等。愛曼塔卻不同，這不是城鎮的名字，而是瑞士中部一處靠近伯恩，以愛曼（Emme）河為中心的區域名稱。如果你懂一點德文，就不難理解這個命名。德文的「tal」是河谷之意，與英語的「dale」相似（德語的「ts」通常等於英語的「ds」，例如「喝」在德語裡是「trinken」，英語是「drink」，「下方」在德語中是「unter」，英語是「under」）。因此，愛曼塔的字面意義就像英國電視劇《愛默戴爾鎮》（*Emmerdale*）中那座小鎮[1]。不過愛曼塔整體感覺比較類似溫斯利戴爾（Wensleydale），這個平靜的鄉間地區不像愛默戴爾鎮那樣頻繁發生飛機事故、建築爆炸、女同性戀愛情故事或謀殺等等。畢竟這裡是瑞士。

由於沒有一個市鎮名叫愛曼塔，前往目的地的交通方式也變得比較不明確。愛曼塔從地圖上看來距離伯恩市不遠，在往東大約三十公里處，但是沒有明確的交通節點。我決定走一趟伯恩遊客中心，卻發現所獲得的協助不如預期。愛曼塔大概是這一帶最著名的區域了，但我詢問相關資訊時，遊客中心的職員卻搖搖頭，帶歉意地微笑。

「愛曼塔太遠了。」那位職員解釋道。

這個回覆頗令我驚訝，我急忙追問：「但愛曼塔是伯恩州的一部分，而且鼎鼎有名，一定有很多人來詢問吧。」

他點點頭，「偶爾。」

他的意思應該是每天。瑞士人大多說話保守，無論談的是自身財富或冬季氣溫都是如此。如果他們說自己只會一點點英文，那大概就是接近流利的程度，如果他們說市場上只有些許人潮，那就表示人潮洶湧。瑞士人從不吹捧自己或任何事物。即使知道這點，我仍猜想伯恩遊客中心應該擁有伯恩州各地的相關資訊。愛曼塔是遊客必經之地，一年吸引上千名觀光客，而我現在面對的情況，就好比我在英國的約克遊客中心，卻被告知約克郡谷地（Dales）太遠而且偏僻，因此沒有資料可提供一樣。他好像察覺到我的疑慮，便試著解釋。

「我們空間太小，而這裡是首都，所以一定要保留足夠空間存放瑞士其他地方如提契諾或日內瓦的旅遊資訊。」他解釋道，聲音迴盪在我們所處的巨大空間裡。

聽他語氣這麼客氣，我想我哪兒也去不成了。雖然義大利就在隔壁，但瑞士人可不一樣，他們說沒有就是沒有，不會胡謅。離開前，我問他哪裡可以找到愛曼塔的資訊。

「你應該詢問當地的遊客中心。」他建議道。

我嘆了嘆氣。有道理，我必須到了當地才能找到資訊，儘管我不知道「當地」在哪裡。

最後，他給了我實際的資訊：「先去朗瑙，那裡的人會協助你。」

有了明確的目標後，我帶著微笑離開。

根據時刻表，由本地開往朗瑙（Langnau）的電車，行車距離是三十三公里，卻得費時四十分鐘[2]，我猜可能是因為這列電車會在每間牛舍停駐吧。行經愛曼塔的電車路線少又不密集，所以抵達後還得轉搭公車或叫車，我想起我父母從英格蘭開車來拜訪我，決定撥通電話給他們請求支援。

✚ 尋找乳酪

電車駛離伯恩中央車站兩分鐘後就停下，我開始擔心這一路上會不會就這麼走走停停的。不過在我看到站名後，不由得笑了出來，這是全伯恩我最喜歡的地名——范可多夫（Wankdorf），對英語母語者來說，這名字多逗趣啊[A]！而且因為瑞士人大多不懂這個哏，所以又更好笑了。不只這樣，范可多夫是瑞士的國家級球場所在地，就好比溫布利（Wembley）之於英國。這座國家級球場隆重地取名為瑞士首都球場（Stade de Suisse），彷彿早預料到，要是把國際賽事舉辦在一個名字跟手淫有關的地方，肯定會招惹麻煩。一九五四年世界盃足球賽總決賽便在此舉行，當年由西德獲勝。而當時的舊球場已在二〇〇一年拆除(時間也與溫布利接近)，並重新打造了擁有三萬兩千席座位與太陽能板屋頂的新球場[3]，觀眾不論從哪個位置都能享受良好的視野。新球場目前舉行過最盛大的活動，是二〇〇八年歐洲足球錦標賽冠軍賽，以及歌手羅比．威廉斯的個人演唱會。你可以想像羅比提到這個地名時有多樂。其他時候，這裡是伯恩足球隊的球場。伯恩足球隊有個不討喜的名字，叫做年輕人（Young Boys）。看一群年輕小夥子在「范可」多夫玩球，真不是蓋的。相形之下，英國的謝菲爾德星期三足球隊

（Sheffield Wednesday）一點也不足為奇了。

在瑞士搭火車，鄉村景色總是很快映入車窗，因為城市都不大。而這條路線的鄉村景色格外開闊、壯麗，一眼望去，遠處是白雪覆蓋的山巒，美得不像真的，彷彿有某個巨人藝術家認為翠綠的山腳與麥田還不夠如詩如畫，便決定在壯闊的地平線上揮毫，添上了幾筆。雖然瑞士的任何一個角落都離阿爾卑斯山不遠，但有時還是會讓人忘記它的存在。俗語說：「視線之外，思緒之外」，瑞士為這句話賦予了不同的意境，至今仍使我驚奇不已。

朗瑙在地圖上大多寫成「Langnau i.E.」，只要抵達當地，你就會恍然大悟。「Langnau i.E.」代表「在愛曼塔的朗瑙」（Langnau im Emmental），所有追尋乳酪之旅都從此地開始。這座中型聚落隨處可見老舊的木造房屋、種滿花草的陽台、堅固的教堂、小商店與超市，不像英國的同規模聚落往往只有寥寥可數的磚房與免費停車空間。朗瑙的遊客中心藏身在一棟醜得嚇人的現代建築裡，與鄰近那些年代悠久的建築物格格不入。遊客中心裡有許多以愛曼塔乳酪為主題的地圖與指南。我出於好奇，詢問了伯恩的旅遊資訊。

「太遠嘍。」我得到同樣的回答，好像我問的是外蒙古似的。

身後傳來喇叭聲，原來我的援兵已經抵達。我們就此上路，尋找帶有孔洞的乳酪。

✚ 前進愛曼塔中心

我們沿著比較少人的路走，立刻感受到愛曼塔的地勢陡峭。我原以為會看到開闊平坦的田野和散布其間的乳牛，而這裡有很多牛（但

A 英語 wank 是手淫的意思。

沒什麼羊，這點也與愛默戴爾鎮不同），但大多得面朝上坡或下坡，甚至斜著身子才能吃到草，很少能站在水平面上。沒什麼好驚訝的，因為阿爾卑斯山就在往南一小時車程處。話說回來，這裡的丘陵真是龐然大物，以這樣的高度，在其他國家可能就稱為山了。朗瑙後方的山丘陵高一〇三六公尺，只比英國第二高山斯諾登山（Mt Snowdon）略小，只不過比起後者崎嶇險峻的山勢，前者就像覆蓋了綠色絲絨的可愛土丘。再加上朗瑙的海拔高度有六四三公尺，也使得這座「山」看來像是僅有三六三公尺高的小丘。任何事物都是相對的。

雖然地形起起伏伏，這裡仍有許多田，只不過規模都不大。這裡沒有廣闊的空間行駛大型聯合收割機，也沒有隨風搖曳的大片玉米田，更沒有陽光下閃閃發亮、綿延數公里的溫室菜棚。但這裡有著半面由樹林覆蓋的山坡、山間的潺潺小溪，牛群在豐美的斜坡草地上吃草，還有間隔規律的成列農舍。某些農田的面積甚至小於典型的英國住家後院，卻擁有我此生見過最大的農舍。這些農舍大小恍如木造穀倉，鋪了瓦片的屋頂面積勘比足球場，傾斜的兩側則幾乎要碰到地面。但屋簷下成排的小窗戶，以及屋前種滿向日葵的花台，將農舍的巨大感抵銷殆盡。這些農舍非常上相，也非常瑞士。

由於風景實在太誘人，天氣又太好，我們找了間餐廳，將餐點外帶到戶外野餐，再加上瑞士超市的熱銷品：水煮蛋。這些水煮蛋已經煮熟、放涼，方便隨時享用，包裝上甚至寫著「野餐蛋」，多棒的主意！而且就像復活節彩蛋，這些水煮蛋有美麗的彩繪蛋殼，所以不會和生雞蛋搞混，瑞士人就是這麼注重細節。我們向北漫遊，沿著愛曼河往下游走，經過一條連接許多村莊的小徑。這些村莊彷彿才剛發現如今已是二十一世紀。撇開柏油路、汽車，與頭頂上的電線這些現代生活元素不看，愛曼塔彷彿過去幾十年都沒有任何改變，一如其他瑞士農村。

+ 品嘗鄉村生活

當世界用兔子的速度前進，瑞士鄉村卻選擇以烏龜的步調生活，維繫傳統，但也一點一點地加入現代的舒適。丟旗子慶典、約德爾山歌俱樂部、傳統服飾、民俗音樂，習俗是現代生活的一部分，而且幾乎每個社區都有自己的特色。各個社區認真看待、珍惜與慶祝自己的傳統，但不是為了招攬觀光客。

舉例來說，在伯恩高地（Bernese Oberland）和亞本塞一帶，牛群在春天會被趕到高山牧場以舉行慶典。人們用花、牛鈴、旗幟裝飾牛隻，並讓牛隻參加選美比賽，優勝者將受封為當夏的女王。當秋天來臨，牛被帶回低地，也還有遊行和派對可以參加。不用懷疑，許多村民會在這天前來共襄盛舉，但慶典裡村民所做的，也不過是他們每天的例行公事，就是聆聽（並宣稱自己很享受）胡迪蓋格（Hudigäággeler），這是瑞士的傳統音樂，通常由三個男人演奏，各別負責手風琴、低音大提琴，和單簧管或低音號。當你聽過兩首之後，就會覺得這種音樂聽起來全都一樣，但瑞士人很喜歡，因此在電視上經常可以看到，而且是在熱門時段的一般頻道，而不是在凌晨三點的有線電視台，播放給十七個失眠者觀賞。

瑞士有三種傳統運動，擊球（Hornussen）、摔角（Schwingen）和投石（Steinstossen），全都是夏季的活動。擊球就像高爾夫球和棒球運動的綜合體，屬於團體競賽，一方投出塑膠球，另一方要用大槳設法擊中，這運動在愛曼塔特別受歡迎。摔角屬於戶外運動，以木屑圍成圓圈作為場地。選手通常是魁梧的男性，多半是乳酪師傅或木匠，參加比賽時會在自己的衣服外套上像尿布般的粗麻布。贏的人獲得花圈或牛鈴——沒有獎金。投石也同樣由身形魁梧的選手參加，石頭投擲得越遠越好，有點像鉛球比賽，只不過石頭重量從四到五十公斤不等。這三種運動和約德爾山歌吟唱、阿爾卑斯長號演奏及擲旗都是聯邦文化節（Schwing- und Älplerfest）的重點活動，這就像是瑞士文化的奧林匹克競賽，每三年舉行一次，摔角項目的贏家將受封為摔角王，獲得一頭牛作為獎品。木匠約格．阿德海頓（Jörg Abderhalden）於二〇〇七年三度蟬聯摔角王後，獲選為該年度最具瑞士特質的人[4]——由此可以看出這運動的重要性吧！

在瑞士，事物很少急劇變化，而這正是瑞士人所期望的。二十年後再回到此地，很可能大家還是在正午時刻吃午餐，乳酪慶典上仍演奏著胡迪蓋格音樂，商家依然星期天公休。以上種種，都是這裡之所以迷人的原因，這裡充滿活生生的歷史感和社群歸屬感，讓我覺得一切好像永遠不會改變。當然，沒有人能夠阻止社會變遷，即使是瑞士最傳統的部分，也得前進。

✚ 製作乳酪

在瑞士，新舊並行看來不成問題，阿福爾特恩（Affoltern，同樣也是個字尾要加「i.E.」的村子）的酪農場就是個例子，你可以前往參觀愛曼塔乳酪的製作過程。你很可能巧遇一群搭乘大客車前來，異常興奮的瑞士老奶奶，與她們一起參觀這種知名乳酪的製作過程，並透過多語導覽裝置了解所有步驟。隔著一片偌大的樹脂玻璃窗往下看，你會看見一口大水缸，裡頭是攪拌中的牛奶。你還能嗅到一股氣味，因為圓形乳酪就儲放在樓下的架子上。那感覺有點像是，你正把鼻子湊近某人的鞋子。

我已經掌握了製作愛曼塔乳酪的完美食譜。首先找一頭牛，每天餵食一百公斤的新鮮牧草，記得混入八十五公升的水。一天擠奶兩次，你最多會得到二十二公升的白色液體。然後加入凝乳酶，以攝氏三十二度燉煮，直到凝固，再以鋼圈攪拌棒攪拌，並緩緩加溫到五十五度。將凝結的牛乳倒入模具，擠壓一天，並不時翻轉，再將凝乳完全浸入鹽水，不超過二十四小時。然後放在陰涼潮濕的地窖中至少四個月，並定期翻轉、清洗、搓揉，等待熟成。最後切片、上桌。

製作一公斤愛曼塔乳酪需要十二公升牛奶[5]，而一個完整的圓形愛曼塔乳酪直徑一公尺，中央厚約二十五公分，重達一百二十公斤[6]。換句話說，這塊乳酪中包含非常多牛奶。愛曼塔乳酪確實非常龐大，因此大多是切成長條狀而非楔形，因為要是切下一塊像派那樣的切片，會有五十公分長，恐怕不太容易裝進一般的乳酪切盤。至於洞的成因，其實是製酪過程中最後一道手續加入了細菌，而那細菌釋放二氧化碳所形成的。洞在專業用語稱為「眼睛」，這讓愛曼塔成了乳酪界的孔雀，而孔洞大小取決於製作時的溫度高低，以及熟成的時間長短。

我在觀光酪農場學到的不只是製造孔洞的技術，我也發現加入「ER」會造成怎樣的差異，而且跟演員喬治·克隆尼[B]無關。愛曼塔顯然是一種通稱，指涉所有以上述方式製作、帶有孔洞的乳酪。至於愛曼塔勒（Emmentaler，字尾加了 ER），則是個受保護的品牌，要掛

B 喬治·克隆尼主演的電視劇《急診室的春天》（*Emergency Room*）簡稱為 ER。

上這個名字的乳酪，必須在瑞士的特定區域生產，所使用的牛奶也必須來自餵食新鮮牧草和乾草的乳牛，並且是擠出來不到半日的生牛奶[7]。愛曼塔勒乳酪也是圓形，每一塊都帶有編號，可追溯生產履歷，而且都蓋有通過原產地命名控制的 AOC（Appellation d'Origine Contrôlée）證明標章，就像某些葡萄酒一樣。

瑞士乳酪最棒的一點在於小規模生產。製酪可不是一般的家庭工業，瑞士每年生產十八萬噸乳酪，約三分之一外銷出口[8]，其中大部分生產自上百間村莊的酪農場，使用當地農場的牛奶製成。確實，多數酪農場已經現代化，不再使用柴火與銅鍋來煮牛奶，不過在這間酪農場還有機會見到這項技術。在老舊的木造房屋裡，有個大鍋子懸掛在火上，一個與這幅景象十分相襯的鄉村男性正在用傳統方式製作乳酪。即使我們與那房間有些距離，也能感受到整棟建築瀰漫著乳酪臭味，好像房子是用乳酪蓋的一樣。但也許真的是這樣，就像瑞士版的薑餅屋，牆面則因為年代久遠和煙燻變成了木頭般的褐色。

✚ 最夠乳酪味的鎮

如果說愛曼塔乳酪是瑞士德語區的乳酪原型，那麼格呂耶爾乳酪（Gruyère）就是法語區的代表。把兩種乳酪等量混在一起，就能創造完美的乳酪火鍋（fondue）。兩種瑞士語言、兩種瑞士乳酪藉烹飪完美交融，共同成就了極致的瑞士料理。

即使在這滿是美麗小鎮的國家，格呂耶爾（Gruyères，基於某些原因，比乳酪名多了個「s」）仍算是數一數二令人驚豔的小鎮。山谷上可見到一座群山環繞的古堡，坐落在崎嶇的岩壁上。這裡看起來就像童話故事《長髮姑娘》中的城堡出現在迷你版愛丁堡。瑞士的城堡沒有設滿槍砲眼的城垛、主城樓或護城牆，無法歸類為軍事風格，倒比較像童話故事中的場景，高塔像是戴了尖頂帽，還有重重城牆圍繞，主城外觀比較像法國城堡而非堡壘。格呂耶爾堡大致符合以上描述，但更森嚴些，比起長髮姑娘，更像吸血鬼德古拉的家。

格呂耶爾就如同所有瑞士市鎮，可以搭乘大眾運輸工具前往，但由於這座城鎮位於伯恩與洛桑的都會區之外，因此不論從何處搭電車前往，路程都既長又曲折。應變辦法就是開車，於是我的家人再一次解救了我。這裡到處都是汽車停車場（但主要是給大客車使用），沿著公路排列到山丘上，其中大多已經停了不少車子，在小鎮圍牆旁的一號停車場也已經停滿。這還是非旺季的上午，你可以想像暑假期間會有多少人潮。格呂耶爾一年有一百萬人次的觀光客，大部分在暑假造訪，對這個只有一百七十個長期居民的地方來說，應該是滿好的收入來源。

格呂耶爾其實非常小，比較像村子而不是鎮。這裡只有一條街，但是條相當了不起的街，寬到可以舉辦足球比賽。這條石頭鋪面的街首先沿著坡道往下穿過中央噴水池後，開始向上坡延伸，並驟然收窄，穿過城堡大門。精緻的中古世紀建築延伸兩側，石牆已近乎洗白，屋簷斜伸而出，窗台花架繽紛多彩，整幅景象如詩如畫，美到令人難以相信，看上去就像電影《飛天萬能車》（*Chitty Chitty Bang Bang*）中的場景。我心中有點期待劇中那個捕捉孩童的傢伙會搭著他的黑色馬車現身，一面抽動鞭子，搜尋孩童的氣味。

靠近點看就會發現這些房舍不是餐廳，就是紀念品店，有點破壞美感。店家外的矮桌上擺著琳琅滿目的乳製品，有乳酪、奶油、牛奶糖，和我最愛的牛奶抹醬（confiture de lait），這是新鮮、鬆軟麵包的美味良伴，堪稱罐子裡的天堂。

所有餐廳都提供面向廣場的戶外座位，甚至菜單好像也都長得一樣，提供一〇一種品嘗乳酪的方式。感覺就像走在倫敦的中國城，每間餐廳的菜色都一個樣。我常想像整座中國城就是一間巨大的餐廳，有個地下中央廚房，透過小列車把食物送往不同包廂，或許格呂耶爾也是這樣。

由於這座小鎮是如此忙碌，預訂餐廳座位就變得非常重要，所以我們隨意選了一間訂位。神經緊繃的服務生再三強調，座位只保留十分鐘。顯然，每年要服務這麼多客人，讓某些人忘了保持最基本的友善態度。不過話說回來，瑞士的服務跟人一樣直來直往，沒有甜蜜糖霜也不加修飾，從服務生的圍裙也可見端倪，而且絕對不會有人對你說：「嗨，我叫海蒂，今天由我為您服務。」瑞士人不習慣表現得這麼親密。

我們非常注意時間，參觀完城堡回到廣場上時，天氣晴朗，人潮絡繹不絕。每間餐廳都擠滿了享用乳酪的客人，大多是放在鍋裡融化了吃。

+ 乳酪與葡萄酒派對

乳酪火鍋是瑞士獻給烹飪界的禮物。若說乳酪火鍋是瑞士的國民菜餚，瑞士的德語區居民可能不會認同，但即使他們再喜歡馬鈴薯餅（Rösti），這種食物就是無法流行到全國各地。乳酪火鍋卻不然，除了法語區之外，無論是蘇黎世老街尼德多夫（Niederdorf）、聖莫里茨的小屋或伯恩高地的度假飯店，都隨處可見這種菜餚。雖然乳酪火鍋有個法語名字（源自法語動詞 fondre，融化的意思），但無疑屬於瑞士菜餚。

如果你不曾經歷一九七〇年代，或當時你只熱衷於上舞廳而無暇顧及其他事情，容我提醒你，那個年代的經典晚餐菜色就是乳酪火鍋。這道菜基本上就是乳酪和葡萄酒在同個厚平底陶鍋（caquelon）裡開狂歡派對，餐桌正中央有座扁平的本生燈用來保溫。你用一把長得可笑的叉子叉起麵包，放入濃稠、混著乳酪和酒味的醬汁中快速轉一圈後拿起，然後把麵包放進嘴巴，並努力避免滴下醬汁。如果麵包不幸掉進鍋子裡，你得接受處罰，可能是親吻你隔壁的人，不過這取決於鄰座是誰，以及你們喝了多少酒。

當然了，對瑞士人來說，乳酪火鍋不是特定年代的流行物，不會隨著彩色寬版領帶（kipper ties）退去。這是瑞士的傳統菜餚，起源已不可考，但通常是在冬季作為舒心料理，好比英國的愛爾蘭燉肉或牧羊人派。只有觀光客才會在大熱天吃乳酪火鍋，這點瑞士人是對的，誰會在攝氏三十度的時候吃熱騰騰的乳酪？當成群的觀光客這麼做時，總是會成為當地人茶餘飯後的話題。

而看到觀光客吃乳酪火鍋時違反以下三條規則，也同樣令當地人驚訝：

- 第一條也是最重要的一條：叉子絕不能碰到舌頭、牙齒或嘴唇，原因很簡單，因為叉子還會回到鍋中。

- 第二條：不可搭配任何有氣泡的飲料，特別是氣泡水，否則會消化不良。一般來說，是以白酒或紅茶佐餐。

■ 第三條：吃到見底時，鍋底會有一層因高溫變硬的乳酪皮（la religieuse），一定要吃掉，那在瑞士人眼中屬於精華，但不能一人獨占，要由眾人分享。

一般人以為乳酪火鍋是瑞士唯一的乳酪菜餚，其實不然，還有源自瑞士南部瓦萊州（Valais）的烤乳酪（raclette）。跟乳酪火鍋一樣，烤乳酪很適合晚餐聚會，而且在大多數超市都能買到專用的桌上烤盤，以及切好的拉可雷特乳酪（raclette）。比較傳統的人，也就是多數的瑞士人，吃烤乳酪時只搭配醃洋蔥和一點點醃黃瓜。有些比較古怪的吃法則會加上鳳梨、玉米筍、小番茄和蘋果。我算是勇於嘗試的人，但在格呂耶爾這樣的地方，只要是形狀有點古怪的醃黃瓜，大概就算是新奇的佐料了。

不出所料，我的乳酪鍋跟著傳統（也就是種類非常少的意思）的佐料端上來，不過烤盤看起來很特別，像在酒吧看到的那種戶外暖爐，不過是迷你版的，一大塊長條狀乳酪就放在下層。當乳酪表層開始融化，我用木製抹刀刮一些下來（拉可雷特一名來自法語的「racler」，意思是刮取），直接抹在帶皮水煮的小馬鈴薯上。這是典型的重口味瑞士菜餚，因為冬季漫長，而且常常要長途步行，所以瑞士人不吃小分量的輕食，量大又豐盛才是瑞士的飲食特色。正餐結束後，你肯定已經吃不下那道歷久不衰的格呂耶爾甜點：蛋白霜餅乾佐覆盆莓與高脂發泡鮮奶油。

格呂耶爾是瑞士最具乳酪味（和俗味）的小鎮，無庸置疑，這是一座美好的小鎮，尤其當冬天來臨，紛飛雪花覆蓋了遊客的喧嚷時更是如此。但利用乳酪作包裝，過分地行銷與開發，有點破壞了那分美好。的確，行銷所援引的小鎮歷史是真實的，但包裝出來的古樸感卻有些矯情。不知為何，這裡給人的感覺就是與愛曼塔不太一樣，愛曼河谷地區保有傳統的鄉村生活，相較之下，格呂耶爾商業氣息較濃，因此吸引了來自世界各地、成千上萬的旅客。從格呂耶爾山腳的觀光酪農場就能感受到這分商業氣息，這裡可不像愛曼塔，參觀是要收費的，不只如此，沒有瑞士法郎沒關係，這裡也收歐元。

✚ 來到酪農場

我們的語音導覽雪莉是個還算討人喜歡的導覽員。她向聽眾介紹她的生活：基本上就是嚼很多草，一天接受擠乳兩次，春天前往海拔比較高的牧場，秋天回到這裡。這生活稱不上多彩多姿，但似乎還算舒服。雪莉的解說鉅細靡遺，例如她提到格呂耶爾乳酪總產量的三分之二是在瑞士被吃下肚的，或科學家偵測出乳酪裡有多達七十五種不同的氣味。其餘的就是日常的乳酪製作過程：將早上與傍晚擠的牛奶混合，在大水缸中加熱（展示的水缸容量高達四千八百公升），浸泡鹽水，擠壓，儲存。格呂耶爾乳酪就如同愛曼塔勒乳酪，也受AOC標章保護，因為這種乳酪只在這個區域製作。而製作一公斤的格呂耶爾乳酪也需要十二公升的牛奶。事實上，格呂耶爾乳酪與愛曼塔乳酪似乎沒什麼不同，只差在前者是視障，因為沒有「眼睛」。除此之外，只有尺寸不同：一個圓形的格呂耶爾，平均直徑六十公分、重三十五公斤，比愛曼塔輕多了。

透過窗戶，你可以看到樓下有七千個圓形乳酪，從地板堆放到天花板，全都緩慢地熟成中。那場景就像科幻片主角發現一間倉庫後開燈一看，只見數量龐大的複製機器人整齊劃一地排列著。雖然在我眼前的只是乳酪，但看起來還是有點驚悚。接著出現一台自動推車滑進走道，伸出機器手臂，將乳酪一個個翻面，這下真的像是另一個世界的場景了。

標準的格呂耶爾乳酪有三種口味：清淡、半鹹、鹹，但都不是我的最愛。我在店裡試了「封存」(Reserve) 款，這名字讓乳酪更像紅酒了，彷彿擁有 AOC 認證還不夠一樣。「封存」款格呂耶爾乳酪需要熟成至少一年，帶有顆粒口感，比較不像橡膠，質地比較鬆散，口味也較濃，非常美味。這時我已開始為乳酪深深著迷，儘管我見識到的還不是瑞士乳酪的全貌，而只是一小部分而已。

✚ 正宗瑞士乳酪

瑞士有兩大連鎖超市，瑞士人的日常採購花費有九成都進了這裡[9]。德國的特價連鎖超市，像阿爾迪 (Aldi) 或利德 (Lidl) 也已進駐瑞士，但只占了市場一小部分，因為多數瑞士人對自己所認識、信任的品牌相當忠誠（特別當對手來自德國時），而他們所認識的，是庫普 (Coop) 和密果斯 (Migros)。庫普是比較高級的瑞士連鎖超商，有點像瑞士版的森寶利 (Sainsbury's)，與主打平價、親民的對手密果斯有兩大主要區隔。第一，庫普賣菸酒，密果斯不賣。真的，不騙你。而我無法想像任何一間英國超市少了十條走道的葡萄酒、威士忌、啤酒和櫃檯後方的菸還能經營下去。另一個差異則是架上陳列的商品品牌。密果斯很少賣跨國品牌商品，而是偏好自有品牌和在地產品（牛奶瓶標籤甚至會標出產區）。相反地，庫普是個品牌中心，架上充斥著可口可樂、台爾蒙（Del Monte）、品客、寶瀅（Persil）、瑪氏（Mars）等等。

先不談品牌，有一回我上庫普找晚餐聚會吃的乳酪。在瑞士，乳酪是獨立的一道菜，常在主菜與甜點之間上桌。當時我穿梭在走道間，正驚訝於竟有這麼多種木斯里多穀片（muesli）可選購（有二十八種——我原本以為只有歐寶［Aplen］一種），接著就來到了乳酪區櫃檯。所有的瑞士乳酪都在這兒了，硬的、軟的、有洞的、沒洞的、牛奶的、羊奶的、圓形的、派狀的，這裡是老鼠的天堂。櫃檯後的女生用牙籤叉了一塊給我試吃，我遲疑了一下，但基於禮貌還是接下並放進嘴裡。

噢，我的天啊（現在我會說德語了：Oh, mein Gott）！完全沒有我所厭惡的橡膠口感或平淡口味，相反地，我被這厚實、濃稠，帶著鮮明香氣，甚至有些許草本味的乳酪給震懾住了。我天真地以為自己找到了特別的東西，但這對我的瑞士籍晚餐賓客來說當然沒什麼，他們早在好幾世代以前就開始享用亞本塞勒乳酪（Appenzeller）了，不過他們仍禮貌性地讓我細細品味我的「發現」。這不禁讓我思考，為什麼在國外所能買到的瑞士乳酪只有愛曼塔與格呂耶爾呢？

自從在庫普發現新大陸的那一刻起，我開始感受到豐富多樣的瑞士乳酪所帶來的誘惑，每一種乳酪背後都有一個故事，名字很好聽的提爾希特乳酪（Tilsiter）是以一座東普魯士的鎮命名，創始者是一位被放逐到該地的瑞士人，他直到一八九三年才返回家鄉[10]。堅硬的斯伯里恩茲乳酪（Sbrinz），是一種類似帕瑪森（Parmesan）的乳酪，只在陸森（Lucerne）湖畔十四間酪農場製造[11]。如絲綢般細緻的修士頭乳酪（Tête de

Moine）可用專屬刀具削出美麗、捲曲的花瓣。對瑞士人來說，這些乳酪都跟愛曼塔乳酪一樣常見，但對我而言，每一種都是全新體驗。然而，上述這些乳酪沒有一種能像亞本塞勒乳酪一樣，帶給我那種萬千滋味在味蕾上舞動的感受，這種獨特的乳酪，來自同樣獨特的產地。

✚ 獻給古樸心腸的人

假如你從未聽過丘陵連綿、土地豐饒的亞本塞，不必驚訝，外國人很少聽過這地方。但這地區在瑞士很有名，不只因為這裡生產獨特的乳酪，也因為這裡是最傳統的鄉村地區，如果你用比較刻薄的城市觀點來看，也是最落後粗鄙的鄉下地方。亞本塞人常因為當地的獨特建築、方言與服裝，成為其他瑞士人開玩笑的對象。這裡的男人仍穿著有刺繡的紅色背心、黑帽與馬褲，一邊耳朵戴著銀色耳飾，這裡就如同亞本塞旅遊網站所下的精準注解：「彷彿時間停止」[12]。傳統，就是這裡的生活方式，尤其當母親節這類節慶來臨時，你會更容易理解這點，而母親節雖然不是假日，但這裡的人仍會慶祝這一天。

在英國，母親節被排在復活節之前，並隨每年的復活節調整日期，因此這個節日沒有固定日期，像隻迷途羔羊徘徊在三月間。不過在瑞士，母親節永遠是五月的第二個星期天，而且是個重要節日。母親節前電車上會擠滿返鄉的孩子，人人提著大大的花束、盆栽，還有花花綠綠的包裹或簡約的白色蛋糕盒，這些都是給母親的禮物。不過奇怪的是，沒有人送卡片。在其他國家，卡片公司總是可以在母親節這類節日大賺一筆，但在瑞士沒有這回事，因為瑞士人不太寫卡片。你在這裡不太會看到生日卡片、慰問卡片、康復卡片、祝賀卡片，甚至是聖誕節卡片。瑞士人平均一年寄出八張卡片，美國人則是四十五張[13]。或許瑞士人比較喜歡當面說出心中的話，再送上一束花——這永遠是母親節禮物的最佳首選。

當我們抵達霍厄卡斯滕山（Hoher Kasten）下一群村子所形成的聚落布洛里薩（Brülisau）時（見二九四頁的瑞士東部地圖），正好遇上母親節慶典的高潮。所有居民都聚集在教堂參加母親節禮拜，教堂階梯上有村子的銅管樂隊在奏樂。當地人全都盛裝前來，也就是說，女人戴著硬挺的白色蕾絲頭飾，看起來有點像餐桌上扇子造型的紙巾座。這種頭飾的重點在於後方的緞帶，紅色表示已婚，黑色是寡婦戴的，白色則代表未婚。上了年紀的女性則不戴頭飾。感覺有點像中古世紀版的《超完美嬌妻》（*The Stepford Wives*），當所有女性一同步入教堂時，那場面真是壯觀。

上里特（Oberriet）這個村子也一樣詭異，幾乎每座花園與農田裡都擺了一個稻草人，儼然是希區考克電影中的場景，好似村民已經準備好對付鳥類大軍侵襲。稻草人的造型千奇百怪，有穿結婚禮服的，也有上班族造型的，在肥胖渾圓男子造型旁的是長棍上簡單紮著稻草的極簡版，甚至還有巨大烏鴉造型，彷彿出自英國電視劇《步步驚心》（*Hammer House of Horror*）。原來，村民為了進入金氏世界紀錄而製作了五百三十一個稻草人[14]，或許大家已經厭倦了牛隻選美比賽。這不是開玩笑的，上里特村民會選出最漂亮的牛封為上里特小姐，然後送牠去競爭萊茵河谷小姐。當我們的車子沿著上坡開往亞本塞中心地帶，稻草人一一消失在後照鏡裡。亞本塞的中心地帶由岩石山脈環繞，是個青蔥嫩綠、地勢如水波般緩緩起伏的高原凹地。

即使地平線凹凸不平，這裡仍有一種在愛曼塔無法感受到的開闊感。儘管沒有平坦的草原，卻能讓人感受到自然萬物在此不受拘束，而且你不會覺得這裡空蕩蕩的或很蠻荒。這裡就像所有瑞士鄉間地區，農場之間保持一致的間隔，那距離像是為了能與鄰居輕鬆對唱約德爾山歌而設計。瑞士每一區都有自己的特色建築，瑞士人頗為此自豪，相比愛曼塔巨大的農舍，亞本塞的則小巧端莊。方正的屋子共有三層樓，木頭外牆大多漆成淺藍或淺黃色，活像從電視劇《大草原之家》（*Little House on the Prairie*）裡搬出來的。穀倉位在農舍右側，兩者排成 T 字形，好讓主人和動物在夜裡可以相依偎。

看過那些地勢如波浪緩緩起伏的農場與謹守傳統的鄉村生活之後，亞本塞鎮在我眼中就像個繁忙的都會，雖然這裡也僅有六千人。

我前一次拜訪亞本塞鎮是為了參觀露天的州民大會（見第四章），當時鎮上人滿為患，這一次總算有機會好好欣賞這裡的建築物。漫步在行人專用的主幹道上，我好像走在迪士尼所打造的另一個瑞士裡，木造老房子漆著繽紛的顏色，還有精緻的圖案裝飾。頭頂上垂吊著一排排金黃色帶花邊裝飾的招牌，有藥局、旅店、肉販。櫥窗裡滿是當地手工產品，像是梨子麵包、精緻刺繡，還有標準的瑞士紀念品，如按了肚子會哞哞叫的玩具牛。當然這裡也有誘人可口的乳酪，有圓形的也有切塊的。每當店門開啟，強烈的氣味就會從中竄出，並流連在空氣中，然後就像卡通所描繪的一般，化作一縷煙霧跟隨我們走在街上。雖然今天是星期天，而且這裡是天主教州，但一些店家仍照常營業，想從街上滿滿遊客的荷包中多賺一點。

不規則狀的主廣場顯然比四月時空曠許多，現在我可以好好欣賞建築了。幾乎每一棟屋子的木牆都漆了顏色，一面面精緻外牆排在一起，彷彿褪色的彩虹，從向日葵黃、龍蝦紅，到巧克力色都有。我們在菩提樹下找了張桌子，享受一頓傳統午餐。喜愛吃肉、喝酒的人一定會很喜歡亞本塞的菜單，韃靼牛肉配上亞本塞單一麥芽威士忌，想來一點嗎？還是在用過小牛肉白香腸（Siedwurst）後，來半公升大麻花啤酒（Hanfblüte）解膩呢？要是你吃素，幸好這裡產乳酪，所以素食者的選擇也很多，例如乳酪醬通心粉（Chäsmaggerone），可別聯想到你悲慘的校園晚餐，因為這裡端上的不是爛糊般的英式菜餚，而是義大利麵與馬鈴薯丁佐清淡奶油乳酪醬，上頭撒了烤得金黃酥脆的洋蔥，搭配蘋果泥。

午餐過後，我走進一間乳酪專賣店，大肆採購在地產品，準備帶回家享用。是的，我知道在我家附近的庫普超市也能買到亞本塞勒乳酪，但我相信在產地買到的肯定更美味。

+ + + + + + + + + +

瑞士不適合乳糖不耐症患者造訪，乳酪是此地最出名的外銷產品，也是所有瑞士菜餚中最重要的食材。住在這裡的人每年冬天至少會吃一回乳酪火鍋，所有的小酒會也一定會有乳酪切盤。瑞士共有一百六十萬頭牛[15]，這數字毫不令人驚訝，牠們不僅妝點了田野景色，同時也生產牛奶，創造龐大經濟價值。當然了，牠們也豐富了鄉村的聲音風景，當你散步時，如果沒有聽到牛鈴聲從谷底迴盪上來，就不像是在瑞士散步。

瑞士乳酪種類繁多，遠超過我們在國外所能見到的，而當中只有一種乳酪有洞，而且不見得每種乳酪口感都像塑膠。如果用冰山比喻瑞士的乳酪，我們窺見的只是小小一角。等你親自來到瑞士，品嘗到真正好吃的乳酪後，才會明白，原來瑞士把橡膠口感的乳酪外銷，剩下的則藏起來不讓人家看見，讓這世界無從得知真正的美妙，這多麼具有瑞士風格！但瑞士乳酪並不安逸於眼前的成功，在瑞士，你時常可以看到三大乳酪品牌[16]在雜誌、電視、戲院、輕軌電車上刊登廣告，幾乎到處都是。顯然宣傳效果很好，瑞士人吃很多瑞士乳酪，每人每年平均消耗十五．九公斤[17]，若加上進口乳酪，這數字則十分驚人地高達二十一．二公斤[18]，遠超過歐盟平均[19]。相較之下，英國人吃的乳酪量還不到瑞士的一半[20]，英國顯然不是愛好乳酪的國度。

瑞士人之所以吃這麼多本國產的乳酪，除了成功的廣告以外，還有一項重要原因，就是他們積極保護自己的國家、傳統和產品。從新鮮水果到手工木雕玩具，只要是瑞士製造的產品，都會帶有醒目的標示，無論農人、製造商、零售商，全都知道這是讓產品熱銷的關鍵。瑞士生產的草莓或櫻桃，價錢很可能是西班牙進口品的兩倍，然而只要到了產季，大家就只會買本國產品。乳酪也是這麼一回事，瑞士人認為，只要可以買到本國產的東西，就沒有理由去選擇法國或英國的進口品。

這就說到重點了，瑞士這個國家並不大，城市也小小的，大家住得離鄉村並不遠，而鄉村又有豐富的物產與傳統。因此即使是在蘇黎世出生長大的瑞士人，內心也都住著一個鄉下孩子。對某些都市人來說，牛隻選美比賽和約德爾山歌競賽或許很可笑，但卻是內化在鄉村生活中的元素。而我猜想，即便是搬離瑞士移居國外的人，也默默地為母國家鄉仍延續著傳統而感到歡欣。這是瑞士之所以是瑞士的原因，而且每個瑞士人都引以為傲——他們理當如此。

瑞士貼身小觀察 8 當個完美客人

與瑞士人聚餐，有三件事很重要：邀請、禮物、參與。瑞士人鮮少邀請外人到家中，因此如果受邀吃飯，通常是上餐館。受邀的客人不需要付任何錢，也不需要貢獻什麼。在瑞士，只有雙方一同約定見面吃飯時，才會各付各的。

所有的規則對瑞士人來說既清楚又符合邏輯，但外人卻容易誤觸社交地雷。舉例來說，你生日時想跟朋友吃頓飯慶祝一下，在英國，讓你的朋友平分帳單是很正常的，所以即使是你自己邀約大家聚餐，你也不需要出任何錢。在瑞士卻完全相反，你得全部買單。瑞士人如果受邀參加英國人的生日宴會肯定會嚇一跳，不但要自掏腰包，還得分擔主辦人的那一份。假設某個外國人邀請瑞士朋友吃飯，結果很可能是讓荷包大幅失血。如果你沒有事先溝通清楚，一次周六晚餐聚會可要花掉你不少錢，而一場生日聚餐的花費也可能高達數百元瑞士法郎。

要適應這個文化衝突並不是那麼容易。舉例來說，我父母第一次去列支敦斯登（Liechtenstein）與葛列格家人見面時，葛列格的爸爸漢斯，邀請兩家共十八個人出門吃午餐。我父親想與漢斯分攤帳單，以感謝他這三天以來的招待，但漢斯堅持不肯，因為是漢斯發起的邀請，所以理所當然他要買單。帳單甚至在我父親發現之前就結清了。是的，帳單被默默地付掉了，好像從來不存在一樣，等我父親注意到時已經來不及了。這是瑞士人的做法。

假如哪天你受邀到瑞士人家中作客，別忘了伴手禮。選禮物不會很難，只不過這個禮物要能表現你的誠意與主人的風格或喜好，並反映這次邀請的輕重等級。所以如果你受邀去喝杯咖啡或茶，那就帶上甜點或巧克力店賣的小東西即可。如果是小酒會，可以帶一瓶葡萄酒（最好是瑞士產的）或花束。酒和花也同樣適合晚餐的情境，不過你可能要選擇高級一點的。但如果這頓晚餐是為了慶祝，禮物的選擇就五花八門了。我們作東時曾收過各式各樣的禮物，包括茶具組、電影票、濃縮咖啡湯匙、書、高級的迷你野餐籃，甚至玩具布偶。瑞士人之所以贈送禮物，一部分是誠心感謝你敞開家門邀請他們，也可能是以此作為這次招待的回禮，所以你不需要因為收到禮物而寫感謝卡給你的客人。話說回來，作為主人，事後你也不大會收到感謝卡，畢竟大家在當晚已經透過禮物表達謝意了。

當個完美客人的最後一點，就是好好地當客人就好，切記。在瑞士人家裡，客人不需要幫忙。絕對不要踏進廚房，也別斟飲料或清理桌上的餐盤。你可以表達幫忙的意願，但會被主人禮貌地拒絕，之後你就得乖乖坐下，放輕鬆，至少裝作輕鬆。如果你二度表達要幫忙，或問都不問就主動幫忙，這表示主人家準備不周，無法自己處理。一旦你這麼做，之後恐怕等上好幾個月（甚至好幾年），也不會接到第二次邀請了。但或許，哪一天當你學乖了，只是做做樣子說要幫忙，卻意外被接受了，那你就知道你被當做自己人了。接下來你要做的，就是確定自己的舉止符合餐桌禮儀，不過那又是另一個地雷區了。

第九章

巧克力的故鄉

WHERE
THE
CHOCOLATE
COME
FROM

國民菜餚會形塑人們對特定國家的印象，不論對本國或他國皆同。英國有炸魚薯條，西班牙有海鮮飯，蘇格蘭有肉餡羊肚（haggis），美國有漢堡，瑞士則有乳酪火鍋。瑞士人熱愛這種吃法，除了乳酪與葡萄酒口味，還發展出各式各樣的變化。中國鍋（fondue chinoise）以滾燙高湯涮牛肉薄片，搭配多樣的醬料，這是一道很受瑞士人喜愛的家庭節慶菜餚。勃艮第鍋（fondue bourguignonne）則以熱油取代高湯來涮肉片。這些鍋類料理深受大家喜愛，但不太對我胃口，我唯一喜歡的，是搭配水果與蛋糕的巧克力鍋。這道極致的瑞士甜點完美結合了國民菜餚和堪稱瑞士最知名的產品暨發明物——牛奶巧克力。而這一切都要歸功於發明者丹尼爾・彼得（Daniel Peter），我應該要在這本書中把他推崇為聖人才對，因此我決定到他的家鄉朝聖。

✚ 牛奶巧克力誕生地

如果你有機會拜訪沃韋（Vevey），大概很難想像，住在這個地方的人竟然發明了能夠讓世上大多數心靈獲得撫慰的好東西，也很難想像全球最大的食品公司將總部設在這裡[1]。沃韋是日內瓦湖北邊一座湖畔小鎮，離蒙特勒（Montreux）不遠（參考第二〇〇頁地圖）。有個大市集廣場，可遠眺法國阿爾卑斯山色。事實上，除了雀巢公司（Nestlé）在此設有全球總部以外，沃韋還有另外一件值得說嘴的事，那就是卓別林在此安息，他的雕像使這裡的湖畔步道增光不少。有趣的是，在沃韋上科爾西耶鎮（Corsier-sur-Vevey）小小的墓園中，他不是唯一著名的英國人，演員詹姆士・梅遜（James Mason）、小說家格雷厄姆・格林（Graham Greene）都是他的鄰居，瑞士的這一小角將永遠屬於英格蘭。我很好奇，他們是為了享受晴朗氣候與湖色風光，還是都喜愛美味的牛奶巧克力。

雀巢總部是沃韋鎮上最大的建築，雖然不是最漂亮的，但若考慮到這個企業的規模，也不如「企業怪物」一詞所形容的那樣醜惡。雀巢公司在一八六六年由德國移民亨利・雀巢（Henri Nestlé）創立[2]，以製作煉乳和嬰兒奶粉起家，後者至今仍在市場中屹立不搖。如今雀巢旗下品牌琳琅滿目，隨意都能列舉出如沛綠雅礦泉水、莫凡彼冰淇淋（Mövenpick）、美極調味料（Maggi）、菲利克斯寵物食品（Felix）和堡康利食品（Buitoni）等，光憑這些品牌幾乎就足以成立一間新的超市。一九八〇年代末，雀巢併購了英國最老字號的糖果品牌「朗特里」（Rowntree），六十年前則併購了丹尼爾．彼得的巧克力公司，不過由於牛奶巧克力是雙方共同研發的心血結晶，所以這場併購也許不那麼引人側目。

彼得是肉販之子，早年當過蠟燭工人，直到與當地巧克力工廠老闆佛朗科斯—路易斯．凱樂（François-Louis Cailler）之女成婚，才一頭栽進巧克力的世界。當時的巧克力只是可可豆加糖，口感不如今日滑順綿密，也不那麼受喜愛。再加上瑞士沒有殖民地，製作巧克力所需的糖與可可豆全都仰賴進口，因此售價也高。為了降低成本，同時讓巧克力更順口，彼得把腦筋動到在瑞士唾手可得的牛奶上。彼得的首次嘗試失敗了，因為牛奶水分太多。好在生產濃稠煉乳的雀巢就在隔壁，於是在一八七五年，這個天作之合在沃韋誕生了。

往後數十年內，瑞士成了全世界最出色的巧克力生產者。富有的外國觀光客將瑞士巧克力買回國，讓瑞士巧克力打響了名號，觀光客會做的事從過去到現在都差不多，只不過當時的人數少了許多。在彼得加入梅塞爾．凱樂（Messrs Cailler）的事業多年以後，紐沙特的舒卡德（Suchard），以及伯恩（Bern）的林茨（Lindt）[3]和托布勒（Tobler）也紛紛加入這行業，展開競爭。這些品牌當中，應數托布勒最知名，所有免稅商店都買得到他家的三角巧克力。三角形的靈感來自巴黎的女神遊樂廳（Folies Bergères）中，舞者排成的金字塔形狀[4]。雖然這間公司目前隸屬美國食品大廠卡夫（Kraft）旗下，但每年所生產的七十億條三角巧克力，都仍是在伯恩製造的[5]。

雖然沃韋在巧克力發展史上如此重要，但在這裡卻不太有機會看到或品嘗到這個古老的棕色魔法，你必須往北來到布羅克（Broc），才能找到瑞士最老字號的巧克力品牌凱樂（Cailler），這家公司至今仍在原初的發跡地生產巧克力[6]。在格呂耶爾東北方一個前不著村、後不著店的偏僻之地，突地出現一間巧克力工廠，乍看可能有點奇怪，但是當你知道這裡擁有一切維多利亞時代巧克力師傅所需要的元素（當然除了可可豆以外）後，應該就能理解了。這兒有推動磨坊的水流，有鐵路經過，以及最關鍵的，穩定供應的在地牛乳。這座工廠由一八九八年營運至今，目前仍是凱樂巧克力最主要的出貨廠，而且開放免費參觀。

凱樂巧克力的外銷量不高，因此在國外的知名度不如舒卡德或瑞士蓮（Lindt），但對挑嘴的行家來說，凱樂是頂級品中的頂級。我曾帶著家人造訪這座巧克力天堂，想一睹生產過程，可惜的是，礙於衛生與安全考量，導覽行程已刪除了所有與製作程序相關的部分，但至少整個空間都瀰漫著巧克力香。當時因為接待人員承諾，最後會安排「豐富到令人噁心的巧克力品嘗體驗」，我們還是決定前往這座不開放參觀生產過程的觀光工廠。

一個衣著樸素的女性職員向我們解說可可豆變成凱樂巧克力的過程，這間工廠每年將四百萬公斤的可可豆、六百八十萬公斤的糖混入來自五十八間在地農場，共七百二十萬公升的牛奶。咬下一口凱樂巧克力，等於吃下一口瑞士。有趣的是，凱樂是目前唯一仍使用當地新鮮牛奶的工廠，其他品牌已用奶粉來替代牛奶。

我們走進一間擺了數張桌子的房間，桌上滿是不同等級的巧克力，對巧克力迷來說，很難找到比這更美好的景象了。這就是前面提到的「豐富到令人噁心的巧克力品嘗體驗」。起初我們愣了一下，眼前這吃到飽的巧克力饗宴，肯定會讓許多巧克力特色餐廳相形失色，兩秒後我們回過神來，開始試吃第一批巧克力，品嘗其中每一種口味。在這裡你可以試吃凱樂生產的每一款巧克力，從白巧克力條到糖心黑巧克力。不過在你品嘗了六、七種之後，會開始感覺反胃，這也可能是因為第八款叫做女人（Femina），這是凱樂最早推出（一九〇二年）的糖心系列商品。但這名字就是無法吸引我，聽起來像某種藥妝店賣的商品，不會讓人想放進嘴裡。我跳過女人，選擇了冰冷（Frigor）。我承認這名字也好不到哪兒去，大家都說巧克力帶來的滿足感堪比性愛，但這名字一點說服力也沒有。男性讀者最好別同時送這兩款巧克力給你的伴侶。

+ 巧克力愛好者之國

然而凱樂終就只是瑞士眾多巧克力品牌之一。論巧克力購買量，這個國家可是全球之冠，平均每人購買十二．四公斤，比英國足足多出兩公斤[7]，這數字足以令人看得目瞪口呆，如果你剛好在吃巧克力，希望你沒噎著了。而這背後隱藏了兩件有趣的事，第一，每年有將近三萬噸[8]的可可輸入瑞士，當然其中可能也有一部分用於其他烹飪用途，但這數字聽起來就像是運送煤到英國工業區新堡（Newcastle）一樣。第二，十二．四公斤是平均購買量（瑞士人究竟吃下多少巧克力則從未獲得證實），所以其中包含外國觀光客買回家的數量。我相信外國觀光客絕對占了很大一部分，因為我見識過成群的日本觀光客大肆搜刮超市裡所有巧克力的模樣。正如「瑞士巧克力」網站（Chocosuisse）[9]

所寫，有人「開車入境瑞士，只為了買瑞士巧克力」[10]。的確如此，有德國人會來瑞士購買大量的瑞士蓮巧克力回國，以應付整個冬天的需求。或許正因如此，瑞士超市的巧克力進貨量才如此龐大。我家附近的庫普超市並不大，也少有觀光客上門，卻陳列了八十四種不同類型的巧克力商品，而且這還不包括特趣（Twix）、瑪氏（Mars）等巧克力口味的甜食，我只計算了一般的一百克重，黑、白、棕三種口味的巧克力棒而已。

然而，國內消費只占瑞士巧克力總銷售量的四成，其餘都是外銷。德國是主要進口國，英國緊追在後[11]（一向如此），全世界都愛瑞士巧克力。然而，巧克力雖然是瑞士的重要象徵，在國內卻是很小的產業，雇有約四千五百名員工，年營業額十八億瑞士法郎，而最令人驚訝的是，可可豆的使用量竟只占了全球收穫量的一%[12]。背後的關鍵因素在於產業規模，而規模自然是小一點的好。

瑞士的巧克力品牌如此出名，但風味真的比較好嗎？我決定辦一場風味測試會，選擇六種品牌，四種來自瑞士，兩種來自英國，比較風味是否有明顯差異。雖然專家堅持只有黑巧克力（含七成可可脂）值得品嘗，但因為瑞士賣出的巧克力中，四分之三是牛奶巧克力[13]，所以我選擇用後者來測試。瑞士品牌我挑選了凱樂、瑞士蓮與飛瑞爾（Frey），再加上庫普最廉價的自有品牌普力克斯（Prix Garantie），英國品牌則選了吉百利牛奶巧克力（Dairy Milk）和綠色有機巧克力（Green & Black's）。我在伯恩邀請到四十個自願者，大部分是瑞士人，但有三分之一旅居國外，這使得測試更為有趣。所有測試都採盲測（測試者不知道測試品牌），請測試者依風味與口感評分，而獲勝的是……

凱樂！而且遙遙領先其他品牌，顯然使用牛奶而非奶粉是成功的關鍵，因為風味上的差異是品嘗得出來的。更驚人的結果是，普力克斯巧克力的整體排名是第二名，旅居國外的瑞士人認為這個牌子與凱樂同樣好，瑞士人則把普力克斯與瑞士蓮列於同等級，但普力克斯的售價是這些對手的四分之一，顯然在瑞士，不見得所有東西都是越貴越好。英國品牌則表現太差，根本不是對手，除了少數吉百利牛奶巧克力的忠實客戶（包括兩位瑞士人）以外，大部分測試者（包括旅居國外的人）都把兩個英國品牌排在最後。

✚ 提契諾的義式巧克力

凱樂不像小說《查理與巧克力工廠》（*Charlie and the Chocolate Factory*）中的糖果商威利．旺卡（Willy Wonka）那樣樂意完全開放工廠讓人參觀，而要找到其他工廠並不容易。舒卡德關閉了紐沙特的工廠後，現在設廠於德國、法國和奧地利，並從遙遠的紐西蘭進口牛奶[14]。紫色包裝的妙卡（Milka）也肯定不是用瑞士的牛奶。托布勒三角巧克力和瑞士蓮的工廠因故不開放參觀。就在一切希望看似就要落空時，我在瑞士巧克力網站上找到了讓我得以進入巧克力工廠的金獎券。網頁某一角列出了五間開放參觀的工廠，其中包含了凱樂，而另有一間僅限星期三參觀、一間只接受團體報名、一間要求事先用書面申請，於是我只剩下唯一的希望。結果這是個在瑞士赫赫有名的品牌，而且不是法語或德語，因此對我來說是個驚喜，表示我有機會同時體驗瑞士的義大利生活和義式巧克力了。我二話不說跳上火車，往南方冒險。從伯恩前往盧加諾（Lugano）要四小時車程，提契諾（Ticino），我來了！

瑞士處處給人落伍與衝突的印象，而提契諾可能是這印象最鮮明的地方。這個最南端的州雖然屬於瑞士，但不論看起來、聽起來，或感覺起來，都完全像是義大利。然而這裡的街道十分乾淨，電車準時，服務生不排斥說德語，所以你知道這裡不是義大利。再過幾個小時，你又會明白，這裡不完全是瑞士，公車司機很可能會半路停車，去酒吧點杯快速上桌的濃縮咖啡，商人在咖啡廳讀的是《晚間郵報》(*Corriere della Sera*) 而非《新蘇黎世報》(*NZZ*)，這裡每天傍晚的例行公事，是在路邊觀賞路人和被路人觀賞，或者慵懶地在鎮上漫步，而每個汽車駕駛人都認為自己就是義大利人。這些都不是什麼大問題，只是，街上也有許多來自瑞士北方的行人，他們期待這裡有相同的社會規範，例如行人也有過馬路的權利，但在提契諾，行人要學會閃躲疾駛而來的汽車——這項文化衝擊免不了造成幾樁意外，以及無數次有驚無險的閃躲。

說德語的瑞士人之所以造訪這裡，不是為了體驗過馬路的刺激，也不是為了食物，他們大可上自家附近的義大利餐館用餐；他們為的是美景與暖陽。德語區的遊客來到此地，不只能享受棕櫚樹、藍天、美味冰淇淋和波光粼粼的湖，還可以使用瑞士法郎，也不必學義大利語，更不用擔心扒手。許多旅遊書形容提契諾（書中往往寫成義大利文 Ticino，或只寫德文 Tessin，彷彿全瑞士人都該懂德文一樣）為瑞士的里維耶拉 (Riviera)，但其實這裡是瑞士的澤西 (Jersey)，當瑞士人想在假日享受充足的陽光，又不想換外幣或吃些古怪的異國菜餚時，來這裡準沒錯，而且只要搭電車就可以抵達。

經過陸森湖後，電車向南駛往聖哥達這座岩石山，隨著山谷收窄，鐵路越形陡峭，電車則穩穩地行駛而上。一路上穿過無數隧道，有時一出隧道就發現電車已轉到山的另一側，就這麼在岩石裡轉來轉去，接著穿過一個好長的隧道後，來到了阿爾卑斯山南側。這裡的空氣似乎乾淨許多，陽光明亮些，房屋的顏色也更繽紛一點，也可能只是因為你很高興到了義大利語區，所以看甚麼都順眼。多虧了一八八二年開通的聖哥達隧道（在當時享有現代奇蹟的美譽），從蘇黎世搭電車只要兩小時即可抵達提契諾。若你在二〇一七年造訪此地，速度將會更快，因為瑞士正在開鑿全世界最長的列車隧道：新阿爾卑斯鐵路網（Neue Eisenbahn-Alpentransversale，簡稱 NEAT）[15]，全長五十七公里，耗資一二〇億瑞士法郎[16]。看看 NEAT 你就知道，瑞士人修築隧道時從不做半套的。

在盧加諾下車，感覺彷彿來到了義大利。鉛筆般細長的柏樹劃破天際線，肉鋪外懸掛著巨大的薩拉米香腸，湖濱公路塞滿猛按喇叭的車子，但湖邊立著一尊威廉．泰爾的雕像，提醒你這裡是瑞士。巧克力工廠就在鄰近城鎮卡斯拉諾（Caslano），我循著可可的氣味前往。

當我站在阿勒珀斯（Alprose）巧克力工廠上方懸空的走道時，我閉上眼深呼吸，吸入那迷人的豐富香氣。要是沒有那些發出巨大噪音的機器，我可以在這裡站上好幾個小時。我隔著樹脂玻璃窗，俯瞰巧克力由棕色液體一路變成整齊堆疊的紙盒。巧克力成形機持續運轉，一分鐘吐出五〇四條巧克力，巧克力條冷卻後，再分批送往包裝者。白衣工人戴著手套和髮帽，抽樣檢查巧克力條，挑出劣品，將完成品裝箱。工廠以催眠般的節奏穩定運作，像是臨床實驗室，跟我想像中的模樣大不相同。這絕對是巧克力產業中最無趣的一環，沒有小說中的巧克力瀑布和奧柏倫柏人（Oompa-Loompas），隔著樹脂玻璃窗參觀的我也沒有機會變身超大藍莓，但至少我看到也聞到巧克力的製作過程了。我做最後一次深長的吸氣，在還沒有流下太多口水之前，離開這裡。

✚ 瑞士，方寸之地

任務完成，我決定繞遠路回伯恩，讓這趟旅程正好環繞瑞士一周。我得先在羅加諾（Locarno）換車，此地正與盧加諾角逐提契諾第一大鎮。所有瑞士城市似乎都熱衷於彼此競爭較量，提契諾州也不例外。盧加諾是金融中心，羅加諾則是文化中心，每年舉辦露天的電影展。盧加諾擁有一座同名的湖，羅加諾則只占有馬焦雷湖（Lake Maggiore）的一小角，這座湖絕大部分屬於義大利。有趣的是，兩個鎮都不是首府，提契諾州的首府是位在北邊，小小的貝林佐納（Bellinzona）。我比較喜歡羅加諾，主要是因為這裡有全瑞士最棒的地方交通系統，我所欣賞的不是準時或乾淨，而是系統名稱：「Ferrovie Autolinee Regionali Ticinesi」Ⓐ。別管那是什麼意思[17]，你只要知道這串文字會縮寫成四個字母，大大地印在公車車尾、時刻表與車站裡就夠了。在提契諾，FARTⒷ走得又長又遠。

當地鐵路網有條路線極具名氣，就是以緩慢車速蜿蜒駛入義大利琴托瓦利（Centovalli）的單軌鐵路。走進車廂，彷彿走進時光隧道，有木板、結繩行李架和花樣織毯的座位，一切就像回到一九五〇年代。我不禁環顧四周，尋找瑪波小姐（Miss Marple）Ⓒ的蹤跡，看看她是否正在打毛線。列車很快駛離城鎮，穿過蜿蜒道路與幾座偏僻的車站，我想不出任何在這些車站下車的理由。當地人與觀光客塞滿了車廂，享受眼前由上百座山谷構成的自然景色。蓊鬱的山坡緩緩經過眼前，空氣中彷彿瀰漫著林間空地所散發的松樹香氣。藍水晶般透澈的小溪流過橋下。美好的田園風光在多莫多索拉（Domodossola）換車時告終。這座義大利市鎮之所以成為瑞士鐵路線中的一站，只是因為義大利領土有個角落像石筍般伸入瑞士，而多莫多索拉正好坐落在這條石筍的中央。你很快就會察覺，多莫多索拉車站不歸瑞士人管轄。

我們花了九十分鐘等待轉車，這對瑞士乘客來說猶如天荒地老。月台上滿是乘客，等待義大利人找到開往伯恩的列車車頭。瑞士站務員有些不滿，但也只能皺著眉頭，聳聳肩說聲：「義大利人！」列車終於發動了，而這場誤點帶來的影響可真不小。擁擠的車廂裡，乘客們由於共同經歷苦難而放下了平日的矜持，彼此聊起天來。

與我對坐的兩位紳士分別是九十九歲與九十一歲，今天是他們每年度結伴出遊的日子。服務生推著餐車，唱著法國歌手查爾斯·阿茲納弗（Charles Aznavour）的歌。走道對面坐了一家人，他們早上六點就從上里特（Obberriet）出發，打算搭著電車在一天內遊遍全國。這地名聽起來特別耳熟，直到他們提到當地製作稻草人的事蹟（雖然未能如願進入金氏世界紀錄），我才想起我去過那裡[18]。我曾開車短暫經過上里特，如今事隔數月，竟能在國土另一端與該地居民相遇，這說明了瑞士究竟有多小。如果瑞士火車更常誤點，或許瑞士國民就會更常聊天，整個國家也會比較開放一點。很有道理吧！

+ 吃粥的國度

瑞士發明了世界兩大奢華的味覺享受，乳酪火鍋與牛奶巧克力，彷彿為了平衡這墮落，他們也創造了健康得不可思議的早餐料理。而且由於太過健康，這道菜似乎一點也不美味，外表上怎麼看就是

A　提契諾州區間車與列車公司。

B　英文中是「屁」的意思。

C　推理小說家阿嘉莎·克莉絲蒂筆下人物。

只是碗冷粥——至少在瑞士人的巧手下是如此。這道菜就叫木斯里(muesli)，販售木斯里商品的「歐寶」(Alpen)在多數英語系國家的形象向來不怎麼討喜，這種食品看起來像是鳥飼料與木屑的混合物，只有穿著夾腳拖鞋的嬉皮和健身狂才會吃，一般人甚至不把這視為食物。坦白說，木斯里的確教人難以下嚥，而瑞士人早就明白這點，因此將木斯里浸泡在牛奶中（泡隔夜最佳），然後混入優格，再撒上新鮮水果，通常是蘋果或莓果（或都放）。成品看起來有點古怪，但說真的，滿美味的。

木斯里對瑞士人來說實在太美味了，他們可以一整天都吃這個。木斯里不只是瑞士早餐的主要內容，也是簡便的午餐和晚餐，更可以在正餐間的任何空檔食用。在瑞士，木斯里（一般用德語Birchermüesli）有如食物界的馬丁尼，隨時隨地都能享用。這是瑞士原創的速食，但不是因為製作快速（前置的浸泡很費時），而是因為幾乎所有麵包店、咖啡廳、超市都會販售製備好的成品供人外帶。木斯里於一九〇〇年問世，發明者是來自阿勞(Aarau)的醫生馬克西米利安・伯奇—本納(Maximilian Bircher-Benner)[19]，他提供這食品給病人作為健康晚餐。原本的食譜是將燕麥混合水、檸檬汁、煉乳和切碎的蘋果，聽起來不太吸引人。如今燕麥與碎蘋果仍是主要成分，幸好有人想到把其他食材換成牛奶與優格。

英語借自瑞士德語的詞彙並不多，木斯里是其中之一，而且是個好例子，說明瑞士德語常以「里」(li)作字尾，表示小的意思。顯然，瑞士有很多小東西，可頌麵包叫做gipfeli，購物推車叫做Wägeli，以及我最喜歡的Bitzeli，意思是一點點。威廉・泰爾的兒子華爾德(Walter)常被稱為華爾德里(Walterli)，以表示他還是個小男孩。

然而，瑞士除了乳酪火鍋與木斯里以外還有更多菜餚。就如同所有國家，每個地區都有自己的特色菜餚，有些菜餚之所以特別，是因為只有當地人喜愛，但其他多數地方菜餚在全國都很受歡迎。因此，身為遊客，你不需要跋涉千里只為一飽口福。源自伯恩州的辮子牛奶麵包（Zopf），每到周末在各地都能吸引熱烈買氣，還有蘇黎世小牛肉（Züri Gschnätzlets），裡頭除牛肉外還有奶油與蘑菇，豐盛程度絲毫不輸菜名中的子音。還有巴塞爾名產——冷凍香料硬餅乾，人稱雷克里（Läckerli）（又有「里」）。每樣食物都承載了地方居民的驕傲與榮耀，但又隨處可得，而這一切，或許都要歸功於一位名為貝蒂．博西（Betty Bossi）的女士。

＋ 與貝蒂廚房有約

貝蒂是瑞士版的德莉亞．史密斯（Delia Smith）或茱莉亞．柴爾德（Julia Child）[D]。在她的指導下，瑞士人不只更加擅長烹調本國菜餚，甚至開始學習異國料理（這對許多人來說可是了不起的大事），如泰式咖哩和鷹嘴豆泥。但重點是，貝蒂並不存在。一九五六年，一間油品與人造奶油製造商的行銷部門創造了貝蒂這號人物[20]，她的名字經過精心挑選，聽來既撫慰人心，又能被三種主要語言的客群接受。貝蒂．博西原先只是在超市供免費取閱的同名刊物，後來發展成市價上百萬的品牌，除了推出暢銷食譜書，還有雜誌、廚藝學校、廚具用品，以及黃金時段的料理問答節目。就算你真的不懂下廚，也可以在庫普超市買到貝蒂的即食餐。即食餐本身即是個突破性的發展，這類產品在瑞士仍相對新穎，在伯恩最大的超市裡，也只占有半個冷凍

D　兩人分別為英國與美國的女性名廚。

櫃，完全比不上英國超市以整條走道陳列。不過這個國家大部分的菜餚都得從頭準備起（至少曾經如此），即食餐產品面世，可說是個顯著的改變。

然而有三樣瑞士人喜愛的食品，就算你想學，博西小姐也無法教你。第一是利維樂（Rivella），一種由乳清製成的無酒精飲料，實際嘗起來沒有聽起來那麼噁心，但這飲料肯定是碳酸飲料界的酵母醬（Marmite），只有從小飲用的人才有可能喜歡，而幾乎所有瑞士人都是喝這飲料長大的。瑞士人從一九五二年[21]起，都是喝利維樂解渴。第二是艾洛瑪（Aromat），一種由康寶公司生產的多用途調味料，風味比較容易被外國人接受，雖然外包裝的顏色充滿濃厚的警告意味（螢光黃），瑞士人還是會用來撒在任何食物上，不管是水煮蛋還是沙拉，蔬菜還是肉類。儘管這種調味料的外表看起來非常不自然，但那股帶著濃郁香料與酵母味的鹹味，其實滿令人上癮的。這種調味料在瑞士也是隨處可見。

然而前兩者若與思華力腸（cervelat）相比，都只是小兒科而已。對你我而言，思華力腸看起來就是一般的香腸，但對瑞士人而言，這是擁有國家級地位的香腸，大快朵頤的同時，也要表現相應的尊敬。

✚ 國家級香腸

思華力腸是瑞士人烤肉的必備品，一年消耗一億六千條[22]，對一個只有七百七十萬人口的國家來說，這樣的消耗量確實可觀。在童子軍的夏令營裡，用棍子刺入思華力腸，放在大火上烤，可是許多瑞士兒童的成年儀式。思華力腸形狀肥短，顏色是粉紅帶棕，由牛、豬、培根、鹽、香草混合製成，將食材全都剁碎後塞進牛腸裡煙燻，水煮至半熟後，就可賣給飢腸轆轆的民眾。傳統的料理方式會在兩端切十字，因此火烤時，十字會向外捲開，讓成品看起來就像隻烤豬。

思華力腸的腸衣來自巴西瘤牛，這種牛的肩背部長有牛峰，主要生長於印度，也有一部分在南美洲，由於價格低廉，已取代瑞士本地的牛隻，成為思華力腸的製作材料。二〇〇八年起，由於狂牛症爆發，巴西瘤牛內臟受到歐盟禁用，而瑞士與歐盟訂定了雙邊協議，因此也必須遵守這項禁令。這場思華力腸危機讓各家報紙紛紛哀嘆習俗消亡。面對這等重大威脅，瑞士思華力腸專案小組應運而生，旨在找出可替代的腸衣。但顯然其他動物的內臟都無法符合需求，要不是太粗、太貴，就是太薄——沒人想要外皮破裂的香腸。以合成材料製作的腸衣引來惡評如潮，而巴拉圭進口的替代品則供不應求。這一切聽來挺滑稽的，但對瑞士人來說卻事態嚴重，沒有人能想像，少了思華力腸的瑞士會是什麼樣子。這條拯救國民香腸的路，還有很長一段要走。

✚ 蘋果之國

國家香腸面臨嚴峻挑戰，但國家水果卻沒這問題。瑞士人之所以熱愛蘋果，或許和威廉．泰爾有關：「一天一蘋果，奧地利人遠離我」，但也許他們只是單純喜歡蘋果而已。如果請你試著舉出一種蘋果的食用方式，你能想到的瑞士人肯定都試過了。最常見的吃法是蘋果泥（Apfelmus），這是道標準的甜點。也可以搭配乳酪醬通心粉（Chäsmaggerone），許多高山餐廳都供應這道豐盛菜餚，並取名為高山乳酪醬通心粉（älplermakkaroni），讓這道菜更顯特別。九月到來時，超市與傳統市場會大量陳列新鮮現榨的蘋果汁，令蘋果泥風采頓失。瑞士人喜歡吃水果塔作為點心與宵夜，而水果塔最常見的食材就是蘋果與梅子，而且不受季節影響。

瑞士人吃很多蘋果，同時也種很多蘋果。事實上，瑞士的蘋果產量高於英國[23]，而其中三分之一來自東邊的圖爾高州（Thurgau），因此當地旅遊局稱圖爾高為「瑞士果園」[24]並不為過。然而瑞士人則稱之為「蘋果汁印度」（Mostindien），瑞士德語中，most 為蘋果汁之意，而圖爾高州的形狀類似印度——雖然是獨立前的印度，而且是疆域有點變形的。但真正重要的問題是：老泰爾從華爾德頭上射下來的蘋果，是什麼品種？假如在現代的話，很可能是紐西蘭青蘋果（Granny Smith），瑞士擁有如此大量的自產蘋果，在超市裡卻還能看到進口品，瑞士人果真瘋狂熱愛蘋果。

撇開來自南半球的蘋果不談，其實瑞士超市十分配合季節的腳步，從架上陳列的蔬果就可看出時令變化，而且當地產品永遠擺在最前排。梅子、櫻桃、蘆筍、蘋果、草莓和萵苣，各類蔬果在盛產季總是擠滿架上。特別是萵苣，在夏季的產季高峰期，架上會陳列多達二十種不同品種。萵苣是在地農產品中，少數比進口品便宜的產品，主要是因為瑞士人對沙拉情有獨鍾。

✚ 沙拉不離口

一般來說，當你向餐館服務生要菜單，你會拿到一份列出價位的餐點清單，但在瑞士不是這麼回事。許多瑞士的餐廳都提供菜單，但那不是一張硬紙板，而是一套固定價格的套餐。菜單套餐在午餐時段特別受歡迎，所以一般會每天更換，但幾乎永遠是前菜搭配主食，而前菜十之八九是沙拉，或者稱為菜單沙拉（menu-salad）。你可以找家便宜餐館（雖然在瑞士並不多見）[25]，看看他們的菜單沙拉，很可能是一小碗切碎的萵苣，加上一片番茄、一些碎紅蘿蔔，再淋上瓶裝沙拉醬。在高級一點的餐廳，菜單沙拉可能是不同葉菜類的組合，再撒上烤得酥脆的果仁和種籽，淋上自製沙拉醬。但概念是一致的：簡單，快速上桌。

即便在家，瑞士人也最喜歡以一小盤沙拉作為前菜，這現象不只說明了瑞士全國上下都迷戀這種菜肴，也表現了重要的文化特色。在瑞士，沙拉不只是司空見慣的前菜，而是一桌佳餚永遠的重要魅力所在——而這全仰賴萵苣葉。誰想得到，這片平凡無奇的綠色東西，竟是一切的關鍵？有許多次我在餐桌上與人爭辯起萵苣時，都是以最暴力的方式結束話題：拿起餐刀，將萵苣葉切成碎片。

廉價的菜單沙拉除外，瑞士沙拉多半保留完整菜葉，不撕碎或切碎，也很少切半，而是將沙拉醬直接淋在一大片完整的葉子上。這麼做確實比端上一坨碎爛的綠葉來得好看，但當你開動時，你得一邊處理不受控制、混亂、滑動的葉子，一邊努力維持形象，這時再多美感也都消失殆盡。我仔細觀察後推導出了結論：吃瑞士沙拉是有一套禮儀的，你有三種選擇，依得體程度區分，由高至低依序為：優雅式、標準式，務實式。

只要能掌握訣竅，優雅式看起來非常賞心悅目。首先，你用叉子固定一片萵苣葉，然後用刀子，小心翼翼地將葉面四周往內摺，每摺一次，就將叉子抽出，將新摺進的一角，插入原本的位置，如此一來，葉片就不至於散開來。四邊都摺好後，便成為一個小巧、好入口的小包裹，能夠優雅從容地品嘗。不必懷疑，這一手功夫需要多年練習，有點類似正確的豆子吃法。最大的難處是讓原本的葉子不散開，並將新摺的葉子固定住。要是沒有滑溜的醬汁礙事就不難辦到，但我不可能不加醬汁。因此我只能捨棄萵苣摺紙，從其餘兩種方式選擇。

在這個重視餐桌禮儀的國家，看見有人用標準式食用萵苣葉，令我頗感驚訝。將叉子直截了當插入葉片中央，抖掉多餘醬料，然後一口氣將整片葉片塞入嘴巴，如此簡單。當然不是每個人，但有非常多人採用這種吃法，包括舉止優雅的名媛和西裝筆挺的生意人，在公共場合隨處可見到有人這樣吃沙拉。這其實也沒什麼，但要是你和他們正面對坐就不是那麼一回事了，運氣好時，他們的吃相頂多讓你不想吃沙拉而已，然而當菜葉面積過大而無法輕易塞入口中時，標準式的吃法就不免讓人想到電影《異形》。

第三種，務實式，當外國人面對眼前一盤茂盛的葉菜，多數會選擇這種方式。對恪守瑞士沙拉禮儀的人來說，此種粗俗吃法已近乎褻瀆，但對不曾學習過沙拉禮儀的人而言，這是最簡單的選擇。務實式的吃法就像吃義大利細麵，將菜葉切碎了吃。我的祖母是義大利人，因此我童年時就學會用叉子捲起義大利麵條食用，但可惜我沒有瑞士親戚，所以沒有學過如何吃下整片生菜葉。我總是無所顧忌地切碎菜葉，這麼做或許很失禮，但簡單、從容許多，而且讓我有機會在布丁端上來前，把沙拉吃完。

關於沙拉的文化差異可不止於此。跟許多初次造訪的觀光客一樣，我的第一堂瑞士沙拉文化課，主題是醬汁。想像你點了一份沙拉，在大多數瑞士餐廳，你可以選擇法式或義式醬汁。你想要美味而不油膩的油醋醬，所以選了法式醬汁，然而沙拉端上桌時，淋在菜葉上的，卻是乳白色、外觀類似美乃滋的醬汁。雖然醬汁裡加了醋和芥末，但其他成分的確讓這醬汁夠格稱為美乃滋。英國人所稱的法式醬汁（包含油、醋與其他食材），在瑞士稱為義式醬汁，而瑞士人所稱的法式醬汁在英國則不存在。至於其他佐醬，例如藍紋乳酪醬、田園醬或沙拉奶油，一旦嘗過瑞士的法式醬後，你就會忘得一乾二淨。法式醬的美味教人難以忘懷，以至於我的家人每次從瑞士回國時，總是要帶上好幾瓶。

此外還有一件也很重要的事，就是綜合沙拉的內容絕對不會只有一般生菜，不是萵苣加上番茄和黃瓜，有時多加一片洋蔥這麼簡單。瑞士的綜合沙拉是將四到五種不同的沙拉放一個盤子裡，再蓋上萵苣。撥開萵苣葉，你通常會看到甜玉米佐清淡咖哩醬，還有醃甜菜根(切碎而非切片)、白甘藍菜佐油醋、紅蘿蔔丁與黃瓜丁佐優格醬，再加上一些腰豆。整個盤子看起來就像一頓小型的沙拉自助餐。

不只如此，瑞士的綜合沙拉也有一套瑞士的吃法，這也是一堂在地文化課。瑞士人不會混著吃這些菜，而是每樣分開吃，每次只取一點點放入口中。這種吃法不只適用於沙拉，許多瑞士人面對裝成一盤上桌的菜餚時，也是以類似方式取食。他們不會叉起適量的肉，抹一點馬鈴薯在上，再加一片甘藍菜（或紅蘿蔔等），然後一口下肚。他們比較喜歡分開來吃，先吃一點馬鈴薯，然後一些肉，再來幾朵花椰菜。這樣就能輪流品嘗每一種味道，而不迷失在綜合的口味裡，即使混合盤中食物有時能創造全新的口味與感受，但瑞士人寧願留在自己熟悉的領域。

\+ + + + + + + + + +

談到瑞士菜餚，大家會立即聯想到乳酪火鍋和木斯里，但成為指標性外銷食品的卻是巧克力。瑞士並非大國，天然資源匱乏（牛隻與水除外），竟能成為巧克力產業的龍頭，著實不簡單。歐洲交通樞紐的地利之便確保瑞士能夠穩定地取得原物料，再加上瑞士人的創造力，才造就了這棕色魔法。瑞士人在巧克力產業及許多其他領域之所以能夠成功，關鍵或許在於瑞士人重質不重量的行事原則。我從未吃到不好吃的瑞士巧克力。我做的口味測試，顯示品質不以價位分高低，便宜的超商自有品牌也能敵過昂貴的知名品牌。不過你得親自來一趟瑞士才買得到便宜的品牌，因為特易購雖然有賣三角巧克力和瑞士蓮，卻沒有賣普力克斯。

請教瑞士人對於巧克力（瑞士德語稱為 Schoggi）的看法，他們會說瑞士巧克力是全世界最棒的。的確，瑞士人總是認為一切瑞士製造的產品都是最好的，而就巧克力來說，他們的確有理由驕傲。瑞士超市正慢慢地加入全球化的陣營，如今已能買到蔓越莓汁、墨西哥法士達餅（fajitas）、紅咖哩醬和鹽醋口味薯片，這些都是以往不曾見的。瑞士消費者正慢慢地甦醒，一點一點認識國外的食品。但在巧克力區的貨架上，瑞士仍獨占鰲頭，你只會見到一排又一排的瑞士品牌，少有外國商標。畢竟，當全世界最好的巧克力都在這兒，有誰會買其他國家的呢？

瑞士貼身小觀察 ⑨ 餐桌禮儀

在瑞士人的一生中，用餐時間最能彰顯時間的重要性。瑞士人不論早餐、午餐或晚餐都吃得早，而且其他國家的人大多比他們晚用餐一事令他們頗感驚訝。這點從午餐時間最容易觀察。每到十二點整，舉國上下幾乎都停止運轉，辦公室休息，市中心外的商店與銀行關閉，孩子離開學校，大樓靜了下來，幾乎一切事物都停止，除了大眾運輸工具。當你十二點十五分走進瑞士餐廳，如果還有空位，你會覺得自己像中了樂透。若你一點四十五分光顧，餐廳會是空的，但廚房也收了。晚餐時間則較有彈性，不過瑞士人在家中多半會在七點三十分就用完晚餐，部分原因在於晚餐通常比午餐簡便，往往只有一道沙拉，或麵包配乳酪，或一碗木斯里，但也有部分原因是，早點吃完就可以收看瑞士電視台的晚間新聞。晚間新聞固定每天七點三十分開播，星期天與假日亦同。不過，在比較大的城市裡，還是有辛苦經營到晚上十點的餐廳，周末時，麥當勞甚至營業到不人道的午夜三點。

現在是晚上七點，你正和瑞士朋友用餐。不管你是受邀去他家裡，還是在外面選了間餐廳，從飲料端上的那一刻起，就有一定的程序要遵守。在任何情況下，都不要舉杯，也不要對同桌的人簡單說一句「乾杯」。我一直以為這沒什麼，直到我參加了一場瑞士的晚餐派對，犯下了我首次的重大社交錯誤。我舉杯向其他人說了乾杯，然後豪邁地一飲而盡。所有人都停下動作看著我，彷彿我剛剛脫了衣服在桌上跳舞。我很快就知道，原來瑞士人的乾杯（德語說 zum Wohl）不是全體一同、在三秒鐘內完成的事。敬酒就如同其他許多瑞士的事物，也有一套傳承多年的傳統做法，而且那是一套十分繁複的流程。

首先得由主人舉杯，然後餐桌上每個人一一與其他人互碰酒杯。理想狀況下，大家都會握著杯腳，杯子的敲擊聲便會清脆悅耳。不只如此，酒杯互碰時，你們還必須四目交接，稱呼對方的名，然後才說「乾杯」。舉例來說，在一場八人晚餐派對上，在大家喝到第一口酒之前，要先完成二十八次酒杯互碰、說出彼此的名，以及給予祝福。更糟的是，有些情侶在說完乾杯後還會加上一個快速的親吻，拖延更多時間。整個流程是重視禮貌的表現，但如果你口乾舌燥，幾乎說不完一句話，只想趕快喝水時，這時整套流程就顯得無比冗長。但在大家都完成舉杯互敬之前，不可以擅自先喝。在此嚴正警告，在冗長的對話結束以前，絕對不可以自以為沒人看到而偷喝。這個錯，我可絕不再犯。

上菜後，在主人說用餐愉快（En guete，或 bon appétit、buon appetito）以前，一口都不可以碰，甚至也不可以舉起叉子。但至少，這次是全體一起動作，而不是一個名字一個名字地個別進行，所以不用等太久，大家就可以享用美食了。瑞士人很難相信，在英文裡竟然沒有類似的表達方式。「享受你的餐點」，聽起來幾乎像是命令，而「這看起來很美味」，又感覺不誠懇，所以英國人都直接說法語「bon appétit」，而不說「好胃口」。更糟糕的是，我們經常什麼也不說就直接開動，這是瑞士人無法想像的。瑞士人不論在任何情況下，都會說這句話才用餐。每天從大約上午十一點半開始，大家就會此起彼落地祝福彼此享用一頓美好的午餐。當同事離開辦公室，你會對他說用餐愉快，當家人同桌時，你們會一起說用餐愉快，當陌生人在你身旁的長凳上要吃三明治時，你會說用餐愉快，當服務生端上食物時，他也會說用餐愉快，至少他應該要說。不過，瑞士餐廳的服務沒有食物來得好，可能正是因為如此，所以不用給小費。或許服務生知道無論如何不會拿到小費，所以服務態度就更差了。無論原因為何，因為好服務實在太稀有，所以一旦遇上了，肯定會讓人留下深刻印象。

瑞士的服務生大多擅長直直地望著你，卻讓視線完全越過你。倒也不是刻意忽略，只是不想理會你為了吸引他們目光所做的一切瘋狂努力，包括一開始的微笑，半舉的手指，到一聲「抱歉」（Entschuldigung）或明確的招手，甚至最後當你伸長了脖子，或者發出憤怒的嘆息，也不會讓他們改變心意。但不論過多久，不管你多麼沮喪，千萬都別喊出小姐（Fräulein）或先生（garçon），否則你就準備等到天荒地老吧。唯一的好處是，最後帳單送上來時，你可以照上面的數字留下現金然後走人，放心不會有人偷走，也不會有服務生向你追討兩成服務費，畢竟這裡不是美國。

第十章

征服群山

CLIMB
EVERY
MOUNTAIN

瑞士由於擁有多種語言，因此沒有全國發行的報紙。羅曼德人（Romandie）習慣讀巴黎發行的法語報，而非瑞士發行的德語報。由於社會內在的斷裂、歧異本質，因此即便同屬德語區，蘇黎世人也很少讀伯恩發行的《聯邦報》（*Der Bund*）。事實上，每個城鎮都有自己的報紙，不過各地區媒體有時也會共同關注某些特定新聞事件，例如「瑞士火車誤點率上升」就曾躍上各家報紙頭條，這件事乍看之下是個驚天動地的大新聞，但讀了報導內容後，就會明白實在沒什麼好大驚小怪的。

二〇〇八年瑞士聯邦鐵路（SBB）[1]的準點率為九十五．八%，相較於前一年的九十五·九%，下降了〇·一個百分比。就這點差距，也成了一則新聞報導，其他國家的鐵路公司如果達到這樣的成績（英國全國為九十·六%）[2]，管理階層大概會高興得跑到鐵軌上手舞足蹈吧！但你要知道，瑞士對「準點」的定義也比其他國家嚴苛，歐洲國家普遍認定五分鐘內都算是準時。然而在瑞士，除了往返伯恩與蘇黎世之間的主要幹線，瑞士聯邦鐵路所設的標準區間為三分鐘，而且即便如此，也還是達到了九十二·四%的高準點率，其他國家只能望其項背。

瑞士如果少了鐵路，就好像美國沒有公路，英國不再塞車，幾乎教人無法想像。鐵路就如同花台小屋、戴著牛鈴的牛群，都是這個國家的一部分。由於這印象實在太過鮮明，以至於有時會讓人誤以為火車是在阿爾卑斯山發明的。但事實並非如此。

✚ 鐵路線起源

瑞士並非頭幾個建造鐵路的國家，卻在引進這項技術後獲得極大的改變。鐵路能夠翻山越嶺、穿岩鑿壁，克服多山的地貌，因此大幅改變了瑞士生活的各層面，使移動時間從若干天縮短為若干小時，谷地不再與世隔絕，國家不再一分為二。人們開始離開家鄉向外遷徙，這對許多現代瑞士人來說仍不尋常，更別提一百五十年前。更重要的，這座內陸島國能夠更快速地與外面世界聯繫，取得瑞士缺乏的原料，並輸出產品。缺點是瑞士有部分產業（如紡織），無法與價格低廉的進口品競爭，面臨嚴峻挑戰。優點則是，由於能與遙遠的港口建立連結，瑞士因而成為更具影響力的貿易國。若沒有鐵路，很可能就不會有瑞士巧克力產業了。這麼說有理吧！

鐵路至今仍持續影響瑞士。瑞士鐵路路線圖看起來就像血液循環系統圖，鐵路延伸到國家每一個角落，東西與南北向的主動脈將養分輸送給所有支線，支線又發展出更小的地方線，上山下谷。數十條民營路線彼此協調良好，也不與瑞士聯邦鐵路衝突，反而共同造就了連貫互通的交通網路。就如同瑞士社會的其他層面，鐵路也展現了高度的溝通與合作技巧，而且顯然效益十分良好。瑞士人每年平均搭電車移動二一〇三公里[3]，至今依舊獨占全球鰲頭，而且這數字幾乎是英國的三倍之多。

瑞士是善用鐵路的現代典範，有趣的是，鐵路系統在瑞士的發軔過程卻全然不是這麼一回事。英國與德國在十九世紀中葉就已全力推動鐵路工程，瑞士則較晚擁抱這項新科技，不只是因為瑞士人一如往常地過度謹慎，也因為各州之間為了鐵路興建權而爭執不下，使工程難以推動。瑞士受到歷史的嘲弄，在一八四五年啟用第一座火車站，時間竟比啟用第一條鐵路線早了兩年，因為車站是由法國人興建的，法國人在巴塞爾建了車站，當作亞爾薩斯線的終點站。瑞士各州仍持續爭吵，以至於九年後仍只有一條往來巴登（Baden）和蘇黎世之間，僅三十公里長的鐵路線[4]。

在當時，瑞士的火車彷彿永遠不會有駛出車站的一天，更沒有人想像得到，一百五十年後的瑞士會擁有全世界使用率最高，也最知名的鐵路網。後來是私人企業接下了挑戰，開始鋪路、鑿山、造橋，征服阿爾卑斯山。諷刺的是，一旦瑞士人明白鐵路的價值後，便將之國有化。瑞士人民經由一八九八年的一場公投，同意國家設立瑞士聯邦鐵路[5]，而英國鐵路公司在五十年後才成立，而且再過五十年便宣告倒閉。英國人發明了鐵路，卻不知道該如何經營，反而是瑞士人將經營之道發揮得淋漓盡致。

鐵路也帶來另一個較不顯著的影響，就是幫助瑞士發展成觀光勝地。鐵路系統進步，使外國遊客不必花太多時間、金錢就能更深入山區，因此對瑞士人而言，火車不只征服地貌，也帶來了新的財源，鐵路與觀光業從此難分難捨。

＋ 用鐵路征服遊客的心

對英國維多利亞時代的中產階級而言，來一趟瑞士之旅，是理想又可行的度假選擇。於是瑞士境內的英國觀光客數量呈現爆炸性成長，觀光客帶來的錢潮也帶動了瑞士的觀光產業，讓後者至今仍持續創造收入。每年約有八百萬觀光客造訪瑞士，旅遊業因此創造了可觀的收入，也雇用許多員工，但近年受經濟衰退的影響也最為明顯，瑞士度假區的酒吧和飯店裡的觀光客寥寥可數。幸好瑞士人向來都是自家產業的最佳顧客，瑞士人的境內旅遊消費額幾乎是國外旅客的兩倍。但十九世紀時，推動觀光業發展的不只是金錢。當時為了服務來自英國富裕地區的觀光客，瑞士的飯店林立，蒸汽輪船啟航，在地人則當起了導遊，再加上歐洲第一條單軌鐵路啟用，通往瑞吉峰（Rigi），從此火車開始代替英國人爬上每一座山，觀光客省了力氣，而瑞士阿爾卑斯山則自此成為現代的觀光景點。

瑞吉峰高一七九七公尺，不是最高、最陡或最漂亮的山，但打從瑞士成為觀光勝地始，就不斷吸引群眾前來。旅客來到此地不是為了山，而是為了景色。這位「山中之后」（Queen of the Mountains）受陸森湖與楚格湖環繞，像座島嶼般位在瑞士的正中心（見第四十四頁的陸森湖地圖）。此處的三百六十度全景視野納入了阿爾卑斯山的完整山形，東起森蒂斯峰（Säntis），西至伯恩高地（Bernese Oberland）。對過去幾世紀造訪瑞士的觀光客來說，旅行的高潮就是在瑞吉峰頂觀賞日出。馬克·吐溫曾在書中寫道，旅行社鼻祖湯瑪斯·庫克（Thomas Cook）首次帶團旅遊時，便領著遊客徒步上山，維多利亞女皇也曾奢華地乘著轎子來到此地，兩者都是為了觀賞日出。如今要找到轎夫扛轎可能很難，而如果你有四個小時，仍然可以徒步上山。但也有更好的選擇，你可以從陸森搭蒸氣船到維茨瑙（Vitznau），再轉乘電車上山，感受歷史帶來的變化。

紅色小列車向上攀爬，經過最後幾棟房屋，穿過一排排冷杉與花開遍地的草原，最後越過滿是岩石的山坡來到峰頂。我陶醉在波光粼粼的湖色和遠方山景，而我絕非第一個，也不會是最後一個望此處風景而興嘆的人。自從一八七一年五月二十一日起，這段緩緩爬升的半小時路程，就已驚豔了許許多多的旅客。許多旅客也曾和我一樣，俯瞰腳下的單軌鐵路，是這項革新技術使得征服瑞吉峰成為可能。不過這條鐵路並非一次就鋪設到山頂，問題不在技術，而是出在瑞士的政治體系。

瑞士是個不斷尋求共識的國家，但有時他們會忘記這點，各州過度膨脹自我，凌駕了常理。瑞吉峰是個好例子，這座山橫跨陸森州與施維茨州交界，而當時兩州各自與不同的鐵路公司合作興建，因此，當第一條鐵路線從陸森州的維茨瑙開始鋪設時，最遠只能鋪到邊界處，雖然距離山頂也不遠了。而山的另一邊，第二條鐵路線從施維茨州的戈爾道（Goldau）開始，直到一八七五年才完工，然而這家鐵路公司卻在兩年前先完成了山頂部分的工程[6]，聽起來很蠢，但其實很聰明，因為這表示他們可以從對手陸森州那裡，賺取從邊界登頂的鐵軌使用費。這兩條線在一九九〇年代整合為一，但時至今日，雙方仍用顏色區隔彼此，紅色列車來自陸森州，藍色則是施維茨州。

瑞吉峰鐵路點燃了鐵路狂熱，瑞士人開始著迷於在任何工程技術能夠克服的地方興建鐵路。四十年內，鐵與蒸汽收服了瑞士所有的山頭。十九世紀的人未有環保意識，因此這些鐵軌得以蔓延至一座座高山上，換作今日，這些工程可能就不會獲得允許。從瑞吉峰跨過陸森湖後，來到崎嶇的皮拉圖斯峰（Pilatus），這兒有全世界最陡峭的鐵路——最大坡度四十八%，一八八九年開通[7]。瑞士最後一輛蒸氣高山火車則行駛在布里恩茨洛特峰（Brienzer Rothorn）上，從一八九二年起運作至今[8]。最後是高於其他所有路線，攀登艾格峰（Eiger）而上的鐵路，這條路線通往歐洲海拔最高的火車站。車站本身完成於一九一二年，且至今觀光人潮絡繹不絕，證明了哪裡有車站，哪裡就有觀光客。若沒有觀光客，瑞士可能自始至終不會興建這些高山鐵路。若沒有觀光客，高山鐵路也無法營運至今。而假如沒有這些鐵路，造訪瑞士的觀光客可能會少一點，消費金額則肯定大幅縮水——感謝主庇佑這個互惠關係。如果非得步行上山才能一覽山頂美景，我肯定會十分怨恨這些山路，我終究不是瑞士人。

✚ 整合的交通網

瑞士鐵路網中最知名的或許是違逆重力的高山鐵路，但事實上這些路段只占了全國五千公里路程中的區區一百五十公里[9]。鐵路有如瑞士經濟的勞役馬，不只運送遊客、通勤者，也載送貨物，阿爾卑斯山上有六十四%的大型貨車透過鐵路載往瑞士各地，這驚人比率是鄰國奧地利的兩倍[10]。用列車輸送這些大型貨車能降低汙染、車流量與噪音，好處多多。不過瑞士鐵路系統令人敬佩之處，不是這些翻山越嶺的貨運路線，也不是冰河特快車這類名氣響亮的列車，更不是擠滿搭乘者的城際路線，而是地方服務。

當畢清博士（Dr. Beeching）在英國大幅裁縮鐵路路線的數十年後，瑞士人仍視鐵路為國家的重要基礎建設，即便使用率低的路段也不考慮廢止，而是用繁忙路線的營收來補貼冷清路線的虧損，維持系統運作。這想法相當進步，反達爾文的演化論，也反資本主義，對於在追求私有化利潤的環境下長大的人來說，尤其如此。對瑞士人來說，交通網雖然偶爾也服務觀光客，但整體而言仍是供地方居民享用的服務，因此必須確保所有社區都在交通網內。為了達成這項目標，政府規劃了公車來輔助而非取代鐵路。由公車組成的交通網路擁有七六一條路線與超過兩千輛的亮黃色郵政巴士，每年載送一億一千五百萬人次[11]，送他們前往火車無法抵達的地方。瑞士人精心協調車次時刻表，讓乘客得以快速地轉乘電車與公車。這件事在瑞士人手中看似易如反掌，彷彿事物本來就是以這樣的秩序運轉，也彷彿全世界理應只存在這種大眾運輸方式。

如此縝密的協調之所以得以成立，是因為瑞士人規劃事物時，總是將整個系統視為一體。瑞士的全國時刻表每年調整一次，新時刻表固定在十二月，通常是第二個星期天啟用。全國、區域與地方的列車車次以及巴士班次，全都整合在一起，成功連結所有接駁點，也縮短了乘客等待時間。在這個國家，當你要由任何一處前往另一處，就算需要轉搭三、四種交通工具，你也都可以查到確切的時刻表。在瑞士聯邦鐵路的網站上鍵入兩個地點，你會得到一份完整的行程表，不管是搭電車、船、輕軌電車、巴士或纜車，上面都有詳盡的接駁時間與月台號碼。更厲害的是，不論涉及到多少家營運商，你可以一票通行到底，其中除了瑞士聯邦鐵路以外，還有許多區域性的公司、郵政巴士、民營高山鐵路、各城市的地方交通系統，這麼多的營運商共用一個系統，這不只是有效率，更是對乘客友善。

不只如此，途經瑞士的國際列車也會被納入這套系統，而且乘客可以像搭乘瑞士境內其他路線一樣直接使用，不須預約也無特殊限制。你可以搭德國城際快車（ICE），從巴塞爾到因特拉肯，或搭乘法國高速列車（TGV）往來伯恩與紐沙特。不論這些列車準備開往巴黎或奧地利的因斯布魯克，還是來自漢堡，這些國際列車一旦進入瑞士境內，便被整合進瑞士的時刻表中。對瑞士人來說如此平凡無奇的事，在外國人眼中仍相當神奇。就拿我來說吧，當我搭乘電車從伯恩前往圖恩（Thun）時，雖然僅有二十分鐘車程，但是一想到這輛德國列車在七小時前駛離柏林，橫跨整個德國才來到這裡時，就感覺有趣許多。而且德國列車特別長，車廂裡甚至還有廊道和包廂，更加強了這種驚奇感。這類列車儘管整體設計非常現代，但卻莫名帶有美妙的復古感，有如霍格華茲特快車，或希區考克電影《貴婦失蹤記》（*The Lady Vanishes*）裡多出來的那節車廂一樣。

✚ 完美的代價

瑞士的電車不像《星際大戰》前傳或約翰．葛里遜（John Grisham）

的新小說那樣令人失望，而是保有瑞士的一貫風格——乾淨、舒適、昂貴，且一向準時，這點相當了不起。我們已經知道，電車的誤點率是四．二%，而一旦誤點發生，車站會廣播道歉聲明，並順延接駁服務。能比電車準時的通常只有手錶，而且大多是瑞士製造的產品，雖然鐵路網也有狀況不好的時候，但幸運的是，發生的頻率跟瑞士宣戰一樣，少之又少。不久前，有次斷電使得整個交通網路癱瘓了整整一天，對於習慣了可靠的大眾運輸工具的國家而言，這場災難教人無法理解。當天的晚間新聞快報播著擁擠的月台和列車停在橋上的畫面，記者訪問了困惑的通勤者和被騷擾的官員，使整體氛圍變得更加令人難以置信，你會覺得彷彿世界就要毀滅了，而在瑞士人眼中，這的確是世界末日沒錯。當然，所有受影響的乘客事後都得到了退費。

瑞士電車有一點不太容易令人接受，就是票價總是很貴。瑞士人相信一分錢一分貨，就電車而言也的確如此。為了彌補這點，任何人只要付一五〇瑞士法郎就可以購買半價年票卡，憑此卡搭乘國內所有電車、巴士、船隻和地方交通系統，一律半價，你只要來回伯恩與蘇黎世三趟就回本了。難怪有兩百二十萬人使用半價年票卡[12]，而且其中不乏外國人，對經常造訪瑞士的外國人來說，這是便宜搭乘瑞士電車的最佳方式。

不過至少有一點好處，車票票價是固定的，出發前兩週跟前兩分鐘的票價相同，不須劃位[13]，可以搭任何一班車，不會有搭錯車次而被罰款這樣的情況發生。一切簡單明瞭，不用絞盡腦汁去理解離峰票價和預定優惠等等複雜的方案。但有些跡象顯示，這種情況正在慢慢改變。有些改變不受歡迎，例如二〇〇九年十一月，聯邦委員會中主掌交通事務的委員竟提議由通勤者支付較多費用，因為這些人都在最繁忙的時段搭乘火車，這引起民眾群起抗議。有些改變則比較成功，例如瑞士聯邦鐵路推出的網路優惠方案，上網訂購某些班次的車票，價錢會變便宜許多（如果持有半價年票卡，還可再享受半價優惠）。瑞士人本來就喜愛事先做好規劃，這新推出的方案成功吸引了那些清楚知道自己要搭下午一點三十四分往日內瓦班次的人。當然了，尖峰時段少有優惠，而且只適用於你所預定的班次，因此你無法訂到尖峰時段的車次，也不能臨時更換車次。

在瑞士做橫跨全國各地的旅行時，你所擁有的選項很明確：你可以支付全額票價或購買半價年票卡，或購買全國適用的年票卡，後者稱為 GA 卡（Generalabonnement[14] 的縮寫），適用範圍涵蓋地方公車、長途火車等一切交通工具，不論是乘船遊日內瓦湖、提契諾一日遊，還是乘輕軌電車探索蘇黎世，全都一卡包辦。但大部分高山電車與纜車例外，GA 卡僅提供半價優惠[15]，這是由於高山地區的交通服務是為了滿足休閒需求而存在，乘客不是搭車上山享受風景（觀光客的需求），就是在健行後乘車下山（瑞士在地人需求），由於山上沒有永久居民，就沒有道理將高山交通納入 GA 卡的服務範圍。反過來說，只要有永久居民的市鎮與村落，即便像米倫（Mürren）那樣位在伯恩高地的懸崖頂端，只能搭乘纜車通行的地方，都可使用 GA 卡。

享用暢行無阻的 GA 卡是要付出代價的，二等艙 GA 卡售價三一〇〇瑞士法郎，頭等艙四八五〇瑞士法郎[16]。這兩種卡購買雙人套票，或者購買者的年齡在六十五歲以上以及二十五歲以下，都享有折扣。這個價格並未阻止瑞士人依賴 GA 卡，超過五%的人擁有 GA 卡[17]，人們甚至因此做出非常違反瑞士性格的行為，也就是開始隨興所至地到處漫遊，在車站跳上任何一輛車就展開旅行。事實上購買 GA 卡相當划算，大約一七七〇英鎊[18]就可以讓你暢遊全國。在英國，同樣價錢只能讓你暢遊倫敦第一區到第五區[19]。

這麼好的 GA 卡，你的狗也該擁有一張，聽起來很蠢，其實不然，因為所有身高超過三十公分或無法以寵物籠攜帶的狗，都必須購票才能上電車，而且票價是成人票的一半，因此狗也可以擁有 GA 卡，而且價格出乎意料的便宜，只需六五〇瑞士法郎[20]。狗的 GA 卡不分艙等，與人類的情況不同，顯然牠們不需為頭等艙的高級地板多支付額外費用。不過像靈犬萊西千里尋主那樣的情況不可能發生，因為狗必須有人類陪同才能上車。

由於攜帶腳踏車也需要車票，因此也有腳踏車的 GA 卡，看出瑞士人的邏輯了嗎？腳踏車 GA 卡物超所值，一年只要一九五瑞士法郎[21]，而且多數列車都設有專屬車架，甚至在長途列車上還有專用車廂，從這裡也可以看出瑞士人做事深思熟慮且注重效率。你以為你會在月台上看到，攜帶腳踏車的乘客在列車進站後才發現專用車廂在另一端，然後開始拔足狂奔嗎？錯了，這絕不會發生在瑞士。月台上貼有藍色海報，畫出各節車廂與車廂內設施的位置圖，上面清楚標記出腳踏車車廂、餐廳車廂與不同艙等的位置，所以乘客只需在月台上指定的地方等待即可。

區區一張藍色海報，看似細枝末節，我卻覺得最能彰顯瑞士電車的特質——除了潔淨與準時之外，能準確控制車廂停靠處，簡直是奇蹟。畢竟在我常搭乘的比利時滑鐵盧車站，乘客通常在列車進站前幾分鐘才能知道搭車月台。相較之下，在瑞士從來不會看到人群擠在螢幕前等待車次資訊更新，隨時準備衝向月台。即使在蘇黎世或伯恩這類繁忙的大車站，每班車停靠的月台也都在前一年就事先安排好並印在時刻表上，因此乘客可以在指定位置等車，員工可以公告轉乘資訊，包括月台號碼——非常瑞士。

✚ 團體行事

瑞士聯邦鐵路不只擅長安排時刻表，也很懂得行銷。如果你要去聽瑪丹娜在蘇黎世的演唱會，或觀賞在伯恩舉辦的世界盃足球總決賽，你不需要開車，因為門票已包含了火車票——多棒的主意啊！瑞士聯邦鐵路也推出了一年二十瑞士法郎的家庭卡，孩子只要跟著你搭車一律免費，少女峰鐵路（Jungfraujoch）這一類所費不貲的路線也適用。家庭卡更優惠的地方在於，你也可以用來搭乘跨國雙層列車，這類列車設有家庭車廂，車廂下層有擺放嬰兒車的空間，上層則有遊戲區，提供所有能討好小天使的法寶——瑞士人最熱愛的事，莫過於將每個細節都照顧到服服貼貼。然而，最成功的行銷，至少成功吸引最多瑞士人的，是團體旅遊方案。

在瑞士，你所能想到的任何一種消磨休閒時間的方式，都一定有人組團參加，因為瑞士人喜歡成群結隊。我想這肯定和椰子成串結果的生長習性有關[22]，也可能是因為瑞士人平日習於扮演組織中的一分子，連假日也不例外。在瑞士社會，幾乎每個人都得成為某個團體的會員，外國人要申請入籍，其中一項要求是必須具有某個組織成員的身分，什麼組織都可以，這主要是為了證明你充分融入這個社會。所以，我想是時候重拾我的桌球拍，或參加唱歌班，或學習吹個什麼又長又硬的東西，比如說阿爾卑斯長號。瑞士人喜歡組團旅行，或說喜歡組團在國內旅行，因為搭車可以免費劃位又享有團體優惠價[23]。怪不得電車車廂不時會擠滿成群（或應該說成串？）郊遊的童軍、登山健行的退休人士、參觀博物館的校外教學師生、家族一日遊成員，或是舉辦「無工作日」(work away day) 結伴出遊的同事。

我很少與人成群結隊行動，因此見到瑞士人在團隊中的言行舉止竟然與刻板印象中的安靜、矜持、嚴肅截然不同時，我非常驚訝。瑞士人與陌生人初次見面時所表現的風度儀態確實符合一般的刻板印象，不過一群熟識的人在一起時，他們頓時化身成義大利人，完全不懂得節制聊天的音量。如果你和任何瑞士團體待在同一個車廂，最後你肯定不是頭痛，就是想上前掐死那個笑聲有如雞叫的女性，或兩者同時發生。也許正是因為如此，瑞士聯邦鐵路會盡可能將兩者分開，團體乘客通常安排在最後一節車廂。這是很務實的做法，同時也能拯救生命。不過假如你發現身後的團體在整趟旅程都保持安靜，那他們大概是在玩牌——而且肯定是那一千零一種牌戲。

✚ 瑞士紙牌遊戲

瑞士舉國上下不分老少都熱愛雅斯牌 (Jass)，這種牌戲有點類似橋牌，但使用的紙牌迥然不同。瑞士人不只在電車上玩，也會在酒吧角落、晚餐過後的餐廳，和網路上玩。甚至還有公開舉辦的雅斯牌之夜，採循環賽制，由二十組選手參與競賽。

想像一下星期六傍晚六點四十五分的黃金時段，英國人所收看的可能是家庭電視劇、熱門益智節目或國標舞比賽，瑞士的主要頻道「瑞士國家電視一台」卻在播映雅斯牌節目。節目內容非常簡單，瀏覽每位玩家手中的牌，一面像轉播撞球比賽般地評論牌局，穿插音樂，就這樣，不像英國的節目「謹慎出牌」(Play Your Cards Right)，沒有獎項也沒有主持人，但自從推出起就一直深受歡迎。「週六雅斯夜」(Samschtig-Jass) 是電視紙牌節目的始祖，於一九六七年推出，遠早於在英國將紙牌轉變成觀賞賽事的電視節目「深夜撲克」(Late Night Poker)，而且週六雅斯夜的參賽者肯定比深夜撲克更輕鬆自在，因為節目是在全國各地的餐廳與酒吧錄製的。不過對新手如我，要試著搞懂遊戲規則，可一點都不輕鬆。

首先你要知道正確發音，德語的「js」唸作「ys」，然後要懂得看牌，可別以為是一般人所熟悉的紅黑紙牌，雅斯牌使用四組圖案（鐘、玫瑰、盾牌、橡果），視覺風格非常復古，彷彿文藝復興時期的波吉亞 (Borgias) 家族仍掌權時就已經存在似的。三十六張牌的圖案全都塗上鮮豔的黃、紅、藍、綠，四種顏色混在一起，加上奇怪的圖案，總是令我眼花撩亂。我必須瞪大眼睛才能判斷每張牌的內容：那串橡果究竟有幾顆？抽菸斗的鮑爾 (Bauer) 手上握著玫瑰嗎？牌面數字六以下的牌都去哪兒了？再加上沒有固定的出牌順序，可隨意指定王牌，有些牌（例如王牌的九，又稱為奈爾〔Nell〕）比實際牌面數字大，而且還有全世界最複雜的計分方式。現在你知道為什麼只有瑞士人會玩了吧，或許雅斯牌就像英國的板球，你必須從小耳濡目染才有可能搞懂規則。至少雅斯牌能讓瑞士人度過愉快的時光。

✚ 來到因特拉肯再出發

只有在高山電車上不會見到瑞士人玩雅斯牌，但可不是因為大家忙著欣賞風景。雖然大多數瑞士人都對自己國家的風景感到極度驕

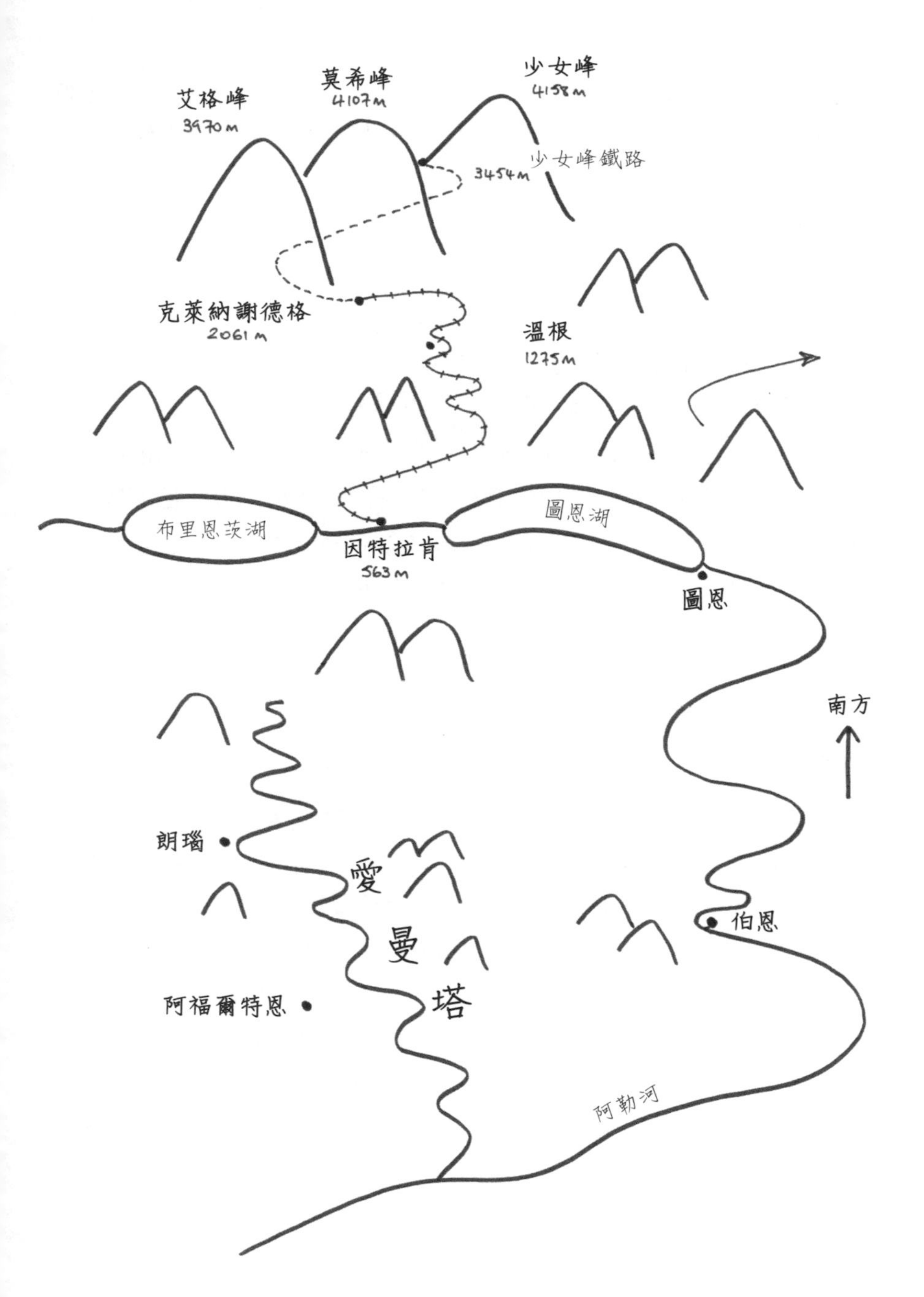

艾格峰
3970m
莫希峰
4107m
少女峰
4158m
少女峰鐵路
3454m
克萊納謝德格
2061m
溫根
1275m
布里恩茨湖
圖恩湖
因特拉肯
563m
圖恩
南方
朗瑙
愛
曼
塔
伯恩
阿福爾特恩
阿勒河

傲，但他們早就欣賞到麻木了，那不過是日常生活的背景罷了。他們不在高山電車上玩牌，是因為空間不夠寬敞。高山電車追求的是馬力而非舒適，因此就彷彿標準配備一般，瑞士的高山電車座位一律很難坐，也沒有足夠空間讓你伸腿，搭高山電車就好像搭 easyJet 班機一樣，只差在窗戶可以打開。電車爬得越高，乘客越不舒服，所以一抵達歐洲最高的少女峰山坳站（Jungfraujoch）後，大家都需要下車伸展一下雙腿。這趟車程所費不貲，來回票價是一八二瑞士法郎，約一百英鎊。單趟車程一三七分鐘，也就是說一分鐘要價約三十七便士，但至少比撥打緊急求助電話便宜，而且搭車有趣多了。最少這筆花費可以讓你看到滿滿的山景，並帶你上到海拔三四五四公尺處，足足是斯諾登山的三倍高度。當然了，只有很笨或很有錢（或又笨又有錢）的人才會購買原價車票，不過即使以原價購買也絕對值得。這趟人生不可錯過的旅程分成三段，逐段爬升，起點則是瑞士最大的度假區——因特拉肯。

因特拉肯除了四四五〇張床位[24]與餐廳、酒吧與紀念品店以外，其實什麼也沒有。從一八六〇年代第一個旅行團抵達此地開始，遊客便不停湧入，此地是因觀光業而存在。八月時走在大街上，彷彿置身英國電視影集《大英國小人物》（*Little Britain*）的場景，只是少了維琪·波拉德（Vicky Pollard）。這裡是英國人喜愛的景點，不是因為這座度假勝地有多迷人，而是因為此地完美坐落在伯恩高地的中心點。因特拉肯被兩座湖夾著，因而得名「Interlaken」，在這裡你可以乘輪船遊湖，或跳上電車直上高山仙境，由於這些美好事物都近在眼前，難怪大家願意原諒這座城市的規劃者竟允許大都市飯店（Hotel Metropole）蓋在鎮中央。如果舉辦瑞士最礙眼建築票選，我會投給這棟十八層的水泥怪物。其實這棟建物的室內設計並不遜於伯恩或蘇黎世郊區的建築，但之所以招致反感，是因為它突兀地立在群山裡的這座小鎮上。你會寧願待在這棟建物裡面，但純粹是因為這樣就看不到建物外觀。

瑞士人為兩件事而來到因特拉肯，第一是轉車，從伯恩、蘇黎世，甚至法蘭克福而來的主要幹線列車，全都匯集在這兒。這裡好比倫敦的克拉珀姆交會站（Clapham Junction），雖然因特拉肯車站的月台較少，景色則明顯漂亮得多。來到此地的列車無法繼續前進，因為接下來的路段軌距較窄，只能通行較小的電車。每隔半小時就有一輛十四節車廂的電車進站，讓數百名乘客下車。由於時刻表將車次銜接得太過精準，多數乘客一下車就得馬上體驗「因特拉肯短跑」，你有大約五分鐘時間完成以下項目：確認你的車次，然後搭乘地鐵前往指定月台，趕上即將發車的高山電車。如果碰上夏日旅遊旺季，然後又是星期天早上，除了觀光客以外，出門登山健行的瑞士人也會加入這場卡位爭奪戰——輸的通常是觀光客。這場面實在滿混亂的。

瑞士人來到因特拉肯的第二項原因，是為了造訪全瑞士最棒的茶館。瑞士是個樂在享受咖啡與甜點時光的國家，而舒赫咖啡館（Café Schuh）則是全瑞士最佳的去處，此間店鋪自一八一八年開張至今，甜點在客人心中的地位始終屹立不搖。的確，當柏林圍牆還在時，此處的內裝還稱得上現代，現場的鋼琴演奏則顯得有點矯情，但甜點卻所向披靡。夏天在露台上，可以一覽因特拉肯廣闊的鄉間綠地，這個地區名為荷黑馬特（Höhematte），是滑翔傘運動者獨鍾的著陸地點。如果你在高山電車裡看到有人背著小尺寸的背包，那就是帶著滑翔傘裝備的運動者，他們準備到山上一躍而下。無論在山上看他們縱身躍入稀薄的空氣裡，或者在舒赫咖啡館看他們著陸在一旁，對觀賞者來說都同樣刺激。

如果你著迷於巧克力慕斯蛋糕而且不小心攝取過量，隨時可以跑步上山以消耗熱量，而且真的有人這麼做，雖然不是一走出咖啡店就起跑。少女峰馬拉松是標準的馬拉松賽事，但極具挑戰性，因為高度落差超過一千六百公尺，每年約有四千人參加，其中二〇〇九年的優勝者在三小時內跑完全程[25]。實在是非常了不起，但我還是讓電車代勞就好。

✚ 在歐洲屋脊上

我坐在第一節車廂，逐漸遠離因特拉肯所在的平原，電車一路沿著 U 形山谷，朝群山的中心前進。置身冰河河谷，就好像自然地理課本的內容一一化作實境重現眼前：一千公尺高的懸崖峭壁、又寬又平的河谷地、宛如新娘面紗的瀑布，河流無法侵蝕出如此壯麗的景色。這是瑞士最奇麗的河谷，盧達本納河谷（Lauterbrunnen Valley），但我可不想住在這裡，此地長年籠罩在陰影與濃霧中，尤其冬天時陽光更無法照進山谷底。我比較想去有陽光照射的峭壁頂端，也就是下一班列車的目的地。

我到隔壁月台，準備轉乘 BOB 與 WOB 電車[26]（瑞士的鐵路公司真的很喜歡縮寫）。在這裡轉車比在因特拉肯舒適許多，但下一般列車的座位則否，不過窗外同樣有壯麗的美景可以觀賞，讓我很快就忘了痠麻的屁股和抽筋的雙腿。看著車窗外的谷地一下就被拋在腦後，令我頗感驚訝，農舍與汽車全都成了迷你版模型。就在抵達峭壁上方（也就是說那裡不會有汽車）的溫根（Wengen）之前，遮蔽視線的樹叢退去，窗外出現全山谷最美的景色，兩側由高聳的山峰框起。為了提醒乘客把握機會拍照，在這景色出現的幾公尺前，鐵軌旁會立著一個相機圖案的小標示牌，設想多麼周到啊！接下來就是一連串的美景，當你抵達中途的克萊納謝德格（Kleine Scheidegg）時，大概需要換第二張記憶卡嘍。

如果你以為到了山上就能沉浸在寧靜安詳的氣氛裡，那可就錯了，克萊納謝德格有如倫敦的皮卡迪利圓環（Piccadilly Circus），遊客必須在此換車才能上到山頂，登山健行的瑞士人則從山上搭車回到這裡，而克萊納謝德格本身也是個熱門景點，因為此地正好坐落在艾格峰北坡下方。抬頭欣賞那片陡峭的黑色岩壁，順便來一碗高山乳酪醬通心粉，這樣的用餐體驗可是絕無僅有的。北坡在瑞士德語中稱為「Nordwand」，或稱「Mordwand」，後者是個不大有趣的諧音遊戲，意指這座山峰奪走了許多登山客的生命（德文 Mord 為謀殺之意）。一九三八年，北坡首次被征服，登頂成功的團隊中包括海因里希．哈勒（Heinrich Harrer），此人因布萊德．彼特在電影《火線大逃亡》中扮演他而成名。如今，光是「抵達」北坡已經無法滿足登山者，而是要追求速度，打破登頂的時間紀錄。少女峰馬拉松賽將終點線設在克萊納謝德格，已經是個很奇妙的舉動，但竟然有人比賽攀爬北坡，這件事更大大超出我的想像。目前的紀錄保持者是來自朗瑙的烏里．斯泰克（Ueli Steck），以二小時四十七分鐘三十三秒[27]登頂，顯然多吃一點孔洞乳酪對登山很有幫助。

艾格峰是高山三部曲的第一樂章，接著是艾格峰隔壁的莫希峰（Mönch），最後則是最高的少女峰（Jungfrau），其中以艾格峰最為出名。這三座山峰共同稱霸伯恩高地的天際線，即便從伯恩市中心也看得一清二楚。英文直接借用三座山峰的外文名，而不譯出名字的意思，或許是因為怪獸（ogre）、僧侶（monk）、處女（virgin）看起來既不威風，也不具挑戰性，而白朗峰（Mont Blanc）念起來遠比白山（White Mountain）好聽多了。我的目的地少女峰山坳（Jungfraujoch）坐落在莫希峰與少女峰中間，必須搭第三趟電車才能抵達。電車行駛在艾格峰裡，五十分鐘的爬坡路程中，窗外只有岩壁可看，但中途有兩次短暫的停歇，北坡在這兩處被鑿穿，安裝了巨大的窗戶，讓遊客可以看見外面的景色。這趟路所展現的是令人讚嘆的工程技術，而非景致。不過一抵達少女峰山坳後，一切就變了。空氣稀薄，陽光微弱，風冷冽刺骨，但你會感覺自己就站在世界之顛，俯瞰阿爾卑斯山脈最長的阿萊奇冰川（Aletsch Glacier）。看著冰河與白雪皚皚的山頂，感覺就像回到了冰河時期。少女峰山坳每年有五十萬名遊客造訪，並非每個人都為這裡的低溫做足了準備，像我帶了刷毛外衣與毛帽上山，但還是不夠保暖，而這時可是八月！

✚ 開車上路

儘管有壯麗的高山旅程與成功的行銷策略為鐵路拉高使用率，但瑞士人仍無法忘懷汽車。全瑞士有四百萬輛自用車[28]在路上行駛，平均每人擁有的車輛數超過英國和美國[29]，奇怪的是，馬路上並不擁擠，至少跟倫敦外環的 M25 高速公路比起來寬敞許多。那麼，瑞士的汽車究竟都去哪兒了？不是停在車庫裡？總之絕不是在私人車道上，因為這裡的建築很少規劃這樣的東西。問題的答案到了夏天就會變得很明顯——所有瑞士的汽車全都排隊等著穿過聖哥達隧道。每到星期五，廣播與電視新聞就會頻繁地更新南向隧道的塞車長度，星期天則播報北向的堵塞情形。假期剛開始與接近結束時，塞車會更嚴重。你以為開往英格蘭西南部的 A303 公路路況已經夠糟了嗎？在這裡，二十公里長的車陣和五小時的等待不過是家常便飯。

即使是塞車最嚴重的季節，也不會有早餐電視（breakfast television）連線報導交通狀況，主要是因為瑞士根本沒有早餐電視這樣的晨間節目，觀眾不會看到兩個朝氣蓬勃的人坐在沙發上唱雙簧。沒有毫無意義的氣象播報，也沒有不停重複的新聞事件報導，瑞士人早上收看的，是一系列在全國各地拍攝，不斷重複播放的影像，並配有背景音樂，讓觀眾判斷今日各地的天氣如何。這聽起來可能跟觀看融雪一樣有趣刺激，但事實上有許多實用目的。多數影像拍攝自山頂，但不是為了欣賞景色，而是讓觀眾知道哪裡天氣較好，以便決定今天要上哪兒健行或滑雪。氣象台除了持續更新影像之外，還會有將各地區分為極小範圍的一日天氣預報，因此若瑞吉峰今天天候不太好，你可以改去鄰近的布里恩茨洛特峰。這種做法看似奇特，其實非常務實，讓你可以不用開著車或搭車到了山頂後，才發現山頂天氣狀況不佳。

在瑞士開車有一點好處，是每個人都很有禮貌。瑞士沒有暴怒駕駛，因為暴怒本身就非常不瑞士。幾乎在所有情況下，不論是工作或開車，瑞士人大多會避開衝突，也盡量避免製造衝突。很少看到駕駛為了停車位吵架，從車窗破口大罵，或猛按喇叭。提契諾除外，那裡另有一套規則，超速隨處可見，只要能夠行駛車輛的地方，就一定有人飆車。但不是每個地方都像提契諾這樣，部分原因在於瑞士人生性謹慎，但更重要的原因是巨額罰單。罰金取決於你超過速限多少，以及你的收入高低，這概念頗為新奇，也頗有效果，因為罰金有時可能高達數千瑞士法郎。曾有人駕駛法拉利穿越瑞士東部村鎮，時速超過時限五十公里之多，最後政府開罰了三十萬瑞士法郎[30]。某些報導說駕駛是德國人，但這可能是瑞士人為了維繫本國人守法的名聲，並順便毀謗德國人所散布的謠言。

相較之下，在瑞士開車所需支付的費用相對便宜，任何車輛只要支付四十瑞士法郎申請一張年度通行證（vignette），就可以開上公路。通行證是一張貼在擋風玻璃上的彩色貼紙，跟醜陋的收費站比起來真是優雅多了，而且收費站既占空間，也影響車流順暢，對瑞士人來說，收費站的存在完全不合邏輯。腳踏車也需要貼上通行貼紙，不過只要六瑞士法郎，而且主要是為了保險。無疑的，每一年大家都有義務去郵局購買自已的貼紙，這聽起來像是受到了嚴格控管，的確也是，就如同完稅標籤、測速照相機和交通擁擠稅等，都是瑞士生活中的一種面向。

在瑞士擁有車最棒的一點，可能是擁有車牌。當你換車，原車牌也會跟著你到新車，不需要換車牌。車牌可以使用一輩子，不用跟著車輛汰換，除非你離開所住的州，可能才需要換車牌，以免被視為外地人，因為車牌號碼的頭兩個大寫羅馬字母通常就是州名的前兩個字母，例如 SO 表示索洛圖恩州（Solothurn）。但為了避免造成混淆，也有例外的狀況，例如瓦萊州（Valais）與相鄰的佛德州（Vaud）不能都用 VA，所以前者改用 VS，至於後者……如果你在佛德州擁有一輛車，你就會有個 VD[A] 跟著你一輩子，那麼你可能就會想搬家了。

\+ + + + + + + + + +

瑞士的交通運輸網在外來者眼中堪稱當代的世界奇景，但在瑞士人眼裡，則只不過是從甲地到乙地的工具，至少他們表現出這種樣子。事實上，瑞士人相當喜歡自己的交通系統，特別是電車，只不過一如往常地，即使知道自家的長處，瑞士人的謙虛性格也使他們不願展現驕傲。只有一種時候，你能夠輕易看出瑞士人有多麼珍視他們的交通運輸系統，也就是新東西推出的時候。當新型輕軌電車啟用時，你會看到瑞士人的神色活像父母炫耀自己的寶寶那般得意而驕傲，新款公車總是會成為媒體焦點，而新隧道完工時，也總是會舉辦派對狂歡。蘇黎世地下公路隧道啟用時，便辦了一場時間長達整個周末的盛會，成千上萬的民眾用不同方式湧進隧道，有人步行，有人騎腳踏車，也有溜滑板或慢跑進去的人。伯恩州的阿爾卑斯山下，全長三十四公里的勒奇山（Lötschberg）電車隧道啟用時也盛大慶祝了一番，樂隊受邀演奏，首班車票也早就搶購一空。按慣例，瑞士的隧道設有隧道工人的守護聖者聖白芭蕾（St Barbara）的小祭壇，除此之外當時也舉行了為鐵軌祈福的儀式（由大主教與基督教教士共同舉行，求心安嘛）。天知道等新阿爾卑斯鐵路網（NEAT）啟用時，派對會多麼盛大。

瑞士的鐵路系統非常優良，但瑞士人把這視為理所當然，因為他們早已習慣準點、高品質的良好服務。瑞士人搭電車旅行時也會閱讀、聽 iPod、打盹、聊天、傳簡訊（隧道內的手機訊號也十分良好），但出現壯闊的自然景色時，他們很少會看向窗外。不過對遊客以及意猶未盡的旅居外國人如我，瑞士的鐵路不只是種移動工具，更是景點。你不需要是鐵路迷，也能享受流線形電車帶來的搭乘體驗。當電車在艾格峰內部向上爬升時，你不需要是觀光客，也會感到十足興奮。只要是人，都會從瑞士鐵路中獲得這些感受。

A 性病 Venereal Disease 的縮寫。

瑞士貼身小觀察 ⑩ 交通禮節

瑞士生活有許多地方受規則與潛規則管制，旅行或移動時也不例外，以下是最重要的幾點規則。

- **規則一**：只要沒有人要求，就別排隊。瑞士是個很有禮貌的國家，但瑞士人不排隊，所以幾乎所有人都恪守這條規則。不論在公車站、電車月台、纜車站，男女老少人人都努力鑽縫隙，為自己卡位。要走出輕軌電車車廂，簡直像打仗，你得抵抗湧進車內的人潮，而且即使有充裕的時間與空間供旅客上下車，他們還是會爭先恐後地推擠。當空間有限時，比如說搭乘纜車，只有遊客才會排隊等待，而且很可能因此上不了車。因此你最好多練習「瑞士側步」(Swiss sidestep)：從隊伍後面沿著邊緣往前，慢慢擠進無防備的遊客之間，直到靠近隊伍前端，占據好位置。多數瑞士人都相當熟稔這項技巧，所以除了等車以外，他們在市場攤販、餐廳自助吧檯、嘉年華會，幾乎只要是超過兩人在等待的場合，他們都會使出這招。難怪繁忙的郵局、銀行、鐵路櫃檯會祭出領號碼牌這項措施作為對策。

- **規則二**：壓低音量。即使你出門在外一整天，也很可能不會在公眾場所感受到噪音。很少有車子大聲播放音樂，當車輛等待紅綠燈時，你不會看到車旁空氣跟著聲波晃動。電車上不會有人拿出大台收音機，把音量開到最大，多數店家不播放音樂，瑞士人也不會邊走路邊吹口哨。並不是因為他們像清教徒般禁絕一切令人快樂的事，而是因為他們尊重彼此的隱私，以及對寧靜的需求。但最常見的例外要數手機，瑞士舉國上下都著迷於使用手機，這種溝通設備讓保守的瑞士人願意公開私人對話。電車原本有禁用手機的安靜車廂，但因為執行不易，瑞士聯邦鐵路遂在二〇〇九年十二月取消這項規定，顯然瑞士人也有不守規則的時候。這個違抗公共秩序的例子雖不能說是暴動，但就瑞士的標準來看，可說是個小小的革命了。

- **規則三**：要懂得判斷停車位。路邊停車位以不同顏色的線作為標記，停在白線內絕對安全，藍色則要看時段。有些路段設有計時停車收費器，每一個停車位在機器上都有相對應的按鈕，而且付費後不會吐出票卡。我第一次使用時，花了一些時間才搞懂。另外，如果你看到地上寫了「CAR」，千萬不可以停，雖然看起來像是給汽車停的，但並非如此。請把注意力從地上的字移開，看看那超大的空間，「car」在法語與瑞士德語中，是遊覽車的意思。

- **規則四**：學會過馬路。當然在瑞士不比開羅或曼谷，行人的生命不會受到嚴重威脅，但過馬路也不像看起來那樣簡單。關鍵就在於號誌燈。當路口設有交通號誌時，一來為了安全，二來為了向孩童樹立好榜樣，即使沒有來車，行人也必須等到小綠人出現才能過馬路。就算身旁沒有孩童，附近住家的窗戶後也可能有個孩子正盯著你，所以身為負責任的成人，必須做出正面示範。另外還有一個小小的理由，闖紅燈被抓到會罰款二十瑞士法郎，不過我從沒聽說有誰被罰就是了。

　　沒有號誌燈時，行人只要走在斑馬線上便擁有路權，車子必須禮讓行人。因此即使在來往頻繁的馬路上，瑞士人也知道車子一定會停下，所以會毫不畏懼地邁出步伐。是的，路上的車都會停下，因為駕駛不想冒著被罰一四〇瑞士法郎的風險。因此在任何路口，都能輕易辨別出瑞士人與觀光客。前者在無車輛通過的紅燈下會等待小綠人燈號，在沒有燈號的路口卻毫不顧忌來車，就這麼跳進馬路，不過多數瑞士人還是知道要等輕軌電車駛過。而你無須懷疑，的確是觀光客干擾了這個系統的運作，他們扮演行人時，會背反一切規則，在空蕩的路口闖紅燈，在繁忙的路口遲疑不定。他們開車時則大感困惑，彷彿路上所有行人都活得不耐煩了，爭相做輪下亡魂。觀光客或許會將他們眼中的混亂歸咎於瑞士的黃色斑馬線，這線儘管不是白的，卻還是稱作斑馬線，想必這斑馬得了黃疸吧，還是改叫黃蜂線比較合適身為非本國籍的在地人，我試著利用這種雙重身分，兩邊賺取方便。我在無號誌的路上邁開大步，像現代的克努特大帝（Canute）般攔下車流，在沒有來車的路口，我也恣意闖紅燈。這招頗管用，至少目前為止是如此。

第十一章

尋找海蒂

SEEKING
HEIDI

從伯恩出發，開車沿著A12號快速道路往西南方向，會先看到路標用德文寫著「迪丁根和聖沃爾夫岡出口」(Ausfahrt to Düdingen and St Wolfgang)，轉眼間，下個路標就成了法文，寫著「格朗日—帕科和吉維謝出口」(Sortie to Granges- Paccot and Givisiez)。搭乘地方的電車也會遇到類似情形，親切可人的服務員會突然從德語轉換成法語，「下一站」就由「Nächster Halt」突然變成了「Prochain arrêt」。窗外的鄉間風景未曾變，波浪般起伏的草地同樣翠綠，紅白相間的旗幟也依舊在住家庭院飄揚，但標誌和廣告牌讓一切都變得截然不同了。你剛跨越的，就是俗稱的語言大峽谷，這裡的人稱之為「炸馬鈴薯餅界線」(Röstigraben)，若按德文直譯則是「炸馬鈴薯餅壕溝」(參見二〇〇頁的地圖）。這個古怪名字直白地道出德語區的人喜歡吃炸馬鈴薯餅（切條後油炸，可搭配所有食物），法語區的人則否。當然這條壕溝並不實際存在，但你經過時一定會感覺到。而這也正是定義瑞士的關鍵元素之一，事實上，也許是最關鍵的元素。

對許多國家，特別是歐洲國家來說，語言是國家認同的關鍵。義大利之所以是義大利，波蘭之所以是波蘭，主要就是因為所有人都說同一種語言（至少就過去而言）。而語言，也一直都是瑞士國家認同的核心，但是凝聚認同的方式截然不同。其他國家大多使用單一語言，瑞士卻有四個主要語言，而正是多語文化讓瑞士與眾不同。如果沒有提契諾和羅曼德，那瑞士也就只是小小的德語系國家，就像他們最討厭的奧地利。換個角度來說，如果這兩個區域不屬於瑞士，那就分別只是義大利和法國這兩個中央集權大國的邊陲小區域而已。俗話說寧為雞首不為牛後，就是這個道理。

瑞士這種獨特的狀況影響著每一個人，德語區的人也許會抱怨其他地方的人缺少工作倫理，做事不夠專注也不夠有紀律，缺乏瑞士精神，但他們心裡其實也會羨慕法語區和義語區的人總是能享受生活，充滿幽默感，而且從中午就開始小酌。法語區的人則較欽慕大歐洲主義而不囿限於國族主義，這種心理往往會展現在公投結果[1]。他們抱怨德語區人民的傲慢，但他們若是屬於法國的一分子，就不可能像現在這樣，對國家施政方向擁有一定的影響力。至於提契諾人，雖然直到一九九九年才在聯邦參議院中取得席位，但他們應該寧願被中央忽略，也不要受羅馬管轄吧。

+ 說方言

瑞士毋庸置疑是多語國家。當你從巴塞爾搭火車到蘇黎世，儘管兩者都是德語城市，你卻會感覺彷彿徜徉在語言之海。和善有禮的女性廣播員會以三種語言廣播，確保每個乘客都能明白。首先是歡迎旅客上車，預祝旅途順利，接著告知乘客中間的車廂有販售飲料和點心，而所有服務人員都樂於回答乘客的問題並提供所有協助。這些資訊用德語說起來已十分冗長，而且接下來還得用法語[2]和英語複誦一次，等到廣播結束，電車幾乎已經開到半路了。這類多語言公告在瑞士是稀鬆平常的事。然而，雖然瑞士有四種官方語言，可是義大利文只有偶爾在車站和車廂的布告欄上才能看到[3]，而羅曼什文則是幾乎不曾出現。最有趣的是，英文幾乎無處不在。當你看到標誌牌上同時用德文、法文、義大利文和英文寫著禁止跨越鐵軌時（這標誌牌面積很大），你會很明確地感受到這個行為是被禁止的。不過牌子上其實只要寫英文就好，因為沒有一個瑞士人膽敢「跨越」任何未標示准許通行的地方。

當然不會只有警告標誌使用多種語言。舉例來說，食物包裝也必須以德文、法文和義大利文標示營養成分、過敏源和其他產品資訊。這不禁讓我納悶，英國的玉米片包裝空白處究竟都拿來幹麼了？甚至香菸盒上的警告標語也是三種語言並列，將「吸菸有害健康」寫上三次（Smoking Kills、Rauchen ist tödlich、Fumer tue、Il fumo uccide），強而有力地傳遞了死亡威脅的訊息，當你全部讀過，大概連活下去的念頭都放棄了，更別提抽菸了。

瑞士的多語環境讓許多瑞士人能夠輕易地轉換使用語言。瑞士學童在小學教育階段就得學習另一個官方語言，德語學童通常學習法語，法語學童則相反，而義語區則是德法兼修。許多學校也把英語放進課程中，和其他語言一起教學。幾年前蘇黎世市民由於認為英語更為實用，曾討論是否以英語課取代法語課，掀起了一場大風波。不過問題是，雖然瑞士人在學時會學習其他官方語言，但只要不搬到其他行政區或是為政府工作，日常生活通常只需要母語。

此外，有個情況讓這多語環境更顯複雜，也就是瑞士德語區的人說的並不是德語，至少不是德國人所認為的德語。他們說的是瑞士德語（Schweizerdeutsch）[4]。瑞士德語是區域方言的總稱，這種語言一直到近年才以文字形式存在，多數的報章雜誌都還是以正統德語（Hochdeutsch，瑞士人常稱為「寫作用德文」〔written German〕）發行。兩種語言在電視上的使用也有顯著區分，全國新聞都是用正統德語播報，區域的氣象和新聞則是瑞士德語。瑞士德語區的居民在日常生活中則大多講方言，而不使用正統德語。那麼，這兩種語言間究竟有什麼差別呢？

對瑞士人來說，那差別就像粉筆與乳酪間的區別那樣明顯，而瑞士德語當然是後者，但外人聽起來兩者都差不多。瑞士德語的音調比較平板且喉音更重，聽起來就像瑞典人一面說正統德語一面清喉嚨。此外，瑞士德語也會夾雜著一些法語字彙，這點也非常有瑞士風格。瑞士德語中的雞、人行道和單車都是用法語（poulet、trottoir、velo）[5]。瑞士德語的法德混血血統有個非常鮮明也非常瑞士的例證，就是「謝謝」（merci vielmal）[A]。

然而，法語區和義語區的學校教授的是正統德語而非瑞士德語，因此對這兩區的人民與德語區人民的溝通沒有太大幫助。而且幾乎每個法語區居民在離開學校後就把學到的德文都還給了德語老師。法語區的人會像法國人那樣刻意只使用法語，而如果他們紆尊降貴地使用了法語以外的語言，也通常是英語而非德語。於是，英語這個唯一的共通語言，似乎反而加深了瑞士的語言隔閡。然而也不是人人都通曉多種語言，一些瑞士人除了母語之外就只懂英語，而只有少數的瑞士國民只懂母語，這點其實也和其他國家沒有太大差異。

對德語區的居民來說，他們的方言是構成國家認同的重要工具，他們為這語言感到驕傲，並努力捍衛其地位。然而奇妙的是，瑞士史上最知名的代表人物，也是最受歡迎的瑞士人，卻不說瑞士德語。因為她最初是以文字，也就是以正統德文的形式存在。她就像瑞士刀一樣無可動搖地代表瑞士，她，就是海蒂（Heidi）。

＋ 十大傑出人物

蘇黎世機場的主航廈與衛星航廈以輕軌列車連接，列車啟動時會響起約德爾山歌，夾雜著響亮的鈴鐺和深沉的阿爾卑斯山長號聲，接著，巨大的海蒂出現在車窗外，帶著一頭金黃閃亮的秀髮，對乘客拋出一個飛吻後漸漸消失。當然，這只是視幻覺，海蒂動畫是我們飛快地經過隧道時，牆上的一連串畫像所構成的結果。這個設計很聰明，也挺可愛的，更說明了海蒂對瑞士具有多重要的代表意義。在瑞士，從來沒有任何人能獲得像海蒂這樣的崇拜地位。這或許和她是虛構人物有關，對瑞士人來說，迷戀非真實存在的人物要容易得多。

在瑞士，名人向來不大受關注，或許也因此才有這麼多名流選擇住在瑞士（當然稅率也是同樣重要的關鍵）。瑞士最常見的雜誌封面

A　merci 是法文的「謝謝」，而 vielmal 則是德文的「非常」。

人物是英國威廉王子，或安潔莉娜．裘莉，少有瑞士人。那麼談話節目的訪談對象呢？這種節目在瑞士幾乎不存在，看名人訪問另外一個名人對瑞士人來說是非常陌生的事。瑞士生活的核心是隱私和謙遜，就算家財萬貫也要保持低調，而這兩者都不難達成。網球選手費德勒（Roger Federer）大概是唯一的反例吧，他是瑞士唯一的世界明星，但即使如此，他也努力保持樸實作風。除了費德勒之外，你能找到其他把小孩照片登在社交網站而不是賣給八卦雜誌社的明星嗎？對瑞士人來說，應該享有名聲的是瑞士，而不是瑞士人。但如果非要瑞士人選出重要人物，他們會怎麼選擇呢？哪些人會雀屏中選？

二〇一〇年，瑞士聯邦報選出了瑞士史上十大重要人物，這分名單清楚說明了瑞士人如何看待自己。名單中沒有君主或總統，畢竟瑞士歷史上從未出現這樣的角色，也沒有一九〇六年以後出生的人，因為還沒辦法等到歷史蓋棺論定。讓我們來看看這份名單吧：

- 兩位戰時的軍事領袖，對這個熱衷於自衛的軍事國家來說頗為合適：二次世界大戰的亨利．蓋森（Henry Guisan）和三十年戰爭[B]的約格．耶納契（Jürg Jenatsch）。
- 兩個在海外出生的瑞士人，反映了瑞士有二十%居民不是瑞士人：阿爾伯特．愛因斯坦和尚．喀爾文。
- 兩位思想者，反映了瑞士人熱愛對話與討論：尚—雅克．盧梭和亨利．杜南，至少後者言出必行[6]。
- 兩位先驅，因為這是個創新者的國度：LSD 發明者亞伯特．霍夫曼（Albert Hoffman）[7]和阿爾弗雷德．艾舍爾（Alfred Escher），後者創立了瑞士信貸（Credit Suisse），也資助早期的鐵路系統。

還有兩位呢？這兩人大概是整份名單中最讓人感興趣的對象。似乎不會是威廉．泰爾或杜富爾將軍，甚至不是其他知名瑞士人如科比意、卡爾．容格（Carl Jung）或馬克思．弗里施（Max Frisch）。名單最後是兩位女性，而且都是虛構的。我不敢斷言，兩個非真實人物如何訴說女性在瑞士歷史中所扮演的角色，但海蒂和赫爾維蒂（Helvetia）就是最後雀屏中選的人物，而這兩人也象徵了瑞士女性的兩種截然不同的特質：一個是甜美又天真爛漫，另一個則擁有女神雅典娜般的儀態和武裝。真正的瑞士女性應該是介於兩者，或者說，孩童時像海蒂，然後成長為赫爾維蒂。

對這個不渴求代表圖像的國家來說，天真的小女孩應該是他們最能接受的選項，海蒂不像美國的山姆大叔或英國的約翰牛（John Bull）。但是，虛構的小說人物真的可以代表一個國家嗎？對瑞士人和許多外國人來說，海蒂就是瑞士的化身，她就是這個國家的認同象徵。我真該會會這號人物，雖然不可能真正見到她。

+ 在麥當勞遇見海蒂

這個星期是麥當勞的海蒂周，這讓我在停止吃牛肉的十年後，第一次被這個金黃色的 M 吸引。向惡勢力妥協一直都是最簡單的方式，歐洲許多城市都已經被麥當勞攻陷，伯恩也不例外，城內一共有三家分店，彼此距離不遠。

我痛苦地想像自己即將面對的場景。日本周是照燒醬漢堡，墨西哥周則是麵包裡塗滿莎莎醬，那麼海蒂周呢？漢堡究竟還可以變出什麼花樣？條紋或格子狀的漢堡嗎？還是把漢堡盒改裝成音樂盒，像瑞

B 公元 1618-1648 年間，由神聖羅馬帝國內戰演變而成的全歐洲規模大戰，這場戰爭確保了瑞士的獨立地位。

士男孩一樣唱著約德爾山歌？問題是，我對海蒂周的想像有相當程度受限於我對這個人物的有限認識。她是貨真價實的瑞士小姐，但我卻怎樣也想不起她的故事，直到遙遠的記憶突然在腦海中現身：那是某個夏天的假日早晨，在「神奇馬冠軍」（Champion the Wonder Horse）和「飛俠哥頓」（flash gordon）之間播出的電視劇「海蒂」，伴隨糟糕的配音和感傷的配樂播出。

當時我只有十歲，和姊姊一起躺在客廳地上看電視，螢幕裡出現了可愛的海蒂、壞脾氣的爺爺、安靜的彼得（大概也是不專業的配音造成的）和山羊，以及更多的山羊。喔！也許這就是答案，說不定海蒂周推出的是山羊漢堡。這有何不可？我們吃過牛肉、雞肉和素食漢堡，為什麼不試試山羊肉漢堡？只不過，這些在山坡上爬上爬下的動物聽起來不太美味就是了，就算我不抗拒吃紅肉，我也懷疑自己是否真的會喜歡山羊肉漢堡。

電車刺耳的鈴聲把我帶回伯恩，我快步穿過石板路，街角貼著醒目的麥當勞海報，提醒我馬上就可以享用美味。來到麥當勞時才不過十點，但我已經迫不及待看到雙馬尾、牛鈴、山羊肉漢堡和方格花紋了。猜猜最後端到我面前的是什麼？沒有約德爾山歌、沒有方格花紋，當然也沒有山羊，而是一個油亮、隨處可見的美式漢堡，夾著牛肉和愛曼塔乳酪，附上炸馬鈴薯餅，這是個滿溢著膽固醇的套餐。

我童年印象中的海蒂是甜美的少女，而且不像小紅帽一樣被大野狼吞進了肚子裡，但如今看來，她好像被外在世界綁架了。一如在機場所見，瑞士人知道海蒂的潛力，因此用她來行銷瑞士和瑞士產品。這手法非常精明，但完全仰賴海蒂所代表的瑞士形象核心。讓我們一起來尋找海蒂的真相吧。

+ 約翰娜的家

結束與海蒂漢堡的親密接觸之後，我在密果斯超市也發現了海蒂。成列的小海蒂在冷凍櫃前面排排站好，她是一個品牌，任何和乳製品有關的產品都能找到她的蹤跡，從牛奶、優格、乳酪到奶油，全都會貼上一張天真無邪的少女笑容圖片，然後用紅色的大字寫上「海蒂」。唯一的問題是，海蒂的故事中並沒有牛，只有羊。很明顯的，詩意的符號在行銷語言中擁有比較自由的發揮空間。

看樣子在瑞士，海蒂幾乎無處不在。她是這個國家的象徵，無論對國內或國外皆然，她也是任何瑞士產品的終極代言人。我應該要好好認識這位瑞士女孩，搞清楚她的背景，這會讓我更了解瑞士人的國家認同。當然我沒辦法真的遇見海蒂，所以我必須重讀她的故事，並且認識她的作者。

以單名著稱的女性人物中，海蒂的地位幾乎等同於埃及豔后克麗奧佩脫拉或是歌手雪兒，但我究竟對海蒂有何了解呢？我甚至不知道她的姓。我所任職的英語書店的瑞士書區中，在 S 開頭的櫃位很容易就能找到施皮里（Spyri），也就是海蒂的作者。封面是一個金髮女孩在翠綠的山丘上邁步，身上的紅色洋裝和白色圍裙是美好的瑞士配色。快速瀏覽書中的作者簡介，我才知道施皮里寫過將近五十個故事，但這份簡介對她的生平少有著墨。她創作出瑞士最知名的文學角色，她的生平卻成謎。我唯一能做的，大概就是前往蘇黎世，她在當地居住多年，直到離世。

我坐在電車上，放下椅背，讓自己浸淫在一本從德文譯成英文的瑞士書籍。還好這本是寫給兒童看的，我可以很快讀內容。且讓我再說一次海蒂的故事吧，第一部裡，孤兒海蒂由阿姨寄養在爺爺家，天真無邪的個性使她得到老人家的喜愛，也讓她與牧羊童彼得以及彼得的盲眼奶奶變成好朋友。海蒂在一望無垠的牧場裡無憂無慮地奔跑嬉戲，偶爾餵餵山羊，慢慢地長大（故事開頭時她只有五歲）。電車抵達蘇黎世的時候，她的故事已經讓我讀到有點疲累了。

雖然說墓園好像和足以代表國家的人物扯不上邊，但要認識海蒂，就得認識作者，因此我必須造訪瑞士第二大的希非德墓園（Sihlfeld Cemetery）。以約翰娜．施皮里（Johanna Spyri）的死亡作為探尋的起點好像有點怪，但這是我所知道最確切的起點，而前提是我要能找到她的墓。走進大門後，布告欄上貼了一張位置圖，但我怎樣都找不到施皮里的墓碑。我心裡有些期盼，瑞士人注重效率的行事風格在這座墓園裡也許能幫到我，畢竟在墓園裡反覆尋找一座墓碑可不是什麼好玩的事情。

這時我的救星現身了，守門人答應幫我找到施皮里的墓地。我高興地微笑，雖然這不是在墓園裡應有的表情。只是她始終板著臉，我想應該是因為我在十一點五十七分開口請求，而她在三分鐘之後就要用午餐了吧。我決心將這三分鐘的效益發揮到最大，因此我挺起胸膛面對櫃檯後方這位看似難以親近的女士。她看起來像是奧運鉛球選手，只是宛如熱帶落日風景的鮮艷髮色稍微中和了她的肅穆神色，我猜這個工作的確需要一點色彩調劑。而這位「熱帶落日」小姐實際上其實非常友善，給了我遠遠超過三分鐘的時間，也提供我一份葬在希非德墓園的名人清單。清單上除了施皮里之外，我只認得一個名字，當然這些人在蘇黎世或瑞士都非常有名，只是我這個英國人從未聽過而已。

我拿著指示圖，開始在墓園裡尋找約翰娜·施皮里、編號 PG 81210/D 的墓碑。熱帶日落小姐告訴我，這座墓園已經客滿了，沒有空間可以容納新的棺木，但我卻很難看出這點，因為希非德墓園雖然被許多建築包圍，但依舊保有一定程度的空曠感。我沿著乾淨整潔的步道前進，不禁開始懷疑這裡真的是墓園。寬闊的林蔭大道被兩側的樹和翠綠草地包圍，園裡有四個人正用釘耙整理早已完美無瑕的草地，讓人誤以為這裡是開放的公園。這裡的一切都非常瑞士，看似雕塑公園而非供人憑弔死者的地方，而我其實滿喜歡這裡的模樣與背後的概念，一座位處繁忙市中心，悼念死者的綠洲。在這裡你一點都不會覺得低落，反而有種沉澱與振奮的感覺，這裡能夠讓人真正地靜下心來好好沉思。

墓碑反而像是外加的東西，被安置在樹叢與花朵間。所有的墓碑的外型都相當高雅、具現代感，而且好像有專人在照顧一般，只能用潔淨無垢形容。多數墓碑上只刻著姓名和日期，沒有讓人生厭的過分感傷，也沒有陳腐的避諱語，而是呈現非常直截了當的瑞士風格。這裡大多是家族墓地，而且是廣義的家族——其中一個墓區涵蓋了一百四十六年的家族死者，包含六個拗口難記的姓氏，從葛羅—費寧格（Gloor–Pfenninger）到歐匹克—史懷哲（Oppiker–Schweitzer），給了六度關係法則全新的定義，而看著這六個姓氏一起長眠在這座墓園中，更給人不少啟發。

和這些團聚的家族相比，施皮里的墓位就空曠許多，她的墓碑位在墓園圍牆邊，墓碑是一個簡單的白色石頭，上面有大十字架的浮雕，旁邊寫著約翰娜·施皮里的名字、生卒年（一八二七年六月十二日—一九〇一年七月七日）和德文的《詩篇》第三十九篇[8]。她兩側是兒子迪特．伯恩哈德（Diethelm Bernhard）和丈夫約翰．伯恩哈德（Johann Bernhard），兩人都在一八八四年過世。迪特二十八歲時死於肺結核，約翰因為無法承受打擊隨後離世，對施皮里來說，這當然是個沉重而傷感的雙重打擊。

離開墓園前，我繞了一點路，去拜訪紅十字會創辦人杜南的安息之地[9]。他的墓地相當宏偉，也許是整個墓園最大的，那是一座方形的石頭涼亭，裡面有兩個男士的雕像，一個受傷橫躺，另一個則從旁攙扶，兩者都打著赤膊，為這個空間增添一種滄桑但又帶有幾許同志情慾的氛圍。凋零的玫瑰、燃盡的蠟燭、紙紮小鳥做的花環則點綴著這個滄桑的空間，潮濕的空氣中飄蕩著一股淡淡的焚香。後方牆面則掛著杜南的胸像，生了大鬍子的臉孔表情安詳，因為做得太像了，有一瞬間我以為是死亡面具，讓我打了一陣哆嗦。就算過世了，杜南也還是能給人強烈的印象。

墓園側門有一座巨大的白色告示牌，寫著所有參訪規定，想當然耳會有保持安靜一條，但在那之前還列出了：禁止慢跑、禁止海灘衣著、禁止騎乘單車、禁止遛狗、禁止飲酒。我可以理解多數的規定，畢竟這裡是墓園，但禁止海灘穿著是什麼意思？這裡可不是巴塞隆納或是布來頓，而且蘇黎世離最近的海邊大概有五百公里遠，蘇黎世的居民實在不大可能穿著比基尼或是海灘褲在這裡晃蕩。儘管他們住得離海邊十分遙遠，但瑞士人就是喜歡訂定豐富詳盡、包山包海的規則，你可以想像他們是擔心，在幾公里外的蘇黎世湖游泳的人會來這裡散步。

約翰娜的住所則在蘇黎世的另一個角落。次威街九號的外牆上有面石板，告訴我我沒走錯地方。石板上寫著：約翰娜．施皮里於一八八六年至一九〇一年過世前居住於此。九號的門鈴上標示出這裡目前是私人住家，但十一號倒是吸引了我的注意力：「約翰娜．施皮里機構」。就是這名字，但是在隔壁房，應該不會有錯吧？於是我爬上石頭階梯，時光彷彿回到一個世紀以前。迷人的曲柄鑄鐵扶手引導我到一座彩色玻璃門前，玻璃色彩鮮豔而做工精緻。進門便可看見華麗的造型天花板、木頭地板和精心粉刷的門板，而這裡其實是一個耀眼的現代辦公室。

接待員茱莉亞告訴我，這棟建築過去被稱為「愛斯克住宅」(Escherhäusern)，是一八五〇年時瑞士第一座以公共住宅形式設計建造的大樓，住戶大多是有錢人。約翰娜在丈夫和兒子過世後搬到這裡，但很顯然她並不常住在此地，這裡只是她偶爾進城時的落腳處而已。這個以她命名的機構，正式名稱是「瑞士兒童與青年機構」(Schweizerisches Institut für Kinder- und Jugendmedien)[10]旨在推廣兒童教育和文學，與她多麼相稱啊！

✚ 鄉間一日遊

找到約翰娜的長眠之地後，我的下一站就是她的出生地，蘇黎世湖上方的希瑟爾(Hirzel)。這裡果然有一座施皮里博物館，但開館時間或許是全世界最荒謬的：星期天下午兩點到四點，彷彿不歡迎參觀似的。而我當然已經做好萬全準備，對希瑟爾已知之甚詳，我可是花了不少時間點閱這座村莊的網站[11]，這網站基本上來說就是各種統計資料的寶庫。你知道（或是說有必要知道？）希瑟爾一九二二個居民中，有二十四%的人不滿二十歲，二十五%是天主教徒？你知道有一六六個外國人居住在此？也說不定，你真的很想知道，這個小村莊有七二四間房子和一間旅館（十一張床）？而令人驚訝的是，這裡竟然有七間餐廳和兩間咖啡館，想必所有星期天到此參觀博物館的旅客，參觀完便無處可去，於是都會停下腳步在此用餐吧。當我得知希瑟爾的優良公民每年平均製造二一五公斤的垃圾（包含六十六公斤的舊報紙）之後，我終於把電腦合上了。瑞士幾乎每個市鎮都有這樣的網站，但到底有誰會需要這些資訊呢？

我們搭著一輛空蕩蕩的區域火車，沿著蘇黎士湖西側前進，由於中間隔了太多住宅，列車與湖的距離不是很近，但還看得到湖上閃耀的波光。蘇黎世湖形狀細長，最寬處還不到四公里，所以很容易就能看到對岸著名的「黃金海岸」，也就是瑞士境內消費最高的地方。那裡住的大概都是像歌手蒂娜．特娜（Tina Turner）那樣的人。那裡的居民不斷向相關當局抱怨，蘇黎世機場的飛機飛過他們上空造成巨大噪音，好像只要不是他們的私人飛機引擎聲，就會破壞他們的高貴生活一樣。

我們在豪爾根（Horgen）轉搭在瑞士隨處可見的黃色小巴士。想當然耳，這輛巴士早已在車站外等候轉車的乘客。我們的司機在乘客上下車或車輛爬坡時總會親切地提醒或問候我們。而載著我們來到霍根的電車雖然空蕩蕩的，這輛巴士卻座無虛席，很快就只剩下站位了。不只如此，車上乘客的平均年齡應該高達七十七歲，我想我和我朋友大幅拉低了平均值。我猜測，我們若不是碰上一群老人家來希瑟爾遠足，那就是這個地區的老先生老太太已經不太開車了。我應該要記住希瑟爾六十五歲以上居民的人口比例才對[12]。

我們爬升至海拔三一一公尺處，眼前雖然不是最壯麗的風景，但也夠瑞士了：波浪起伏的綠色山丘、放牧的牛隻、嶄新農舍間偶爾點綴的老舊穀倉、在你看清村名前就已退至視野後方的小農村、永遠屹立在視線彼端的遠山，而且幾乎從頭到尾不會看到一片比海德公園還大的平地。當我們抵達希瑟爾的時候，我看到一面標誌，寫著司機的名字 W · 克利斯坦（W. Christen），而他向我們道別時說了「旅程順利」（gute Fahrt），對來自英國的我而言，這句德文好像稍微動搖了瑞士人典型的拘謹有禮形象。

施皮里博物館坐落在老舊校舍中，彷彿從格林童話中搬出來的場景：漆成赭紅色的美好半木造建築，擁有典型的 A 字型屋頂。小小的花園中有一組雕像，刻著海蒂、彼得和無處不在的山羊，當我看到這一切，就知道自己沒走錯地方了，而且我們來得非常準時，兩點三分我就站在了正門口，而大門已經打開了。但令我驚訝的是，我們竟然不是第一個到達的，博物館裡已經有四個參觀者了，或許他們都是瑞士人吧！

沿著樓梯而上，粗糙的石牆上掛滿了約翰娜和家人的黑白照片，這些照片看起來就像是維多利亞時代的肖像，每個人的神情都嚴肅到無以復加，如果在半夜看到應該會嚇到，更不要說請照片中任何一個人來為你念床邊故事了。約翰娜 · 路易斯 · 厄塞（Johanna Louise Heusser）在六個小孩裡面排行老四，她的父親是個醫生，母親則是傳道士的女兒，她一直過著單純的生活，直到二十五歲時遇見約翰 · 施皮里（Johann Spyri）。讀到這邊你可能會有點困惑：約翰娜遇見約翰？而且約翰娜的父親也叫約翰，不過這並不妨礙兩人結為連理，約翰娜於是隨著這位蘇黎世的律師搬到大城市裡去。然而，她似乎從未享受大城市的生活，始終憂鬱，特別是在兒子出生之後。她唯一的慰藉就是寫作和待在邁恩費爾（Maienfeld）附近的鄉下。約翰娜在一八八〇年，也就是兒子和先生相繼過世的幾年後，出版了讓她成為知名作家的《海蒂》。約翰娜成為寡婦後的日子並不快活，但她把所有的時間和金錢都奉獻給慈善機構，並且持續寫作，直到她於一九〇一年過世為止。這場人生實在非常沉重，好像只有《海蒂》的出版為她帶來一點快樂。我離開博物館時，心情就跟踩在木造樓梯上的腳步一樣沉重。

建築物的一樓採全木造，這是對海蒂的致敬，博物館內親切的導覽小姐把施皮里當成女英雄，視她為瑞士早期的女性主義者。她也坦承，儘管《海蒂》擁有超過五十種語言的譯本，但卻沒有瑞士德語的版本。我開始仔細端詳眼前收藏書籍珍本的玻璃櫃，《海蒂》最早其實叫做「海蒂遊玩和學習的日子」，這本書是在德國而非瑞士出版，而且內容只包含故事前半。這本書的暢銷促成了隔年的續集，書名是「海蒂學以致用」，而我們熟知的《海蒂》則是上下兩集的合訂本。再說個引人深思的真相，第一集出版的時候約翰娜選擇匿名，也許她希望和同時代的喬治．艾略特[c]一樣，希望藉由隱藏性別獲取成功。這個現象直到今天依舊存在，J.K. 羅琳的本名其實是喬安娜．羅琳，但她使用了縮寫筆名以吸引男孩讀者。當然，約翰娜也可能只是希望藉由匿名來隱藏身分。無論如何，這場人名猜謎遊戲在下集出版時告終，約翰娜．施皮里的名字正式放在書封上。

展示櫃裡擺出了幾乎所有與海蒂有關的物品：各種語言的譯本、影片、唱片、衣服和各式各樣的食品包裝。看來不是只有今日的麥當勞和密果斯借用了這個女孩的形象，她早就是各種茶包、紅酒、沙拉、香腸和各式各樣乳製品的代言人了。但是，幾乎沒有公司選用她的真名，阿德海蒂（Adelheid）這個名字實在不夠浪漫，條頓風格太過強烈，以至於一點都不可愛。而我也好奇當約翰娜知道她所創造的小女孩被商人出賣給全世界以謀取利益時，她會怎麼想。

博物館參觀行程結束，我們在村莊裡散步，這裡的下坡路景色平凡無奇。不是每個瑞士村莊都有如詩如畫的風景。我看到一座標準的新教教堂，還有附近一座現代的天主教教堂，以及一間旅館、一間郵局、一間肉鋪（但沒有做蠟燭台的），和兩間先前提到的餐廳（剩下五間應該都藏在街角）。主要道路尾端有一個在瑞士隨處可見的步道標誌牌，只是這標誌牌似乎有點多餘，因為上面寫著「步行四個半小時抵達蘇黎世」，還真是吸引人。所以巴士一抵達，我們就跳上車離開了。

✚ 歡迎來到海蒂世界

「我不敢相信自己真的在海蒂的家，這簡直是美夢成真。」我要澄清，這不是我說的話，而是我在邁恩費爾（Maienfeld）的海蒂之家聽到一個美國遊客的吶喊。這座美麗的小鎮在瑞士東側非常靠近奧地利邊界的地方。這裡是《海蒂》的場景藍本，孕育了海蒂這個角色，如果你懷疑這件事有任何價值的話，我得告訴你這其實吸引了不少觀光客造訪。格勞賓登州旅遊局可不是平白無故將這裡包裝成「海蒂世界」的。這裡的風景看起來就像從書裡跑出來的一樣，灰色的山峰聳立在覆滿濃密樹林的山腰上，下面則是阿爾卑斯山的牧場，一路延伸到萊茵河畔。這裡的山不同於瑞士中部那些符合觀光客刻板印象的山。這裡的山陡峭得無法留住積雪，鋸齒狀的輪廓將天際線割得四分五裂，山形也並非正三角形，這些山無法用引人入勝來形容，或許應

c George Eliot，英國女性作家瑪麗．安．艾凡斯（Mary Ann Evans）的筆名。

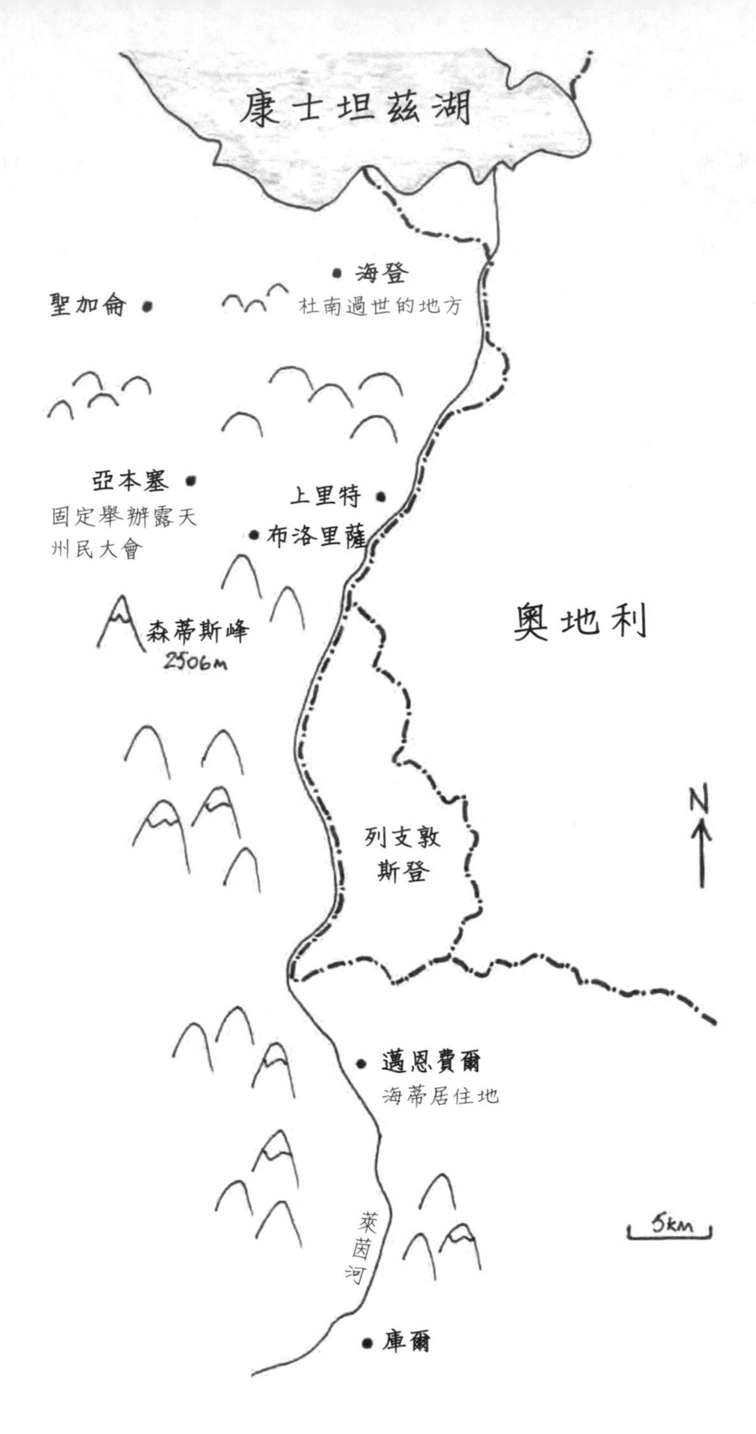
康士坦茲湖
海登
杜南過世的地方
聖加侖
亞本塞
固定舉辦露天
州民大會
上里特
布洛里薩
森蒂斯峰
2506m
奧地利
列支敦
斯登
N
邁恩費爾
海蒂居住地
5km
萊茵河
庫爾

該說有點嚇人。

有一次，我和葛列格去列支敦斯登拜訪他的雙親。列支敦斯登是一個小到不能再小的國家，夾在瑞士和奧地利之間。而且這個世界第六小國並沒有什麼知名度[13]。列支敦斯登共有三萬五千名公民，由一個住在城堡裡的王子統治，他們沒有自己的貨幣，而是使用瑞士法郎。列支敦斯登的主要經濟產品是假牙、釘子和神祕的自然風景。這裡想必是一日遊的好去處，但更重要的是，這裡距離邁恩費爾相當近。因此我們一起借了他父母親的車子，並且選擇了風景相當好的一條路開上山，在離開列支敦斯登前，路上只會有一面旗子和一個標誌牌提醒你邊界到了。

邁恩費爾（Maienfeld）是個小鎮，鎮中心只有一座尖頂教堂和環繞四周的石磚建築。邁恩費爾從來稱不上熱鬧，今天更是靜寂得像個死城，也許因為今天是復活節後的星期一。但無論假日平日，海蒂之家永遠開放，對當地人來說，只要有觀光財可賺，繼續營業就是最明智的選擇。他們也很謹慎地不讓任何訪客有錯過海蒂之家的可能，鎮上幾乎每個轉角都有通往「最早的海蒂之家」的標誌牌，上面標示了距離和時間。

花四十五分鐘左右走上山丘，會看到這座古老的小鎮規模原本只比一條街大一些，而新房子就像是草原上嚼著牧草的牛一樣不斷擴大範圍，很多老房舍都被新房子取代了。我猜好萊塢如果在這裡重拍海蒂的電影，要找到漂亮的場景讓秀蘭．鄧波爾（Shirley Temple）在鏡頭前展現甜美笑容，可能會有點困難。然而，我也懷疑一九三七年的版本根本不是在這裡拍的，因為影片中的場景其實有些不精準的地方。總之，正是因為秀蘭的詮釋，讓全世界觀眾都認為海蒂有一頭金色鬈髮，而不是書中平滑的棕色長髮。秀蘭所扮演的海蒂在戲中又唱又跳，我相信約翰娜．施皮里也絕對沒想過要創造這類橋段。

也許你的童年因為沒看過海蒂的故事而少了點色彩，那麼請讓我來說明一下第二部的情節吧。當海蒂才剛適應與祖父及山羊相處的生活，海蒂的阿姨又出現了，並且把她帶到法蘭克福陪伴生病的富家女克拉拉。這對海蒂來說是場災難，除了身處巨大的德國城市之外，克拉拉的家庭教師羅特麥爾小姐（Fräulein Rottenmeier，這德文唸起來像是美食的名字）還是個狠角色。不久之後海蒂就因為思念家鄉的羊奶和山間清澈的空氣而變得面容憔悴。不過當然，這故事有個美好結局：海蒂回到她摯愛的瑞士山林，而克拉拉來拜訪她時，山羊奶和清新的空氣很快就治癒了她的病，讓她再也不需要輪椅，可以自在地在草地上奔跑。多麼美好的結局啊！

對我來說，這本書最初帶給我的歡愉在海蒂被帶去法蘭克福之後就消失無蹤了，第一部雖然有些濫情，但海蒂的天真以及充滿愛與信任的人格特質一直都很討人喜歡。然而，安插一個德國籍的反派角色並讓女主角顯得有點粗魯無禮，就讓人失去了閱讀的意願。當克拉拉被麵包、山羊奶、愛和新鮮空氣給治癒的時候（注意，那五天內她都沒有吃新鮮蔬菜，一樣也沒有），可以看出作者真的很想寫結尾了。好吧，說越多我越覺得自己就只是個憤世嫉俗的二十一世紀讀者，沒有辦法認同維多利亞時代的勸世小說。

假如說《海蒂》的第二集讓人失望的話，那我對海蒂之家就無話可說了。我造訪前期待看見的是一棟老舊的木屋，但我到底看到了什麼？根本是鄉間小屋中的白金漢宮。這棟小屋一共有三層樓高，一樓是石牆、玻璃和迷人的花園。屋內則更離譜，有個完整的廚房、荷蘭式的灶、室內廁所，而海蒂甚至有一間自己的臥室，看起來像是芭比娃娃的房間似的。然而，在訪客留言本上看到的句子才最讓我崩潰。彷彿沒有人看出這一切都是假的一般，沒有人知道這裡是迪士尼海蒂世界，用來滿足觀光客與這位少女產生連結的渴望。與約翰娜有關的其他空間，無論是墓地、蘇黎世的家或是在希瑟爾的博物館，都能讓人產生認同，也非常有瑞士的精神，沒有誇大張揚她的事蹟，也沒有因為觀光客手上的鈔票而妥協，而是保持一貫的低調和穩重，一如多數瑞士人。

但在邁恩費爾的海蒂商店裡，你可以找到一切觀光客想要（或不想要）的代言商品。看著她的名字出現在紅酒酒標或是咖啡豆上時，實在很難說她是一個天真無邪的角色。這些唯利是圖的舉措和她在書中的人格特質成了徹底的反差。在書中她厭倦了巨大、邪惡、資本主義式德國城市的生活，也不願意繼續吃魚或蔬菜這類陌生的食物，更無法接受不能四處跑跳，但只要給她一塊硬麵包，一群山羊和山岳美景，她就會是這個世界最快樂的人。不過，換個角度想，若考慮到瑞士人有多愛賺錢，我就覺得海蒂也許並未出賣她的靈魂。也許她長大之後只是成為了平凡的瑞士女性，一個在邁恩費爾過度招搖而顯得不夠瑞士的人。

我的追尋海蒂之旅在這裡告一個段落。隨著電車的汽笛聲，海蒂世界在車窗外逐漸退去，高聳冷峻的山岳被柔軟蒼翠的樹林取代。這個在全世界人眼中就代表瑞士的小女孩將永存不朽，在瑞士任何角落都能看到她。超過五百萬本的銷售數字，讓我們知道世界各地，特別是美國和日本的孩子對她的喜愛未曾減退，對一個已經存在一百三十年的角色來說，應該是很美好的事。無論是故事受歡迎的程度，或是角色商品化的程度，都讓海蒂稱得上是她那個年代的哈利．波特。

而這兩個故事的作者若對照來看，也驚人地相似。約翰娜．施皮里是有史以來最知名的兒童讀物作者，是她那個年代的J.K.羅琳。兩人都因為寫作而得到了巨大的名聲和財富，最終也都把重心放在兒童慈善事業上。兩人的名字也很相似，也同樣試著隱藏本名。但約翰娜似乎沒有得到羅琳所享有的快樂，她的世界從未平靜。海蒂在大城市鬱鬱寡歡，最終在鄉村得到真正快樂的劇情絕對不是巧合。約翰娜在死前燒了自己所有的日記和信件，所以我們大概永遠不會認識真正的她。也許正是因為這樣，作者所創造的角色並未成為作者本人的象徵，而是成了瑞士人形象的縮影，也或許相信虛構的故事遠比認識真實的人生容易多了。約翰娜．施皮里所處的瑞士也許就此不復返，但她筆下人物的精神將長存於世，為所有瑞士的事物賦予浪漫形象。

✚ 遇見穆勒一家

要探討瑞士人的身分認同，除了透過歷史人物或虛構角色外，或許也該認識一下活生生的瑞士人。畢竟是這些人構成並形塑了我們眼前所見的瑞士。而我得採取瑞士人慣用的統計手法才能做到這件事。因此，現在就讓我們一同拜訪典型的瑞士家庭，穆勒一家[14]。

史提芬和妮可是一對夫妻，他們年近四十，兩人結婚八年後育有兩個小孩，勞拉和路卡。他們租了一間四房公寓[15]，和鄰居關係良好，見面時總是問候彼此，並且謹慎注意不冒犯每個人的隱私和平靜。妮可只做兼職工作，因為照顧孩子對她來說遠比個人事業來得重要。她一周花五十三個小時煮飯、打掃、洗碗和購物，這些時間是史提芬花在家務時間上的兩倍。史提芬就職於服務業，擔任全職員工，他開車上班，一年加班四十個小時。穆勒一家人每天看二·五小時的電視，但還是會花時間閱讀書籍和報紙。

周末，他們會出門騎單車，或是健行。這兩項家庭娛樂都是免費的，好讓他們存錢去義大利、法國或西班牙度假。他們的孩子會參加足球訓練、芭蕾舞課或是騎馬，並且在二十三歲左右離家。史提芬和妮可期望兩個孩子都能拿到優秀的學業成績。勞拉大約在十四歲左右會發生第一次性行為，而路卡則是十七歲。這對夫妻的性生活則減少到一週兩次，歷時十九分鐘，包含前戲。

他們總是在密果斯或庫普消費，優格則是最常買的食品。每個人每天平均吃兩百五十克的蔬菜，一百二十克的馬鈴薯，一百六十克的肉類和三百九十毫升的牛奶。他們謹慎控制財務，史蒂芬和妮可也總是擔憂失業。當然，他們也必須為退休後的財務和牙科醫療服務預做準備。擁有潔白的牙齒和孩子在學校拿高分一樣重要。

若要穆勒一家選擇三個詞彙形容自己，他們會選擇謹慎、友善和準確。他們認為開放、隨興自發甚至混亂，都不是他們的風格。他們也許平凡，但十分愛國，也都以身為瑞士人而驕傲，而這的確是典型瑞士人會有的表現。

\+ + + + + + + + + +

要探尋任何國家的認同根源都不是件易事，但就瑞士來說，這項任務的難度不亞於攀登艾格峰。瑞士不具備所有凝聚認同的常見工具：共同語言、國家宗教、君主或是強烈的意識型態及革命理想，但瑞士依舊是個國家，只不過是個非典型國家，而且或許是民族自決的最佳建國典範。瑞士之所以成為國家，是因為它希望成為一體，或者用瑞士德文來說，它希望成為「意志國家」(Willensnation)。儘管語言不同，盧加諾、洛桑和陸森都屬於瑞士，原因就只是他們的居民願意。某種程度上來說，瑞士的存在和海蒂很像，都很虛幻，這個國家是因為人民願意相信而存在。就這點而言，瑞士就像天堂，只是比較多山，而且有很好的大眾運輸系統。

然而，身為非典型國家不代表瑞士沒有國家認同，只是比較難以辨識而已。事實上這也是海蒂之所以成為關鍵角色的原因，儘管她太過單純又無憂無慮的特質和真正的瑞士人有所出入，但在她一派天真的形象下，有著堅定的靈魂——她深愛身邊親近的人，也願意付出，對外界的複雜事物則戒慎防備，而且願意為家園奉獻自我這些特質都讓她成為貨真價實的瑞士化身。最重要的是，海蒂就和這個國家一樣，都是瑞士人願意相信的幻象。

瑞士貼身小觀察 ⑪ 練習瑞士英語

雖然瑞士宣稱有四種官方語言，但實際上是五種。除了德、法、義和羅曼什語外，還有瑞士英語。雖然瑞士英語還不像法式英語或西班牙式英語那樣，已經發展出一套體系，但在瑞士境內基本上是通用無虞而且被廣泛理解（或說誤解）的語言。在我開始介紹瑞士英語之前，我必須先說，這種英語不同於瑞士人說話中常用的英文單字，無論是車票、三明治、酒、管理、上線、沙發、興趣、點心等等。

瑞士英語有兩個層級，基本版和進階版，而怪異的是進階版比基本版好理解得多。原因有二：第一，英語的單字數量遠超過瑞士英語，第二，他們對某些英語詞彙具有截然不同的理解，而這令人頗感不安。舉例來說，手機在瑞士英語中稱為「Handy」，選這個單字代表手機還算合理，但卻與英語的原意完全不同，而且這甚至不是名詞。基本版瑞士英語中，大多數單字之所以存在，理由有二，首先是說英語比說瑞士德語酷多了，特別是在行銷的時候。第二，英語跨越了語言障礙，寫了英文的「sale」，就不需要寫其他語言，可節省空間。因此瑞士英語既時尚也實用。

有個來自日常生活的絕佳例子是「Drink」，在瑞士英語中，這個字的意思是低脂牛奶。任何瑞士超市只要有賣牛奶，就一定有全脂牛奶和「Drink」。對英語母語者來說，冠上「Drink」的牛奶或果汁通常表示有加水稀釋，而且加了糖。但對瑞士英語來說，Drink 就是脫脂牛奶，只是用英文比較新潮也比較好賣，同時可以免去用三種語言寫出「脫脂牛奶」的麻煩。

對外國人來說，問題在於瑞士人說英語時，有時會脫口說出瑞士英語，如果這個單字只是拼字有誤當然就還好，像是瑞士英語的「技術」

（know-how）通常沒有 K，又或者誤用了瑞士人自己發明的詞彙如「抗嬰兒藥物」（Anti-Baby Pill）。但就像美國人和英國人的「Pants」是不同的意思，瑞士英語和英語也可能發生彼此理解不同的狀況。我舉幾個例子：

- Hit：英語中的「熱賣商品」卻成了瑞士英語的「特別優惠」，接在名詞後方，甚至結合成新的字彙，因此也造成了一些不幸的後果：特價「Price Hit」成了「Preishit」，每日特餐「Dish of the Day」成了「Tageshit」，對英語母語者來說，應該不太吸引人。
- Mobbing：「群起圍攻」到了瑞士變成「霸凌」，通常用於工作場域。
- Old-Timer：「老派的人」變成了「古董車」，通常是指巴士和電車。
- Pudding：「布丁」在這裡是一種類似牛奶凍的點心。
- Smoking：指晚宴外套。
- Tip-top：意思是「非常好」。
- Trainer：指全套運動服。
- Wellness：意指「SPA」。很多時候當形容詞用，像是「Wellness weekend」或是「wellness hotel」。

進階版的瑞士英語對外國人來說就好懂多了，最簡單的原因就是句型基本上都遵循英語的語法結構而非瑞士德語。能說進階瑞士英語的人，通常英語都講得不錯，只是他們常常脫口說出瑞士英語。但對話不是問題，因為多數人都知道要轉換（或是避免使用）瑞士英語。進階版瑞士英語的問題在於轉換不完全，意思是人們說話時試著將母語轉換成英語，但只轉換一半。舉例來說，你會聽到瑞士人打招呼說「Hello Together」，這是將瑞士德語逐字翻譯而來，他想表達的應該是「大家好」（Hello Everyone）。

瑞士英語最可觀之處應該是文法。許多不可數名詞莫名出現了複數形，例如「資訊」和「行為」被拼成了「informations」、「behaviours」，還有可數名詞的複數形出現不同拼法，例如「babies」成了「babys」，「parties」成了「partys」。動詞變化則更是更大的考驗，瑞士英語使用者把許多動詞都當成反身動詞使用[D]，問題也出在方才所說的轉換不完全，因此瑞士英語使用者常會說出「We meet us」、「I shame me」和「We see us」這樣的句子。另外一種誤用是進行式，也許正由於瑞士德語沒有進行式，所以瑞士人很喜歡使用這種時態。「Are you speaking German ？」這句話就是完美的瑞士英語典範，也是讓所有人都困惑不已的問句。

事實上，進階瑞士英語最難以理解之處還是發音。因為瑞士英語聽起來就像英語，但一點小差異卻可能讓聽者產生截然不同的理解。我剛開始在任職的英語書店上班時就親身體驗了這件事：

瑞士客戶：「我要一本 Cheeses 的書。」

我：「好，我找給你。」

我走到廚藝區，拿出三本關於乳酪的書。

客戶搖頭道：「不不不，不是乳酪，是 CHEE-SES。」

這讓我十分困惑：乳酪有複數形嗎？是像羊（Sheep）一樣沒有複數形，還是像魚一樣，只有提到種類的時候才有複數？又或者這是瑞士英語才有的複數形？我不想繼續探究這問題，於是再問了一次，而且我用複數形問。

我：「所以，你在尋找關於 cheeses 的書嗎？」

客戶：「是的，關於很多洞（holey）的 cheeses 的書。」

我微笑道：「啊，一本關於瑞士乳酪的書嗎？」

D　反身動詞表示這是自己對自己採取的行動，英語中這類動詞通常會接反身代名詞如「myself」（我自己）、「himself」（他自己）。

客戶用看著蠢蛋的眼神看著我，說道：「沒有所謂瑞士乳酪！」

我腦中盤旋著單數動詞和複數名詞，接著說：「我們有一些關於瑞士乳酪的書。」

客戶惱怒道：「Cheeses 不是瑞士人，他是上帝的兒子。」

我終於抓到重點：「天哪！你的意思是耶穌（Jesus）。」

客戶：「是的，我剛才就是這麼說的，我要找一本關於 Cheeses 的書。」

溝通困難的原因除了我那天腦袋運轉得很慢之外，也因為瑞士德語母語者很難區分英語的 J 和 CH 發音。在瑞士德語裡，J 發 Y 的音（所以 Jesus 念做 Yay-sus），而 CH 發音則比較像「-k」，但兩者的英語發音在他們耳中聽來非常接近，這樣的例子不勝枚舉。我永遠不會忘記我與瑞士基督的巧遇。

就是這樣了，我們下次在瑞士見吧。

結語

瑞士人富有但低調，內斂但總是能讓人認識他們，創新但拒絕改變，開明且支持同志婚姻，同時又保守到反對建造清真寺。他們發明了早餐穀片，卻常拿來當晚餐吃。他們把隱私當至寶，卻可以忍受國家對人民的深入控制。民主是唯一守則，但多數人甚少投票。誠實是生活準則，但有一段羞於啟齒的歷史。喜歡遵守共同規範，但又喜歡穿紅鞋突顯個性。

當你知道瑞士內部存在多少歧異，對他們的矛盾性格就不會太感驚訝。瑞士自建國以來就一直面對地理、語言、宗教和政治層面的歧異，換作其他國家早就四分五裂了。而在經過一些流血衝突後，人們學會如何與歧異共處，而瑞士也保持了一貫的複雜樣貌。這個國家儘管以現代科技驅策經濟前進，也還是有人用鐮刀手工收割農作物（這得歸咎於起伏不斷的地形）。這是個中立國，但也出口武器到不同國家。這個國家沒有海岸線，但曾經贏得美洲盃的航海競賽，而且擁有和俄羅斯相同規模的海運商旅。至於那些刻板印象……乳酪不見得都有洞，布穀鳥鐘不是來自瑞士，而火車也偶爾會誤點。

+ + + + + + + + + +

這本書從馬特洪峰寫起，終於艾格峰。兩者雖然都是著名山峰，但差異之大猶如蘇黎世人和巴塞爾人。人們總說瑞士人在離開瑞士之後才意識到自己是瑞士人，但在國內，他們就是伯恩人、提契諾人或其他二十三州的人。但無論說什麼語言、住在哪裡或是向誰禱告，瑞士人的共同信念就是繼續當瑞士人。他們信賴彼此，不計較彼此的歧異，反而利用歧異創造更大的利益。回顧瑞士血腥的歷史，我們知道這個結果得來不易，而且也維持不易，從他們面對不可知的未來所表現出的擔憂就可得知這點。瑞士成功的祕訣是讓一加一大於二，但他們付出了什麼代價呢？

要讓整體成功，個人必須符合社會期待。就像乳酪，瑞士是個有許多洞的國家，人民則將自己捏塑成能夠進入這些孔洞的形狀，從而支撐這個國家。瑞士沒有君主或總統制，因為這個國家自古以來都是採取聯邦制度。我想這也說明了為什麼瑞士社會少有名人——鶴立雞群向來不是瑞士人的傳統，你會被壓制到與他人齊頭平等。自我主義在瑞士不流行，代表人物在瑞士也不常見，而他們甚至沒有注意到這點。瑞士總是表現為集合的整體，而這是他們所偏好的行事方式——凡事一起決定，不由外人來告訴他們該怎麼做。

事實上，瑞士人正因為具有強烈的自主精神，才能安於自己的選擇，甚至有時看似自我滿足。的確，他們的國家尊嚴最近因為幾件事情受到了挑戰（納粹黃金，瑞航崩盤，還有銀行的祕密戶頭等等），所以他們也不再是那個永遠受人羨慕的國家了（大概只有瑞士人民黨［SVP］不受動搖）。多數瑞士人都喜歡生活在井然有序的環境中，但也有些人覺得限制太多了。許多人選擇離開瑞士以尋求名氣，或僅僅是做自己，這絕對不是巧合：飯店業者凱薩．里茲（César Ritz）、演員烏蘇拉．安德斯（Ursula Andress）和科比意都是很好的例子。用一位瑞士作家弗里德里希．迪倫馬特（Friedrich Dürrenmatt）的話來形容：他們逃離了監獄。迪倫馬特曾說瑞士是個監獄，而所有犯人自己就是獄卒。這話有點刻薄，瑞士也許是歐洲內陸的孤島，但絕對稱不上惡魔島，瑞士人只是費盡心思要保護自己、金錢和他們的國家而已。與其說監獄，用堡壘形容瑞士會比較合適。

更貼切的比喻是蜂巢，所有的工蜂彼此相似，但角色則各自不同，並且試圖達到相同的目標：保護女王蜂。在瑞士，女王蜂就是赫爾維蒂，這個優雅、美麗而且全副武裝的女神，硬幣上有她的肖像，而郵票則以她為名。她是瑞士人團結一致的主因，即使要犧牲一部分自我意識，瑞士人也甘之如飴。而努力會換來甜美的蜂蜜，或用瑞士人喜愛的食物來說，會換來巧克力。因此瑞士人願意共同努力。

+ + + + + + + + + +

一個年邁的瑞士人告訴我，要真正了解瑞士，最根本的方式就是去讀《威廉．泰爾》，這個故事相當精確地總結了瑞士精神，但想想，一本出自日耳曼人筆下的虛構小說成了這個國家的基礎，這不是有點怪嗎？然而，這也是瑞士精神的體現，從泰爾、海蒂到戰爭經驗，這些情節都和真實一樣重要。瑞士在本質上是一種國家規模的商業機器，為了成功，願意盡所有的努力。德語區的居民大多已經接受法語區發明的巧克力鍋和巧克力，因為這兩者能替「瑞士」這個品牌加分，並成為這個乾淨、整潔、準確、有效率國度的代名詞。要做到這個程度相當困難，但是因為瑞士人相信，所以可行。而他們也把群體放在個體之前，以確保達成目標。

要描述這種團結一體的共同渴望，也許可以借用一句瑞士人很少使用的格言，這格言銘刻在聯邦議會的圓頂上，那就是「我為人人，人人為我」（unus pro omnibus, omnes pro uno，英文則是 one for all, all for one）。相當激勵人心，但現在是二十一世紀，所以我們要用更新潮的字彙，而英語就是新的拉丁語，所以他們說「瑞士精神」（Swissness）。就像過去他們用拉丁語為國家命名，他們現在也用英語（或更準確地說是瑞士英語）來描述國家集體意識。外人也許無法理解「瑞士精神」的內涵，但這個詞彙最能總結這個國家的自我意識。用外國語言新創一個詞彙來表達國家的精神，聽起來似乎有點矛盾，但這是瑞士，我們形容這國家為內陸島國，而再也沒有比這更矛盾的形容詞了。

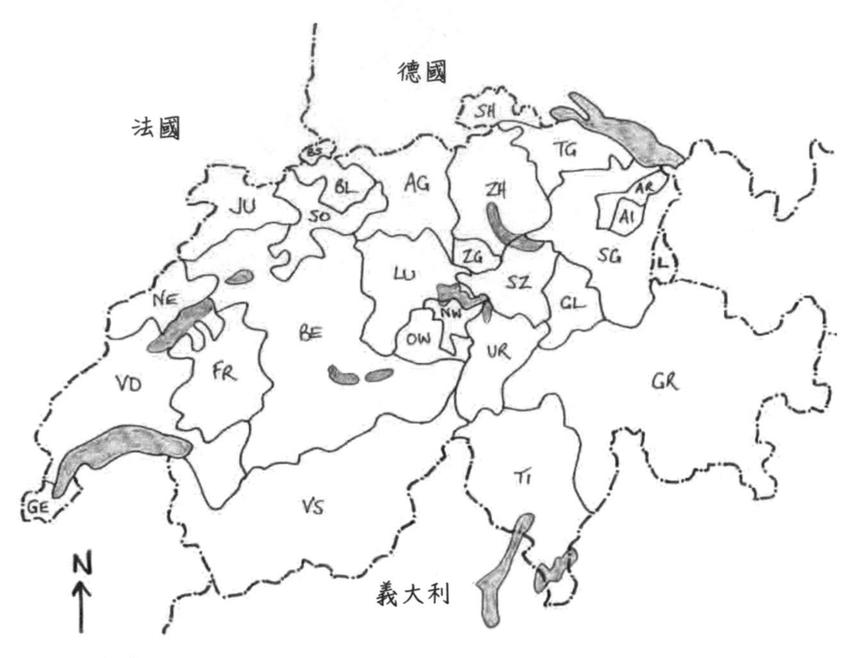

L＝列支敦斯登
注意：所有疆界都經過簡化

AR 阿爾高州
AI 內亞本賽州
AR 外亞本塞州
BE 伯恩州
BL 巴塞爾鄉村州
BS 巴塞爾城市州
FR 佛立堡州
GE 日內瓦州
GL 格拉魯斯州
GR 格勞賓登州
JU 侏羅州
LU 陸森州
NE 紐沙特州
NW 下瓦爾登州
OW 上瓦爾登州
SG 聖加侖州
SH 沙夫豪森州
SO 索洛圖恩州
SZ 施維茨州
TG 圖爾高州
TI 提契諾州
UR 烏里州
VD 佛德州
VS 瓦萊州
ZG 楚格州
ZH 蘇黎世州

附錄

瑞士與其二十六州（按字母順序排序）基本資訊：

瑞士 (Switzerand)

標準縮寫：CH
成立年份：1291
首府：伯恩（Bern）
面積：41,285 平方公里
人口數：7,701,900

外籍人士比例：21.7%
宗教：天主教 41.8%
新教 35.3%
伊斯蘭教 4.3%

語言：德語 63.7%
法語 20.4%
義大利語 6.5%
羅曼什語 0.5%

阿爾高州 (Aargau)

標準縮寫：AG
成立年份：1803
首府：阿勞（Aarau）

面積：1404 平方公里
人口數：581,562
外籍人士比例：20.4%

宗教：天主教與新教
語言：德語 87.1%
義大利語 3.3%

外亞本塞州 (Appenzell Ausserrhoden)

標準縮寫：AR
成立年份：1513*
首府：黑里紹（Herisau）
面積：243 平方公里

人口數：52,654
外籍人士比例：13.2%
宗教：新教

語言：德語 91.2%
塞爾維亞—
克羅埃西亞語 2.3%

內亞本賽州 (Appenzell Innerrhoden)

標準縮寫：AI
成立年份：1513*
首府：亞本塞（Appenzell）
面積：172 平方公里

人口數：15,471
外籍人士比例：9.8%
宗教：天主教

語言：德語 92.9%
塞爾維亞—
克羅埃西亞語 2.5%

*1957 年各自獨立成為亞本塞半州。

巴塞爾鄉村州 (Basel-Land)

標準縮寫：BL
成立年份：1501*
首府：利斯塔爾 (Liestal)
面積：517 平方公里
人口數：269,145
外籍人士比例：18.1%
宗教：新教
語言：德語 87.2%
義大利語 3.5%

巴塞爾城市州 (Basel-Stadt)

標準縮寫：BS
成立年份：1501*
首府：巴塞爾 (Basel)
面積：37 平方公里
人口數：185,227
外籍人士比例：30.3%
宗教：新教
語言：德語 79.3%
義大利語 5.0%

*1957 年各自獨立成為巴塞爾半州。

伯恩州 (Bern)

標準縮寫：BE
成立年份：1353
首府：伯恩 (Bern)
面積：5959 平方公里
人口數：962,982
外籍人士比例：12.5%
宗教：新教
語言：德語 84.0%
法語 7.6%

佛立堡州 (Fribourg)

標準縮寫：FR
成立年份：1481
首府：佛立堡 (Fribourg)
面積：1671 平方公里
人口數：263,241
外籍人士比例：16.7%
宗教：天主教
語言：法語 63.2%
德語 29.2%

日內瓦州 (Geneva)

標準縮寫：GE
成立年份：1815
首府：日內瓦 (Geneva)
面積：282 平方公里
人口數：438,177
外籍人士比例：37.4%
宗教：新教
語言：法語 75.8%
英語 3.9%

格拉魯斯州 (Glarus)

標準縮寫：GL
成立年份：1352
首府：格拉魯斯（Glarus）
面積：685 平方公里
人口數：38,237
外籍人士比例：19.1%
宗教：新教
語言：德語 85.8%
義大利語 4.4%

格勞賓登州 (Graubünden)

標準縮寫：GR
成立年份：1803
首府：庫爾（Chur）
面積：7105 平方公里
人口數：188,762
外籍人士比例：14.8%
宗教：天主教與新教
語言：德語 68.3%
羅曼什語 14.5%
義大利語 10.2%

侏羅州 (Jura)

標準縮寫：JU
成立年份：1979
首府：德萊蒙（Delémont）
面積：838 平方公里
人口數：69,555
外籍人士比例：11.8%
宗教：天主教
語言：法語 90.0%
德語 4.4%

陸森州 (Lucerne)

標準縮寫：LU
成立年份：1332
首府：陸森（Lucerne）
面積：1493 平方公里
人口數：363,475
外籍人士比例：15.8%
宗教：天主教
語言：德語 88.9%
塞爾維亞—
克羅埃西亞語 2.1%

紐沙特州 (Neuchâtel)

標準縮寫：NE
成立年份：1815
首府：紐沙特（Neuchâtel）
面積：803 平方公里
人口數：169,782
外籍人士比例：23.4%
宗教：新教
語言：法語 85.3%
德語 4.1%

下瓦爾登州 (Nidwalden)

標準縮寫：NW
成立年份：1291*
首府：施坦斯（Stans）
面積：276 平方公里
人口數：40,287
外籍人士比例：10.0%
宗教：天主教
語言：德語 92.5%
義大利語 1.4%

上瓦爾登州 (Obwalden)

標準縮寫：OW
成立年份：1291*
首府：薩爾嫩 (Sarnen)
面積：490 平方公里
人口數：33,997
外籍人士比例：11.9%
宗教：天主教
語言：德語 92.3%
阿爾巴尼亞語 1.4%

* 這兩個半州 (合稱瓦爾登) 從未合併過。

沙夫豪森州 (Schaffhausen)

標準縮寫：SH
成立年份：1501
首府：沙夫豪森 (Schaffhausen)
面積：298 平方公里
人口數：74,527
外籍人士比例：21.9%
宗教：新教
語言：德語 87.6%
義大利語 2.6%

施維茨州 (Schwyz)

標準縮寫：SZ
成立年份：1291
首府：施維茨 (Schwyz)
面積：908 平方公里
人口數：141,024
外籍人士比例：17.2%
宗教：天主教
語言：德語 89.9%
塞爾維亞—克羅埃西亞語 2.1 %

索洛圖恩州 (Solothurn)

標準縮寫：SO
成立年份：1481
首府：索洛圖恩 (Solothurn)
面積：791 平方公里
人口數：250,240
外籍人士比例：18.7%
宗教：天主教
語言：德語 88.3%
義大利語 3.1%

聖加侖州 (St Gallen)

標準縮寫：SG
成立年份：1803
首府：聖加侖 (St Gallen)
面積：2026 平方公里
人口數：465,937
外籍人士比例：20.9%
宗教：天主教
語言：德語 88.0%
塞爾維亞—克羅埃西亞語 2.5%

圖爾高州 (Thurgau)

標準縮寫：TG
成立年份：1803
首府：圖爾高 (Frauenfeld)
面積：991 平方公里
人口數：238,316
外籍人士比例：19.9%
宗教：新教
語言：德語 88.5%
義大利語 2.8%

提契諾州 (Ticino)

標準縮寫：TI
成立年份：1803
首府：貝林佐納 (Bellinzona)
面積：2812 平方公里
人口數：328,580
外籍人士比例：25.2%
宗教：天主教
語言：義大利語 83.1%
德語 8.3%

烏里州 (Uri)

標準縮寫：UR
成立年份：1291
首府：阿爾特多夫 (Altdorf)
面積：1077 平方公里
人口數：34,989
外籍人士比例：8.7%
宗教：天主教
語言：德語 93.5%
塞爾維亞—克羅埃西亞語 1.9%

瓦萊州 (Valais)

標準縮寫：VS
成立年份：1815
首府：錫永 (Sion)
面積：5224 平方公里
人口數：298,580
外籍人士比例：19.1%
宗教：天主教
語言：法語 62.8%
德語 28.4%

佛德州 (Vaud)

標準縮寫：VD
成立年份：1803
首府：洛桑 (Lausanne)
面積：3212 平方公里
人口數：672,039
外籍人士比例：29.0%
宗教：新教
語言：法語 81.8%
德語 4.7%

楚格州 (Zug)

標準縮寫：ZG
成立年份：1353
首府：楚格 (Zug)
面積：239 平方公里
人口數：109,141
外籍人士比例：22.0%
宗教：天主教
語言：德語 85.1%
塞爾維亞—克羅埃西亞語 2.7%

蘇黎世州（Zurich）

標準縮寫：ZU
成立年份：1351
首府：蘇黎世（Zurich）

面積：1729 平方公里
人口數：1,307,567
外籍人士比例：22.9%

宗教：新教
語言：德語 83.4%
義大利語 4.0%

資料來源：
瑞士數據，2010；人口數與外籍人士，2007；宗教與語言，2000。（Statistik Schweiz, 2010; Population and Foreigners, 2007; Religion and Languages, 2000.）

注解

第一章　內陸島國

1 此處指說德語的瑞士人，義大利語和法語使用者不在此限。

2 舊式英語曾區隔「you」與「thou」，和「sie/vous」與「du/tu」略為相似。

3 Saline de Bex：Salzmonopol（食鹽專營）。

4 瑞士數據（Statistik Schweiz）：德語佔總人口 63.7%，法語 20.4%，義大利語 6.5%，羅曼什語 0.5%。

5 列支敦斯登也與瑞士緊鄰，並且不屬於歐盟成員。

6 swissinfo.org：資料與數據。

7 前三名為英國、冰島，與愛爾蘭。

8 於 1999 年。

9 blick.ch，2009 年 8 月 9 日。

10 位於義大利與瑞士國界上，又稱為羅莎峰（Monte Rosa）。

11 都佛峰海拔高 4634 公尺，阿斯科納（Ascona）低於海平面 193 公尺。

12 glacierexpress.ch

13 同上引。

14 meteoschweiz.ch

15 《多元的瑞士》（Switzerland in its Diversity），2009 年 10 月版本，但為 2005 年之數據。

16 meteoschweiz.ch，最高溫出現在格勞賓登州（GR）的格羅諾（Grono），於 2003 年 8 月 11 日，最低溫出現在紐沙特州（NE）的拉布雷維訥（La Brévine），於 1987 年 1 月 12 日。

17 meteoschweiz.ch

18 在德語中，羅曼德被稱為西瑞士（Westschweiz）或法系瑞士（Welschland）。

19 swissinfo.org

20 ONS：每平分公里 440 人。

21 《美國中央情報局世界檔案簿》(CIA World Factbook)：每平方公里 395 人。

22 瑞士數據：語言 (Statistik Schweiz：Sprachen)

23 同上引。

24 bloomberg.com 文章，2007 年 3 月。

25 於 1803 年。

26 完整清單請見附錄。

27 美世生活質素調查 (Mercer Quality of Living Survey) 2009：蘇黎世第二，日內瓦第三，伯恩第九。

第二章 走過時間步道

1 Weg der Schweiz

2 同上引。

3 swissworld.org：National Day

4 swisshiking.ch：Wanderwegnetz

5 同上引：路總長 71,300 公里。

6 英國廣播公司體育台 (BBC Sport)。

7 schweizergarde.org

8 同上引。

9 swissworld.org

10 庫普日報 (Coop Zeitung)，2004 年 7 月 7 日，第 28 版。

11 swissinfo.ch，2004 年 7 月 26 日。

12 perrier.com

第三章 公雞與十字的土地

1 feiertagskalender.ch

2 foodreference.com

3 瑞士數據：2007 大選（Statistik Schweiz: Wahlen 2007）。

4 The Ecologist（經濟學人），線上文章，2009 年 6 月 30 日。

5 瑞士塑膠瓶回收協會（PET-Recycling Schweiz）。

6 英國廣播公司新聞台（BBS News），2009 年 4 月 21 日。

7 petcore.org

8 《美世生活質素調查》2009。

9 瑞士數據：宗教人口普查，2000（Statistik Schweiz, Wohnbevölkerung nach Religion 2000）

10 瑞士宗教分佈（Religionslandschaft in der Schweiz）報導，2004 年。

11 同上引。

12 同上引。

13 同上引。

14 同上引。

15 同上引。

16 《新蘇黎世報》（NZZ）線上版。

17 Kanton Bern Staatskanzlei: Kirchensteuergesetz, Art 11.2.（伯恩州法，教會稅法第 11-2 條）

第四章 決定權交給現場觀眾

1 若與復活節撞期，則順延一週。

2 內亞本賽州官方網站。

3 《新蘇黎世報》（NZZ）線上報導，2009 年 4 月 26 日。

4 內亞本賽州官方網站。

5 瑞士總理府：公民行動（Schweizerische Bundeskanzlei: Volksinitiativen.）

6 瑞士官方入口網站。

7 引自伯恩州法 （Kanton Bern Staatskanzlei）

8 資料出自佛立堡州政府（Chancellerie d’Etat du canton de Fribourg.）

9 資料出自阿爾高州投票資料（Kanton Aargau Wahlbüro）

10 二十張全票與六張半票，合計為二十三票，因此絕對多數至少需為十二。

11 swissworld.org

12 瑞士數據（Statistik Schweiz），2009 年 1 月 1 日。

13 2010 年，瑞士人民黨（SVP）發起公民提案，希望聯邦委員會改由直接投票選出，若蒐集到足夠的連署，此提案將透過公投方式進行表決。

14 《新蘇黎世報》（NZZ）線上報導，2007 年 12 月 13 日。

15 瑞士國會（Das Schweizer Parlament）網站。

16 《時代》（Times）線上報導，2007 年 5 月 2 日，引自《讓你瞬間看穿人心的怪咖心理學：史上最搞怪的心理學實驗報告》（Quirkology）， 李察·韋斯曼（Richard Wiseman）著。

17 瑞士信貸（Credit Suisse），《憂慮晴雨表》（Worry Barometer），2009 年。

18 聯邦政府資料管理處（Bundesamt für Statistik.）

19 swissworld.org

20 移民局（Bundesamt für Migration）

21 英國邊境管理局（UK Border Agency）

22 escotoday.com

23 23%，瑞士數據：受雇者國籍（Statistik Schweiz：Erwerbstätige Nationalität），2009 年。

24 《獨立報》（The Independent）首頁故事，2007 年 9 月 7 日。

25 瑞士數據：2007 大選（Statistik Schweiz: Wahlen 2007）。

26 瑞士總理府全民投票資訊（Schweizerische Bundeskanzlei: Volksabstimmung），2009 年 11 月 29 日，57.5%（共 22.5 票）的州同意。

27 《瑞士宗教分佈》（Religionslandschaft in der Schweiz）報導，2004 年。

28 七百五十萬居住人口中，只有四百九十萬擁有投票權；不到半數的人參與投票，而投票者中僅三成（約七十萬票）的投票者支持瑞士人民黨（SVP）。

29 瑞士總理府全民投票資訊（Schweizerische Bundeskanzlei: Volksabstimmung），2005 年 5 月 6 日，58.0% 支持率。

30 蓋茲堡演說（Gettysburg Address），1863 年 11 月 19 日。

31 瑞士總理府，眾議院，2007（Schweizerische Bundeskanzlei：Nationalratswahlen 2007）。

32 wahlen.ch

33 瑞士聯邦簡介（The Swiss Confederation, A Brief Guide）

34 同上引。

第五章 財富、健康與智慧？

1 瑞士國家銀行（Swiss National Bank），2008 年數據。

2 《多元的瑞士》（Switzerland in its Diversity），2009 年 10 月版。

3 於瑞士居住少於五年的移民除外。

4 〈視線晚報〉（Blick am Abend）訪談漢斯—彼得·波特曼（Hans-Peter Portmann），2010 年 2 月 2 日。

5 casino.ch

6 瑞士數據（Statistik Schweiz），2008 年，共 233,000 名德國人居住於瑞士，相較於 2004 年，增加了 90,000 名。

7 對於東歐的歐盟會員國有若干申請限制。

8 伯杰爾委託報告書（Bergier Commission report）。

9 引自《在瑞士生活與工作》（Living and Working in Switzerland），大衛·漢普夏（David Hampshire）著。

10 swissworld.org：保險。

11 《經濟合作暨發展組織健康資料》（OECD Health Data），2007 年。挪威有 84% 為公共支出，瑞士則 59%。

12 comparis.ch：2010 年數據

13 2009 年 12 月情形。

14 尊嚴（Dignitas）的秘書長，路德維格·米內利（Ludwig Minelli），2007 年於倫敦的演講。

15 譯自瑞士國家銀行（Swiss National Bank）網站（snb.ch）上之文字。

16 瑞士國家銀行（Swiss National Bank）（74 公釐）。

17 同上引。

18 瑞士貨幣博物館（Swiss Money Museum）。

19 士法郎等於 100 分錢（rappen），在法語與義大利語區也稱為「centimes」和「centesimi」。

20 瑞士貨幣博物館（Swiss Money Museum），引自《瑞士貨幣評論》（Schweizerische Numismatische Rundschau）。

21 swissmint.ch：Paul Burkhard und der Fünfliber

22 comparis.ch

23 國際貨幣基金組織（IMF）世界經濟展望資料庫（World Economic Outlook Database），2009 年 10 月。

24 《新蘇黎世報》（Neue Zürcher Zeitung）文章，2009 年 3 月 3 日。

25 瑞士數據（Statistik Schweiz）：《房屋自有率調查》（Wohneigentumsquote）。

26 《經濟合作暨發展組織健康資料》（OECD Health Data），2007 年。

27 國際貨幣基金組織（IMF）世界經濟展望資料庫（World Economic Outlook Database），2009 年 10 月。盧森堡（Luxembourg）、挪威（Norway）與卡達（Qatar）居於榜首。

第六章 戰爭與和平

1 瑞士人認同調查（Swiss Identity Survey）為瑞士信貸（Credit Suisse）《憂慮晴雨表》（Worry Barometer）的一部分。

2 聯邦外交事務部網站：《國際日內瓦》（International Geneva）。

3 瑞士數據（Statistik Schweiz: Kennzahlen Stadt Genf）。

4 瑞士總理府全民投票資訊（Schweizerische Bundeskanzlei: Volksabstimmung），2002 年 3 月 3 日，54.6% 的支持率。

5 同上引：Volksabstimmung，1986 年 3 月 16 日，24.3% 的支持率。

6 icrc.org（成員規章 1.7.09）。

7 和瑞士統一戰爭的杜富爾將軍是同一位，也是瑞士國旗的制定者。

8 icrc.org

9 同上引，納粹大屠殺與其他迫害（The Nazi genocide and other persecutions），2006 年 4 月 27 日。

10 紅十字國際委員會（ICRC）年度報告，2008 年。

11 國際貨幣基金組織（IMF）世界經濟展望資料庫（World Economic Outlook Database），2009 年 10 月。

12 《多元的瑞士》（Switzerland in its Diversity），2009 年 10 月版。

13 Schweizer Armee（瑞士國軍）網站：Zivildiens（社區服務）。

14 同上引：Frauen in der Armee（女性從軍）

15 《多元的瑞士》（Switzerland in its Diversity），2009 年 10 月版。

16 Schweizer Armee（瑞士國軍）網站：Finanzielle Entschädigung（補貼）

17 《多元的瑞士》（Switzerland in its Diversity），2009 年 10 月版。

18 瑞士反軍備協會（Group for a Switzerland without an Army，簡稱 GSoA）。

19 同上引。

20 swissinfo.ch 報導，2008 年 8 月 4 日。

21 民防局網站：警報測試（Bevölkerungsschutz：Sirentest）

22 瑞士反軍備協會（Group for a Switzerland without an Army，簡稱 GSoA）。

23 nationmaster.com，引自斯德哥爾摩國際和平研究所（Stockholm International Peace Research Institute，簡稱 SIPRI）。

24 blick.ch，2008 年 12 月 11 日。

25 瑞士總理府全民投票資訊（Schweizerische Bundeskanzlei: Volksabstimmung），26.11.1989 年 11 月 26 日，35.6% 支持率。

26 swissinfo.ch 報導，2007 年 9 月 27 日。

第七章 瑞士製造

1 victorinox.ch：生產數據。
2 swissinfo.ch 報導，2007 年 1 月 4 日。
3 苦艾酒虛擬博物館（Virtual Absinthe Museum）。
4 瑞士總理府全民投票資訊（Schweizerische Bundeskanzlei: Volksabstimmung），1908 年 7 月 5 日，63.5% 的支持率。
5 苦艾酒虛擬博物館（Virtual Absinthe Museum）。
6 《數學符號史》（A History of Mathematical Notations），弗洛里安·卡喬里（Florian Cajori）著。
7 英國廣播公司新聞台（BBC News）線上報導，2008 年 4 月 30 日。
8 雀巢研究。
9 Oxo 歷史沿革。
10 聯合利華飲食策劃（Unilever Food Solutions）：康寶（Knorr）歷史沿革。
11 布蘭登堡博士基金會（Foundation Dr J.E. Brandenberger）。
12 同上引。
13 同上引。
14 kristofcreative.com/great_ideas/invention-of-aluminum-foil.shtml
15 布洛克索（Broxo）的產品：瑞士健康解答（Swiss Healthcare Solutions).
16 Düring AG （公司的名稱）.
17 瑞士排行榜（Die Offizielle Schweizer Hitparade.）
18 同上引。
19 英國廣播公司新聞台（BBC News）線上報導，2000 年 7 月 24 日。
20 《庫普日報》（Coop Zeitung）調查，2008 年 7 月 29 日。
21 瑞士鐘錶公會（Federation of the Swiss Watch Industry）報告，2008 年。
22 同上引。
23 瑞士鐘錶公會（Federation of the Swiss Watch Industry）：歷史沿革。
24 同上引。

25 unesco.org

26 同上引。

27 瑞士鐘錶公會（Federation of the Swiss Watch Industry）。

28 guebelin.ch

29 瑞士官方資料中心：姓名資料（Bundesamt für Statistik: Vornamen-Hitparade），2008 年。

30 同上引。

31 vornamen.ch/namensrecht-schweiz.htm

32 babycenter.ch

33 biel-bienne.c.

34 《視線晚報》（Blick am Abend）報導，2009 年 5 月 7 日。瑞士品牌：愛曼塔勒（Emmentaler）、格呂耶爾（Gruyère）、（M-Budget）、密果斯（Migros）、奈斯派索（Nespresso）、阿華田（Ovolmatine）、（Ragusa）、利維樂（Rivella）、Swatch、湯米（Thomy）、三角巧克力（Toblerone）、次華（Zweifel）。非瑞士品牌：可口可樂（Coca-Cola）、谷歌（Google）、宜家家居（Ikea）、家樂氏（Kellogg' s）、樂高（Lego）、妮維亞（Nivea）、能多益（Nutella）。

35 telegraph.co.uk，2009 年 10 月的調查 .

第八章 洞見真理

1 《愛默戴爾鎮》（Emmerdale）是英國電視劇，以約克郡（Yorkshire）一個虛擬的村莊為背景。

2 瑞士聯邦鐵路（SBB）時刻表，2010 年。

3 瑞士首都球場（Stade de Suisse）。

4 Jörg Abderhalden 網站，http://www.jabderhalden.ch/。

5 愛曼塔勒（Emmentaler）官方網站。

6 同上引。

7 同上引。

8 swissmilk.ch：2007-08 年數據。

9 beobachter.ch：報導，2008 年 8 月。

10 提爾希特（Tilsiter）官方網站。

11 斯伯里恩茲（Sbrinz）官方網站。

12 appenzell.ch/en/

13 《聯邦報》（Der Bund）報導，2009 年 11 月 21 日。

14 《聖加侖日報》（St Galler Tagblatt）報導，2008 年 8 月 4 日。

15 瑞士數據（Statistik Schweiz）：《中文》（Land- und Forstwirtschaft 2008）。

16 亞本塞勒（Appenzeller）、愛曼塔勒（Emmentaler）、格呂耶爾（Gruyère）。

17 swissmilk.ch：2008 年數據。

18 同上引。

19 defra.gov.uk，2007 年數據：歐盟平均為 18.9 公斤。

20 同上引：英國消費為 10.2 公斤。

第九章 巧克力的故鄉

1 telegraph.co.uk 文章，2009 年 9 月 27 日。

2 nestle.com

3 lindt.com；1899 年，以蘇黎世為據點的史賓利（Sprüngli）買下了瑞士蓮（Lindt）。

4 瑞士世界電台（WRS radio）訪談丹尼爾·梅耶（Daniel Meyer），2008 年 10 月 16 日。

5 同上引。

6 《巧克力學》（Chocology）小冊子，由瑞士巧克（Chocosuisse）發行。

7 瑞士巧克（Chocosuisse）（2008 年數據）。

8 同上引。

9 瑞士巧克力製造商協會（The Association of Swiss Chocolate Manufacturers）。

10 同上引。

11 同上引。

12 同上引。

13 同上引。

14 蘇哈的世界展覽（Die Welt von Suchard），紐沙特（Neuchâtel）2009 年。

15 可譯為：通往阿爾卑斯山鐵路新線（New Rail Link through the Alps，簡稱 NRLA）。

16 alptransit.ch

17 提契諾地方鐵路與公車服務網（Ticino Regional Railway and Bus Services）。

18 見第八章：洞見真理。

19 《新蘇黎世報》（NZZ）跨版文章，1997 年 4 月。

20 bettybossi.ch

21 rivella.ch

22 《新蘇黎世報》（NZZ）線上文章，2007 年 12 月 29 日。

23 276,939 噸至 263,488 噸；聯合國糧食及農業組織（FAOSTAT）2007 年數據。

24 圖爾高（Thurgau）官方網站。

25 庫普（Coop）與密果斯（Migros）皆設有平價親民的自助式餐廳。

第十章 征服群山

1 Schweizerische Bundesbahnen 的縮寫。詳細請見第六章的瑞士貼身小觀察

2 networkrail.co.uk：Control Period 3 Performance。

3 《經濟學人世界數字袖珍書》（The Economist Pocket World in Figures）2010 年版，2007 年數據。

4 swissinfo.org

5 Schweizerische Bundeskanzlei, Volksabstimmung，1898 年 2 月 20 日，67.9% 支持率。

6 rigi.ch

7 pilatus.ch

8 brienz-rothorn-bahn.ch

9 swissworld.org

10 聯邦統計署（Federal Statistical Office）：《2009 年度移動與交通報告》（Mobility and Transport 2009 Report）。

11 postbus.ch：檔案與數據。

12 瑞士聯邦鐵路（SBB）年度報告，2008 年。

13 部份觀光列車，如冰河特快車（Glacier Express），必需事先訂位。

14 法語或義大利語稱為 AG，為「abonnement générale」或「abbonamento generale」縮寫。

15 2009 年 12 月 13 日，上瑞吉峰（Rigi）的火車也被納入 GA 中，通常為高山火車。

16 sbb.ch，2010 年 1 月。

17 瑞士聯邦鐵路（SBB）年度報告，2008 年。

18 2010 年 1 月匯率為 1 英鎊對 1.75 瑞士法郎。

19 tfl.gov.uk 上為 1760 英鎊（2010 年價錢）。

20 sbb.ch，2010 年 1 月。

21 同上引。

22 關於椰子請見第一章。

23 十人以上團體為 20%。

24 interlaken.ch：檔案與數據。

25 jungfrau-marathon.ch

26 BOB 為伯恩高地鐵路（Berner Oberland-Bahn）縮寫；WAB 則為威根倫阿爾普鐵路（Wengernalpbahn）縮寫。

27 swissinfo.ch

28 瑞士數據（Statistik Schweiz）：《2009 年度移動與交通報告》（Mobility and Transport 2009 Report）。

29 《經濟學人世界數字袖珍書》（The Economist Pocket World in Figures）2010 年版。

30 英國廣播公司新聞台（BBC news）報導，2010 年 1 月 7 日。

第十一章 尋找海蒂

1 2009 年 11 月的伊斯蘭尖塔公投中，僅 3.5 個州投下反對票（日內瓦、紐沙特、佛德、巴塞爾城市州）。1992 年未通過的 EEA 投票中，所有法語區的州皆都有很高支持率。

2 在羅曼德，法語公告在前。

3 開往提契諾與義大利的火車有義大利語公告。

4 因方言的差異，有時也寫為「Schwyzerdütsch」或「Schwiizertüütsch」。

5 各別為雞、路面、腳踏車（正統德語為 Huhn、Fussweg 和 Fahrrad）。

6 特別注意，十位當中有四位說法語，分別是喀爾文、杜南、吉桑（Guisan）、盧梭，這個比例超過全國平均。清單上沒有說義大利語瑞士人。

7 關於 LSD 請見第七章。

8 可譯為：「主啊，可是我現在探尋什麼呢？我的希望繫於祢。」

9 關於杜南請見第六章。

10 譯為瑞士兒童與青少年媒體組織。

11 hirzel.ch

12 根據 hirzel.ch 為 15%。

13 《聯合國統計年鑑》（UN Demographic Yearbook）。

14 資料來源為 beobachter.ch，文章為「典型瑞士（Typisch Schweiz）」，2008 年 8 月。

15 在瑞士，經常以房間數作為房屋的標記，廚衛通常並不列入計算，因此英文裡兩房的公寓，事實上為有一間臥房的公寓。不過，較大的廚房與門廳會被視為半房，舉例來說，我住在四房半的公寓。

16 瑞士人認同調查（Swiss Identity Survey）為瑞士信貸（Credit Suisse）《憂慮晴雨表》（Worry Barometer）的一部分：驕傲或非常驕傲佔了 86%。

參考資料

* 表示已絕版

Andrew Beattie, *The Alps: A Cultural History, Signal Books*, 2006

Angela Bennett, *The Geneva Convention: The Hidden Origins of the Red Cross*, Sutton, 2006

Paul Bilton, *Xenophobe's Guide to the Swiss*, Oval Books, 2008

Betty Bossi, *The Swiss Cookbook*, Betty Bossi Verlag, 2009

Tom Bower, *Blood Money*, Pan, 1997*

Xavier Casile, *So Sweet Zerland*, Good Heidi Productions, 2008*

Angelo Codevilla, *Between the Alps and a Hard Place*, Regnery, 2000

Dianne Dicks (ed.), *Ticking along with the Swiss*, Bergli Books, 1995

Mavis Guinard, *Made in Switzerland: Petit Guide de la Suisse insolite*, Metropolis, 2007

Stephen Halbrook, *Target Switzerland*, De Capo Press, 2003

Stephen Halbrook, *The Swiss and the Nazis*, Casemate, 2005

David Hampshire, *Living and Working in Switzerland*, Survival Books, 2009

Derek Jackson, *Swiss Army Knives: A Collector's Companion*, Compendium Publishing, 2007

Hanspeter Kriesi & Alexander Trechsel, *The Politics of Switzerland*, Cambridge University Press, 2008

Joëlle Kuntz, *Switzerland: How an Alpine Pass became a Country*, Historiator Editions, 2008

Sergio Lievano & Nicole Egger, *Hoi: Your Swiss German Survival Guide*, Bergli Books, 2005

Kendall Maycock, *Culture Smart! Switzerland*, Bergli Books, 2004

John McPhee, *La Place de la Concorde Suisse*, Noonday Press, 1994

Jean Henri Merle d'*Aubigné, For God and his People: Ulrich Zwingli*, BJU Press,

2000*
Margaret Oertig-Davidson, *Beyond Chocolate: Understanding Swiss Culture*, Bergli Books, 2002
Max Oettli, *Culture Shock! Switzerland*, Marshall Cavendish, 2009
Jim Ring, *How the English Made the Alps*, John Murray, 2001*
Jonathan Steinberg, *Why Switzerland?* Cambridge University Press, 1996
Sue Style, *A Taste of Switzerland*, Bergli Books, 1996
Mark Twain, *A Tramp Abroad, Penguin*, 1998
Isabel Vincent, *Hitler's Silent Partners*, William Morrow, 1997*
Switzerland in its Diversity, Hallwag Kümmerly+Frey, 2009
307
A few books set in Switzerland
Anita Brookner, Hotel du Lac
Vicki Cooper, *The Bears Are Coming Back*
Graham Greene, Dr Fischer of Geneva
Thomas Mann, *The Magic Mountain*
Christopher Reich, Rules of Deception
Joel Ross, *White Flag Down*
Mary Shelley, *Frankenstein*
Some Swiss authors available in English
Nicolas Bouvier, *The Way of the World*
Selina Chönz, *A Bell for Ursli; Florina and the Wild Bird*
Friedrich Dürrenmatt, *Inspector Barlach Mysteries; The Physicist*
Max Frisch, *Homo Faber*
Jeremias Gotthelf, *The Black Spider*
Franz Hohler, *At Home*
Zoë Jenny, *The Pollen Room; The Sky Is Changing*

Pascal Mercier, *Night Train to Lisbon*
Johanna Spyri, *Heidi*
Beat Sterchi, *The Cow*
Claude Sulzer, *The Perfect Waiter*
Martin Suter, *A Deal with the Devil; Small World*
Robert Walser, *The Assistant; Institute Benjamenta; The Walk*
Jonathan Wyss, *Swiss Family Robinson*

致謝

您手中這本書之所以能完成，要感謝兩個人：我的經紀人艾德文·霍克斯（Edwin Hawkes）與出版社發行人尼克·布雷利（Nick Brealey），他們對這本書的寫作計劃充滿信心，我永遠銘謝。我也要感謝麥克南經紀公司（The McKernan Agency）與尼可拉斯·布雷利出版社（Nicholas Brealey Publishing）與作品集（Portfolio Books）全體員工的一切付出。

我的好奇心很可能使我犯下許多社交上的失禮行為，對此，我要向我所有的瑞士朋友致歉。我對你們提出了許多有關你們生活與國家的疑問，而你們給予的回應對此書有莫大的幫助。特別是我先前在史陶發克（Stauffacher）書店，以及現在任職英國書店（English Bookshop）的同事們，我加倍地感謝你們。還有史陶發克書店的讀書會成員，謝謝你們願意擔任我的巧克力試吃者。

在此我特別要感謝馬可士（Markus），他讓我了解到瑞士人能夠建立如此深厚的友誼；若不是他，此書將會平淡許多。還有珍（Jane）與瑪賽拉（Marcela），她們使我在伯恩的旅外生活開心許多。

還有以下這些人，每位都為此書的出版推了一把：茱莉·蘭納（Julie Lennard）、塞巴斯蒂安·戴斯普雷茲（Sebastien Desprez）、克莉絲汀娜·瓦倫（Christina Warren）、凱特·柯曼（Kate Coleman）、馬丁·格文（Martin Girven）、凱特·笛崔（Kate Dietrich）、大衛·羅斯（David Rose）、安德烈·巴希爾（Andrea Barthel）、詹姆士·伍道爾（James Woodall）、賽爾達·麥基洛普（Zelda

McKillop）、湯姆·德榮斯（Tom Derungs）、狄安·狄克思（Dianne Dicks）、凱薩林·奈爾森—波拉德（Catherine Nelson-Pollard）、赫爾曼·巴克曼（Hermann Bachmann）、派翠西亞·葉慈（Patricia Yates）、茱麗葉·屈塞特（Juliet Zysset）、休·布魯恩（Hugh Brune）、愛莉森·波略特（Alison Pouliot）、日內瓦作家會議（Geneva Writers' Conference）的所有成員、史萊博霍府（Scheibelhofer）的家人，以及讀書會裡所有一直支持我的朋友。

也謝謝我的姊妹莎拉（Sara），協助我校稿，我的兄弟安德魯（Andrew）負責網站；特別謝謝我的父母，在我很小的時候，就灌輸了我對旅行的熱愛。而葛列格（Gregor），在這趟旅程開始時就給予我愛與支持。這本書獻給你們。